北京中医药大学重点马院建设资助项目
北京中医药大学社科培育项目（2022-JYB-PY-007）资助

发达国家国际贸易政策及其变迁的政治经济学研究

——以美国为例

郭 百 红 ——著

STUDYON THE INTERNATIONAL TRADE POLICY AND CHANGESINDEVELOPED COUNTRIES: A CASE OF US

中央编译出版社
CCTP Central Compilation & Translation Press

图书在版编目(CIP)数据

发达国家国际贸易政策及其变迁的政治经济学研究：以美国为例／郭百红著．—北京：中央编译出版社，2023.4

ISBN 978-7-5117-4200-1

Ⅰ．①发… Ⅱ．①郭… Ⅲ．①国际贸易政策-政治经济学-研究-美国 Ⅳ．①F757.12

中国版本图书馆 CIP 数据核字（2022）第 105193 号

发达国家国际贸易政策及其变迁的政治经济学研究：以美国为例

责任编辑 李媛媛
责任印制 刘 慧
出版发行 中央编译出版社
地　　址 北京市海淀区北四环西路 69 号（100080）
电　　话 （010）55627391（总编室） （010）55627307（编辑室）
（010）55627320（发行部） （010）55627377（新技术部）
经　　销 全国新华书店
印　　刷 北京印刷集团有限责任公司印刷一厂
开　　本 710 毫米×1000 毫米 1/16
字　　数 216 千字
印　　张 14.5
版　　次 2023 年 4 月第 1 版
印　　次 2023 年 4 月第 1 次印刷
定　　价 75.00 元

新浪微博 @中央编译出版社 **微　　信** 中央编译出版社（ID：cctphome）
淘宝店铺 中央编译出版社直销店（http：//shop108367160.taobao.com） （010）55627331

本社常年法律顾问 北京市吴栾赵阎律师事务所律师 闫军 梁勤

序

国际贸易政策属于上层建筑的层面，是一定时期内在特定的国内和国际经济背景下，国家为了实现特定的经济和非经济等发展目标，在生产与再生产过程中制定的能够通过对外经济关系传导机制对本国经济结构产生间接影响的经济政策的总和。发达资本主义国家的国际贸易政策是集经济、政治和外交于一体的复杂性问题，体现了内政和外交、政治和经济的平衡过程。

从实际经济发展情况来看，国际贸易政策存在于世界各国经济交往中，国际贸易政策是特定国家由一定规则下的政治过程决定，但是其背后体现的仍然是经济关系和人与人之间的生产关系，因此政治经济学可以对其进行研究，但是现有关于国际贸易政策的研究主要集中在主流经济学、新政治经济学和国际政治经济学领域，缺乏从马克思主义政治经济学的视角进行系统的研究。鉴于此，本书基于现有对国际贸易政策研究文献的基础上，将国际贸易政策及其变迁作为研究的核心，构建了一个以“国家—资本—劳工”为核心的整体分析框架，主要从“国家—国家的博弈”“资本—资本的博弈”“劳工对国际贸易政策制定的影响”三个层次，系统而全面地探讨发达资本主义国家的国际贸易政策的决策机理及其政治过程，说明发达资本主义国家国际贸易政策变化的根本原因。在理论上拓展马克思政治经济学对当代资本主义研究的范围，在实践中洞察当代发达资本主义国家国际贸易政策及其变迁的深层次本质和发展趋势，从而为中国与发达资本主义国家的经贸交往提供可供参考的规律和依据。

在本书的结构安排上，导论部分是对论文基本情况的预览。第一章是国际贸易政策文献综述和述评部分，从国际贸易政策产生的国内国际背景、国家的作用和贸易政策的时效性三个方面梳理了西方经济学、马克思主义经济学关于自由贸易政策和保护贸易政策的研究，同时因本书以美国为典型例子进行阐述，所以梳理了当代学者对美国国际贸易政策的相关研究文献。第二章是基本范畴界定与本书理论框架的构建部分，在阐明现有国际贸易政策分类的基础上，指出自由贸易政策和保护贸易政策存在一定的“混合地带”，并用政治经济学的视角定义国际贸易政策及其相应的分类。最后在概念界定清楚的基础上，本书提出以“国家—资本—劳工”为核心的用于解释发达资本主义国家国际贸易政策变迁的政治经济学理论框架。第三至第五章是本书的核心部分，体现了本书的理论框架，即国家—国家、资本—资本、资本—劳动、劳动—劳动的矛盾运动和发展过程。其中，第三章是发达资本主义国家国际贸易政策的变迁部分，按照马克思主义政治经济学逻辑和历史相统一，经济基础和上层建筑的关系这两个标准从宏观层面将国际贸易政策变迁分成超级大国的形成、经济霸权的扩张、贸易政策的调整和国际金融危机之后的贸易政策四个阶段，从国家—国家之间的经济增长模式和生产方式变化来考察每一阶段的国际贸易政策。第四章是发达国家国际贸易政策的政治过程部分，即从中观层面透视发达国家国际贸易政策的制定过程、决策过程和影响因素；从发达国家生产模式变化所导致形成的不同资本集团和劳工集团，即资本—资本、资本—劳动、劳动—劳动的矛盾运动分析其影响国际贸易政策决策的路径。第五章是从微观层面分析不同国际贸易政策的制定对资本积累和劳工产生的经济影响。第六章是本书的结尾部分，主要得出发达资本主义国家国际贸易政策的本质和发展趋势及中国的应对措施。

利用政治经济学两条道路的研究方法，本书认为发达资本主义国家的自由贸易政策作为国家的上层建筑，无疑是排除阻碍资本自由发展的国家界限，即自由贸易政策的本质是资本霸权、资本增殖以及资本自由流动的自由。而保护贸易政策代表的是被武装的本国大资本集团与国外资本集团的力量对比，从而实现对内保护国内产业和国内市场，对外通过贸易战帮助垄断资本扩大并占领国外市场的双重目的，因此发达资本主义国家根据自身实力不断地变化自由贸易政策和保护贸易政策。但是不同类型的国际贸易政策不断引发和暴露资本主义经济制度的内在矛盾，因此国际贸易政策随着本国经济实力的不断变化，无论采取何种类型的国际贸易政策都包含了对资本主义制度的自我否定。未来，经济全球化仍然是历史发展的必然趋势，随着世界经济格局的变化，以中国为核心的新兴发展大国在世界上的地位逐步增强。在国际贸易政策上，中国要以自由贸易政策为基础，一方面摒弃以往西方发达资本主义国家所主导的不公平和不平等的贸易，转变“中心—外围”模式为“全球价值双环流”体系；另一方面要以“善治”示全球，以“领新”引潮流，通过“一带一路”倡议实现“共商、共建、共享”的全球治理新模式，共同构建人类命运共同体。

郭百红

目 录

导 论 …… 001

第一章 国际贸易政策理论及评述 …… 016

第一节 西方经济学对国际贸易政策的研究 …… 016

第二节 马克思主义经济学对国际贸易政策的研究 …… 038

第三节 当代学者对美国国际贸易政策的研究 …… 048

第二章 基本范畴界定与理论框架的构建 …… 057

第一节 国际贸易政策的概念性规定 …… 057

第二节 政治经济学视角下国际贸易政策的分类 …… 066

第三节 构建马克思主义的国际贸易政策理论框架 …… 070

第三章 发达资本主义国家国际贸易政策的变迁 …… 072

第一节 划分国际贸易政策变迁阶段的标准 …… 072

第二节 超级大国的形成：保护主义贸易政策阶段 …… 076

第三节 经济霸权的扩张：自由主义贸易政策阶段 …… 090

第四节 贸易政策的调整：公平贸易政策的弹性化 …… 102

第五节 金融危机后的贸易政策：新贸易保护主义政策阶段 …… 116

第四章　发达资本主义国家国际贸易政策的政治过程 …………………… 128
第一节　公共权力机构：美国政党政治博弈 ………………………… 129
第二节　资本集团之间的博弈 ……………………………………… 139
第三节　劳工对贸易政策的影响和束缚 …………………………… 150

第五章　国际贸易政策所产生的经济影响 ……………………………… 155
第一节　国际贸易政策对资本积累的经济影响 …………………… 156
第二节　国际贸易政策对劳工的经济影响 ………………………… 162

第六章　思考：发达资本主义国家国际贸易政策的趋势 ………………… 175
第一节　发达资本主义国家国际贸易政策的本质 ………………… 175
第二节　发达资本主义国家国际贸易政策进一步发展趋势 ……… 177
第三节　中国的国际贸易政策选择及引领的新型经济全球化 …… 179

附录：美国国际贸易政策法律列表 ……………………………………… 197
参考文献 …………………………………………………………………… 201

导论

我是谁？我从哪里来，我要到哪里去？

——〔挪威〕乔斯坦·贾德

一、选题背景和意义

（一）选题背景

第二次世界大战（以下简称“二战”）后，科学技术进步和国际分工的扩大推动了社会生产力的巨大发展，大量的剩余产品越过国家在各自为政的经济体之间进行交换，国际贸易史无前例地快速增长，表现在参与国际贸易的经济主体遍及全球，涉及的商品种类繁多且贸易交易金额巨大。总之，国际贸易成为各国国际经济交往的基础，在发达资本主义国家中的经济地位和作用不断提高，成为资本主义扩大再生产的重要组成部分。然而，国家在与国际社会交往中，因国际社会时常处于无中央集权政府的状态，国家目标的实现只能通过有意识、有目的的经济政策达到，因此国家必须把有限的资源投入最有利于国家目标的政策中，体现在国际贸易中即国际贸易政策的制定。

国际贸易政策作为调整国际贸易的上层建筑，是国家对外经济政策的组成部分，受到国内国际经济、政治、文化、社会等环境的影响，发达资本主义国家的国际贸易政策也是当代发达资本主义经济关系中最为重要的一个方面，随着本国经济发展和在世界经济中扮演的角色和作用而发展变化，体现了资本主义世界经济失衡和平衡的不断演进。面对当代发达资本主义国家国际贸易政策的新变化，现有研究主要集中在主流经济学、新政治经济学①和国际政治经济学领域。其中，主流经济学以古典经济学比较优势理论为出发点，从理论推导出自由贸易政策是世界各国共赢的贸易政策方案，但是在各国政策具体的实践过程中，发达资本主义国家的贸易政策却是自由贸易政策和保护贸易政策辩证地向前发展，这就造成了理论与实际的不符，同时也说明主流经济学不能很好地解释发达资本主义国家的国际贸易政策及其变迁。新政治经济学主要使用经济学的方法和分析范式研究政治主题，其中两个重要组成部分是“经济的政治学”和“政治的经济学”，源于新古典宏观经济学和公共选择理论，主要研究制度制定和政策选择问题。新政治经济学以市场原教旨主义为出发点，认为政府失灵，有必要制定政策缓解利益的失衡，因此新政治经济学并没有脱离新自由主义经济学的理论框架，其实质是“经济学帝国主义”②。而国际政治经济学是新政治经济学扩展到国际贸易领域，研究政治学和经济学在国际舞台上的交互作用的一门科学。③ 但是，无论是新政治经济学还是国际政治经济学在解释国际贸易政策上都存在严重的缺陷：一方面用数学模型验证经济问题会随着假设前提的变化而使得结论有所区别，另一方面经济和政治的简单加总和方法的适用难以得到对经济本质的认识，因此对当代资本主义国家国际贸易政策的变化解释得越来越乏力。从根本上说，理论分析有助

① 此处的新政治经济学为西方新政治经济学。在语义范围上，新政治经济学有马克思新政治经济学和西方新政治经济学提法之区别。前者见张林：《西方新政治经济学的含义和性质》，载《政治经济学评论》，2017 年第 1 期；后者见顾海良：《新政治经济学的理论创新和学科建设》，载《中国高校社会科学》，2015 年第 5 期。马克思主义政治经济学的新形态，即中国特色社会主义政治经济学，为避免混淆，本书所指的新政治经济学即西方新政治经济学。

② 张林：《西方新政治经济学的含义和性质》，载《政治经济学评论》，2017 年第 1 期，第 58—71 页。

③ 何永江：《美国贸易政策》，天津：南开大学出版社 2008 年版，第 1 页。

于解决政策争论，国际贸易政策对经济的影响往往是间接的，因此透过现象得到全面的理论分析就至关重要。马克思主义政治经济学并非政治和经济的简单相加和相互影响，而是以生产力和生产关系、经济基础和上层建筑的矛盾运动展开。在这一点上，毛泽东也曾经指出，政治经济学对生产关系的研究，既要联系生产力，也要联系上层建筑对生产关系的积极作用和消极作用进行研究。① 因此，从上层建筑的视角对社会经济制度发展的本质进行研究，也成为政治经济学研究的应有之义。

在已有的研究中，鲜见以马克思主义政治经济学的观点对国际贸易政策进行系统和全面的研究，但是现实世界中确实存在着国际贸易政策对各国和世界经济发展的影响，尤其是2008年金融危机以来，国际政治经济格局正在发生变化，以美国为首的发达资本主义国家受到重创，全球贸易保护主义抬头，世界经济增长放缓；与此同时，以中国为代表的发展中国家成为全球经济的新引擎，尤其是中国，随着综合国力的提高，中美经济差距正在逐渐缩小，在这样的经济发展背景下，“美国衰退论”和“中国复兴论”甚嚣尘上。2018年以来，美国更是单方面挑起和中国的贸易摩擦并使其不断发酵、升级和演化，国际贸易政策问题再次成为焦点，而且可以预见，国际贸易政策问题将成为常态化的问题，所以关于国际贸易政策的研究非常重要。一般而言，国际贸易政策的制定通过政治过程决定，反映着国家在特定经济背景下的经济关系，因此国际贸易政策的制定、发展和变化对于国家的经济发展和国际经济关系的发展都有重要意义。从这个角度来讲政治经济学要拓展研究范围，从国际贸易政策的角度能更加深刻地认识当代发达资本主义国家的发展规律。

（二）选题意义

1. 理论意义

从理论层面来看，马克思曾经在《〈政治经济学批判〉序言》中明确

---

① 《毛泽东文集》第8卷，北京：人民出版社1996年版，第106—107页。

过，促使其研究经济问题的最初动因是关于保护关税制度和自由贸易的辩论①。马克思从1843年底开始从事政治经济学的研究，1857年7月—1858年6月，马克思制定了撰写政治经济学巨著的计划，并于1857年8月在《〈政治经济学批判〉导言》第三部分“政治经济学的方法”中第一次提出经济学著作出版的“五篇结构计划”，即“（1）一般的抽象的规定……（2）形成资产阶级社会内部结构并且成为基本阶级的依据的范畴……（3）资产阶级在国家形式上的概况……（4）生产的国际关系。国际分工。国际交换。输出和输入。汇率。（5）世界市场和危机”②。这一计划经过不断修订和完善，在《政治经济学批判》中形成了“六册计划”，即“（1）资本（包括一些绪论性的章节）；（2）土地所有制；（3）雇佣劳动；（4）国家；（5）国际贸易（对外贸易）；（6）世界市场”③。其中，前三册为抽象的原理部分，后三册则从抽象上升到具体，引入国家、国际贸易（对外贸易）和世界市场三个范畴，《国家》册的研究视角为对国家内，主要研究国家作为“利益主体”对国内经济关系的影响；《对外贸易》册的研究视角为对国家外，主要是从某个国家的角度研究该国与其他国家发生经济联系时形成的国际生产关系；《世界市场》册则是资产阶级超过国家的界限，将生产及其相关要素表现为总体，从而展开资本主义制度的一切矛盾。④ 从马克思的写作计划中可以看出，他虽然在国际贸易理论和政策方面没有留下诸如《资本论》这样的宏伟巨著，但是马克思非常重视国际贸易问题及其政策的研究，而且马克思在其经典著作《资本论》及

---

① 《马克思恩格斯文集》第2卷，北京：人民出版社2009年版，第588页。

② 《马克思恩格斯全集》第46卷上，北京：人民出版社1979年版，第46页。

③ 《马克思恩格斯文集》第5卷，北京：人民出版社2009年版，第891页。

④ 刘明远：《马克思经济学著作“六册计划”的总体结构与内容探索》，载《政治经济学评论》，2016年第4期，第131—161页。关于六册计划的总体结构和内容探索，主要有苏联学者阿·科甘，德国马丁路德大学的沃尔弗冈·杨，中国学者汤在新、张钟朴、刘明远等。对于国家、对外贸易、世界市场的区分，本书采取刘明远教授的区分标准。

《1857—1858年经济学手稿》中给予后来的研究者很多直接的提示，包括生产的国际关系、国际分工与协作、国际交换、国际价值、汇率、输入与输出、货币作为世界货币的职能等，还有和国际贸易相关的国际投资、国际技术转移、国家间的竞争等。除此之外，马克思还以英国为背景，写了《关于自由贸易问题的演说》《保护关税派、自由贸易派和工人阶级》《对华贸易》《鸦片贸易史》《雇佣劳动与资本》等文章，恩格斯写了《保护关税制度和自由贸易》《美国的总统选举》《经济学家会议》《讨论自由贸易问题的布鲁塞尔会议》等文章，详细地探讨了自由贸易和保护关税制度的历史作用、本质，对工人阶级及世界经济的影响等多个方面。可见，国际贸易政策也是马克思政治经济学宏伟巨著中的应有之义。但是传统的政治经济学从最广的意义来说，是研究人类社会中支配物质生活资料的生产和交换的规律，马克思政治经济学是研究资本主义生产方式以及和它相适应的生产关系和交换关系①，其本质是雇佣劳动制度②，二者均没有上升到属于上层建筑的国际贸易政策层面，因此西方经济学一直掌握国际贸易理论和政策的主流话语权，加之二战后，以美国为首的资本主义世界经历了重大的变化，国际贸易政策也更加纷繁复杂，显然用原有的理论已经无法对现实的国际贸易政策进行完美的解释，所以运用马克思主义的观点、方法、原理，基于历史唯物主义的视角，从资本主义经济发展规律的角度出发，理解发达资本主义国家国际贸易政策的变迁过程，构建一个解释发达资本主义国家国际贸易政策变化的理论框架，对于拓展政治经济学研究的视野和范围具有重要的理论意义。

2. 现实意义

从现实层面来看，21世纪世界经济发展的趋势为全球化，但是也伴随着逆全球化的过程，这其中自由贸易政策和保护贸易政策一直将伴随着经济全球化的发展变化。美国作为全球最大的经济体之一，也是当今世界上

---

① 《马克思恩格斯文集》第5卷，北京：人民出版社2009年版，第1页。

② 邱海平：《21世纪再读〈资本论〉》，北京：人民邮电出版社2016年版，第48页。

最有实力的发达资本主义国家，对世界经济影响巨大。美国在二战之前长期实行贸易保护主义政策，第25任总统威廉·麦金利曾说："美国成为世界第一工业生产大国，靠的是我们坚持了几十年的关税保护政策。"① 但是二战之后，美国的工业具备了全球竞争力，推行自由贸易政策可以使其开拓原材料和销售市场，从而获得最大的剩余价值，因此美国放弃保护贸易政策，转而成为自由贸易政策的倡导者以及经济全球化的积极推动者，同时在特定的方面美国也是自由贸易的受益者。但是自由贸易政策却导致了利益分配不均的问题，导致贸易保护主义此起彼伏，民族主义沉渣泛起。更为严重的是2008年金融危机以后，美国反其道行之，不仅崇尚"美国优先"，大讲美国面对着"不公平"的国际贸易政策，而且在全球范围内破坏国际贸易规则，采取单边主义做法，掀起贸易战。美国的此番做法是为了获得更大的经济利益，维护其经济霸权地位，还是为了转嫁国内的矛盾，或是还有其他目的？美国国际贸易政策演化的内在逻辑是什么？从美国国际贸易政策的变迁可以看出，发达资本主义国家国际贸易政策制定的规律和趋势是什么？这些现实问题都值得研究。除此之外，目前中国作为世界上较有影响力的经济体，将如何面对发达资本主义国家国际贸易政策的改变，未来将采取何种国际贸易政策发展本国经济。与此同时，中国的崛起给西方发达资本主义国家带来了直接的冲击和挑战，中国以"一带一路"倡议探索推进新型经济全球化，这与以美国为首的发达资本主义国家之前所推行的经济全球化有何相似之处，又有何不同？如何看待这些问题具有重大的现实意义。

二、研究视角、研究对象和研究范围的界定

概念的使用需要一定的精准性和适应性，因此对研究视角、研究对象和研究范围的界定直接关系到研究的科学性。马克思在《资本论》中，首

---

① 梅俊杰：《自由贸易的神话：英美富强之道考辨》，上海：上海三联书店2008年版，第199页。

先明确其研究的视角为资本，研究对象为资本主义生产方式及与其相适应的生产关系和交换关系。本书借鉴马克思的研究方法，从发达国家国际贸易政策，即作为上层建筑影响经济运行的经济政策的研究视角出发，研究当代发达资本主义国家的生产方式及与之相适应的生产关系和交换关系，从而说明资本主义生产方式存在的合理性及其历史局限性，扩展马克思政治经济学的研究范围。在研究对象确定后，本书从空间范围、时间范围两个方面界定研究的范围，以使得本书具有明确的研究边界，不会使论文过于庞大杂乱。

（一）空间范围界定

本书的研究对象是发达资本主义国家的国际贸易政策及其变迁，借鉴了马克思以英国为典型背景研究资本主义国家国际贸易政策的相关问题，因为在马克思所处的时代，英国是最为典型的发达资本主义国家，但是在当代美国已经超越英国成为最典型的发达资本主义国家。作为世界头号强国，美国在世界经济中的成就、地位和影响是各国公认的，除此之外，美国的国际贸易政策也是最持久和最重要的政策，在相当大程度上影响着世界国际贸易规则的制定。因此，本书以美国国际贸易政策的变迁为切入点，以货物贸易为典型研究视角，立足经济全球化，重点研究当代资本主义生产方式的新变化和新特点。

（二）时间范围界定

基于研究内容被界定为以美国为主的当代资本主义生产方式的新变化，本书重点研究二战后至今的美国国际贸易政策变迁情况，当然须遵循历史和现实相统一的原则，本书虽也涉及二战之前的美国国际贸易政策，但并不作为重点。将研究的时间范围界定在二战以后还有一个原因是，一般认为现代美国的国际贸易政策始于 1934 年的《互惠贸易协定法》，这一法案的产生表明，在经过了与贸易保护主义政策长达 158 年的反复较量后，美国的贸易自由主义政策最终取得了胜利，美国也一直以此法案自居为主动推动世界走向开放的践行者。

三、研究方法与主要内容

（一）研究方法

本书将以马克思唯物辩证主义和历史唯物主义为根本的指导方法，在写作过程中采用从具体到抽象的研究方法和从抽象上升到具体的叙述方法反复结合的方法，在论证理论观点时在技术层面采用统计分析与对比分析相结合，以博弈论为基础的案例分析方法。具体研究方法如下。

1. 政治经济学的总体方法论：辩证唯物主义和历史唯物主义

辩证唯物主义①和历史唯物主义是马克思经济学方法论的基础，是最根本的方法。② 辩证唯物主义是马克思在批判地吸收了费尔巴哈唯物主义的“基本内核”和黑格尔辩证法的“合理内核”基础上发展起来的科学世界观。辩证唯物主义坚持世界在本质上是物质的这一论断，即“观念的东西不外是移入人的头脑并在人的头脑中改造过的物质的东西而已”③，而物质世界是普遍联系、不断发展、变化和运动的。马克思的辩证法从本质上来说是具有批判精神和革命性质的。历史唯物主义，也称唯物史观，是马克思的伟大发现，是辩证唯物主义在历史领域中的展现和应用。历史唯物主义的基本原理包括社会存在决定社会意识，生产力决定生产关系，生产关系的发展一定要适应生产力的性质，经济基础决定上层建筑等。“市民社会这一名词始终标志着直接从生产和交往中发展起来的社会组织，这种

---

① 马克思并没有使用过“辩证唯物主义”这个术语，德国工人哲学家约瑟夫·狄慈根于1886年在其著作《一个社会主义者在认识论领域中的漫游》中首次提出这个概念。恩格斯在《路德维希·费尔巴哈和德国古典哲学的终结》中对其进行了高度的评价。

② 邱海平：《21世纪再读〈资本论〉》，北京：人民邮电出版社2016年版，第93页。

③ 《马克思恩格斯文集》第5卷，北京：人民出版社2009年版，第22页。

社会组织在一切时代都构成国家的基础以及任何其他的观念的上层建筑的基础。”① 人类社会历史发展过程中，社会经济出现的问题越来越复杂，人类社会经济关系及其发展规律和本质也越来越难以被揭示，尤其是作为国家意志的国际贸易政策更加纷繁复杂，所以必须从历史和现实的角度、理论和实践的角度，用辩证唯物主义和历史唯物主义方法，站在现实和历史的基础上，从物质生产实践出发解释国际贸易政策的各种形态和变迁。本书正是以辩证唯物主义和历史唯物主义为根本指导，通过对已有发达资本主义国家国际贸易政策的客观历史和历史文献的梳理，以发达资本主义国家物质生产实践为出发点，使用唯物辩证的逻辑分析方法，构建历史和现实的分析框架，揭开经济全球化背景下美国国际贸易政策的发展变化过程，说明美国国际贸易政策的实质及其发展趋势。

2. 政治经济学的具体方法：研究方法与叙述方法的反复结合

研究方法和叙述方法是截然不相同的两种方法。马克思在《〈政治经济学批判〉导言》中对“政治经济学的方法”做了详细的论述，其在批判资产阶级古典政治经济学方法论时指出两种方法：第一种方法（原文为“第一条道路”）是从具体到抽象的研究方法，即“从实在和具体开始，从现实的前提开始”②，然后剔除不太重要的因素，留下具有决定性意义的抽象，以反映事物的本质和规律，即透过现象揭示本质，这是研究中不可或缺的分析过程。第二种方法马克思称为“科学上正确的方法”，但是这并不意味着第一种方法不正确。第二种方法分属于研究和叙述两个过程，这里是指在叙述的过程中应该从抽象到具体，使得抽象的规定在思维行程中导致具体的再现。当然，要想研究的过程更加科学，需要研究方法和叙

---

① 《马克思恩格斯文集》第 1 卷，北京：人民出版社 2009 年版，第 583 页。市民社会是指社会发展各阶段的经济制度，即决定政治制度和意识形态的物质关系总和。具体到资本主义社会是指资产阶级社会的物质关系，超过了国家和民族的范围，可以说市民社会对内组成国家，对外作为民族起作用。

② 《马克思恩格斯全集》第 46 卷上，北京：人民出版社 1979 年版，第 37—38 页。

述方法不断地反复结合，才能更加准确地发现事物的本质和规律，并进行科学的阐述。本书正是基于这样的方法，将从具体到抽象的研究方法和从抽象上升到具体的叙述方法相结合。首先，在研究过程中对发达资本主义国家的国际贸易政策进行梳理，从现实的混沌的表象开始，占有大量的丰富的材料，探寻发达国家在国际贸易政策变迁中国家—国家之间、资本—资本之间、资本—劳动之间、劳动—劳动之间的内在关系及其发展规律，得出"国际贸易政策""资本""自由贸易政策""保护贸易政策""公平贸易政策"等基本的概念范畴。其次，使用抽象上升到具体的叙述过程，从范畴开始，在逻辑上再现发达资本主义国家国际贸易政策变迁的重要内容，并以美国为例，验证抽象理论的正确性。

3. 统计分析方法与对比分析方法相结合

本书的研究对象为发达资本主义国家国际贸易政策，并以美国作为典型例证。本书将重点运用统计分析方法，大量收集、整理20世纪初，尤其是二战后，美国的进出口总量和结构、贸易顺差/逆差、产业结构、失业情况等各类统计数据。比较分析法也称为对比分析法，本书采取横向比较和纵向比较相结合的方法，前者是一种静态比较分析方法，即对两类事物或同类事物的不同部分之间在某一方面的差异进行对比；后者是一种动态比较法，即对认识对象在不同时期、不同阶段的特点进行对比，揭示事物的本质规律及发展趋势。本书会在不同的历史阶段之间和不同国家或区域之间展开比较，以说明发达国家国际贸易政策的特点、变动趋势以及产生的经济后果。

4. 以博弈论为基础的案列分析方法

在发达资本主义国家的国际贸易政策变迁过程中，充满了国家和国家之间、党派和党派之间、不同资本集团之间、资本和劳工之间的博弈，因此本书除在理论上阐述国际贸易政策及其变迁过程以外，在以美国为典型国家验证理论的正确性上，还采用了以博弈论为基础的案例分析方法，按照现实矛盾的视角重点论述了美国与日本、美国与欧盟、美国与苏联、美国与中国在不同产业上的贸易摩擦，以纺织品贸易战、农产品贸易战、能源贸易战、钢铁贸易战、彩电贸易战、汽车贸易战、通信贸易战、半导体贸易战等具体案例，剖析产业发展过程中国际贸易政策演变的历史，探寻贸易保护的根源和演变过程，总结和评价国际贸易保护政策在美国产业发展中包含的政治经济学问题。

（二）主要内容

目前，与“贸易政策的政治经济学研究”相关的论文或者专著多是“政治+经济”的综合，而非真正的政治经济学研究视角，因此为与现有的冠名“政治经济学的研究”相区别，本书在分析方法和逻辑自洽上符合政治经济学的研究范式。具体到本书，作为上层建筑的国际贸易政策是具体国家在特定的历史时期中特定的经济关系和政治过程相互作用的产物，因此本书构建了以“国家—资本—劳工”为核心的分析框架，主要研究三个问题：（1）发达资本主义国家国际贸易政策的变迁机理。以美国为例的当代发达资本主义国家的国际贸易政策主要经过了贸易保护主义政策、自由主义贸易政策、公平贸易政策、国际金融危机之后的贸易政策四个阶段，国内经济发展模式以及国际经济背景如何影响贸易政策变迁；（2）发达资本主义国家国际贸易政策的政治过程。发达资本主义国家经济增长模式确定了需要哪种政治制度，反过来政治促进经济增长，其中资本与劳动到底起到怎样的作用；（3）发达国家贸易政策所产生的经济影响。随着生产力的发展和经济全球化的进程，全球劳工得以形成，那么自由主义贸易政策和贸易保护主义政策对资本积累及其国内劳工和全球劳工会产生何种影响。本书将在后续章节中对上述问题予在回应。

四、研究不足与可能的创新点

（一）研究不足

实践是思想的源泉，同时实践也是理论的先导和基础，但是理论一经掌握又可以反过来指导实践。美日、美苏、中美贸易摩擦的实践给本书的研究带来了现实的材料，与此同时从国际关系视角、应用经济学视角等对国际贸易政策的研究也给本书的研究以启发。从现有的研究看来，以政治经济学视角研究国际贸易政策的文献较少。因此，本书无疑是一种新的探索和尝试，加之笔者学术能力的限制，存在很多研究的不足，主要有以下三个方面。

1. 关于文献综述存在的不足

第一，笔者并未对经济思想史中所有涉及国际贸易政策的文献做完整的阅读和批判分析。国内外对发达国家国际贸易政策的研究虽然很广泛，涉及政治学、经济学、国际政治经济学、国际关系学、外交学等众多领域，这些为本书的研究提供了不同角度的素材资料，但是基于马克思主义政治经济学视角的研究较少，可直接参考借鉴的文献不多。此外，虽然已有的相关研究文献具有十分重要的意义，但是因为时间和能力的限制，本书仅对其中的典型代表且对实际经济政策产生影响的理论和政策进行了细致的梳理，并未对全部的文献进行深入的对比和批判分析。

第二，受译文影响，对原文和原作者的理解产生偏差。由于外文文献的可获得性和个人英文能力的局限，有一些重要文献笔者仅读了中文翻译版本，但是译文会因译者的经验和所掌握的知识水平产生差异，例如同样的作者和同样的书名因译者不同，其翻译就有明显的差异。我们熟知的托马斯·孟及其著作《英国得自对外贸易的财富》，郭大力、王亚南在《国富论》中将其翻译为谟恩氏和《英格兰外国贸易的财宝》①，虽然并不会影响对总体的理解，但是类似的情况也可能导致笔者在理解上与原著产生细微偏差。

第三，二手文献的使用问题。本书在有一手文献的情况下拒绝使用二手文献，但是有一些与本书休戚相关的重要思想却无法找到一手文献，所以仅能以二手文献替代。例如，美国为了实现推行自由贸易帝国主义和金融帝国主义的目的，刻意抹杀指导美国经济崛起的“美国学派”的思想，

---

① 〔英〕亚当·斯密：《国富论》（下），郭大力、王亚南译，南京：译林出版社 2011 年版，第 5 页。

使得现有的西方经济思想史的文献中缺乏相关的论述，而且对此有研究的学者也非常少，其中迈克尔·赫德森著的《保护主义：美国经济崛起的秘诀》可以被视为研究“美国学派”的重要经典文献，贾根良教授、黄阳华副研究员对此书进行了翻译，且后续对“美国学派”进行了深入的研究，因此本书对“美国学派”的文献综述更多地是站在前人研究的成果上，并非对原始文献的梳理，这可能造成对“美国学派”错误的理解。但是，“美国学派”的保护主义思想对经济崛起起着至关重要的作用，本书在不影响分析的基础上，对“美国学派”的贸易保护主义思想进行综述。

2. 关于研究方法上的不足

本书更倾向对理论逻辑的分析，采用一些统计资料来佐证所论述的观点，此种论证方式较为浅显，并不能跟上现代经济分析方法的前沿。在未来的研究中，笔者要对研究方法进行改进，使用数理模型及其现代计量经济分析等实证分析方法，增加研究结论的可靠性。实证研究主要有两个方面的设想：一是借鉴马艳等人的研究，基于马克思不平等交换理论构建“不平等交换”的数理模型①，加入自由贸易政策或者保护贸易政策的相关指标，如自由度或者关税等变量，衡量发达资本主义国家与发展中国家是否存在不平等交换，及在不同的国际贸易政策下这种不平等交换的表现如何？二是利用博弈论的相关模型模拟在不同的资本集团、劳工集团等相关利益群体博弈下，国家对国际贸易政策的选择问题。

3. 关于研究内容上的不足

第一，本书对国际贸易政策的政治过程研究还处于比较初级的层面，对于政治过程如何通过党派竞争和代议民主的过程决定国际贸易政策及其变迁的研究还不是很深入，因此这也是未来的研究重点之一。除此之外，对发达国家国际贸易政策研究还不够全面。当代发达资本主义国家众多，其国际贸易政策既有共同特点，体现了资本主义国家在经济政策层面的一

① 李真、马艳：《国际不平等交换多变量影响模型及衍生效应》，上海：上海财经大学出版社2011年版，第2页。

般性，也因各国经济结构特点而存在不同，体现了资本主义国家在经济政策层面的差异性和多样性。本书仅以当代最为典型的资本主义发达国家美国作为代表，主要因为美国是二战后最有影响力的发达资本主义国家，其国际贸易政策的制定直接影响到全球其他经济体，这虽然给本书的研究带来方便，但没有对发达资本主义国家和发展中国家错综复杂的国际贸易政策进行国别研究，这也在某种程度上造成了研究的片面性问题，因此对不同发达资本主义国家国际贸易政策的差异化研究和不同国家之间国际贸易政策的关系的研究也成为笔者未来研究的方向之一。

第二，关于中国等新兴国家引领的经济全球化区别于发达资本主义国家引领的经济全球化的相关论述仅是一个初步的探讨。虽然目前中国和美国的经济差距在缩小，中国对全球经济贡献度越来越大，但是在其他国家实力方面如创新体系、文化产业、金融信息服务产业、货币国际化程度等，还存在一定差距，因此，对中国和发达资本主义国家引领的经济全球化所做的区别仅仅是理论的初步探索，还需要实践进行检验。

（二）可能的创新点

本书可能的创新点在于以下两个方面：

第一，运用马克思主义政治经济学的科学方法和当代资本主义经济规律，对发达国家国际贸易政策进行系统全面的分析。纵观古典经济学、新古典经济学、马克思经济学等都对国际贸易理论和政策进行了论述，但是目前为止，分析国际贸易政策大多是以新政治经济学和国际政治经济学为主，很难解释国际贸易政策的变动本质和发展趋势。与此同时，国内外也鲜有学者运用马克思主义经济学的方法对发达国家国际贸易政策进行系统完整的分析，传统的政治经济学主要研究生产方式及其相适应的生产关系，并没有上升到政策层面，但是在现实经济生活中，国际贸易政策确实成为重要且常态化的问题。国际贸易政策属于上层建筑，是通过政治活动的政治过程决定的，但是政治关系的背后是经济关系，因此拓展经典作家关于国际贸易政策的观点具有很重要的理论和现实意义。因此，本书尝试通过梳理大量的资料和文献，用马克思政治经济学的视角定义自由贸易政策和保护贸易政策，界定其中的混合地带，然后以美国贸易政策历史事实为分析对象，梳理发达资本主义国家国际贸易政策的变迁，并且从社会经济制度出发，分析不同历史阶段发达国家贸易政策变化的本质及其根源，揭示当代资本主义发生的新变化，加深对资本主义发展规律的认识，丰富和拓展马克思国际贸易理论和政策的范畴。

第二，本书在论述国际贸易政策的过程中，构建了“国家—资本—劳工”的理论分析框架。大体从“国家—国家的博弈”“资本—资本的博弈”“劳工对国际贸易政策制定的影响”三个层次，兼顾经济历史纵向发展与横向政策决定两个方面，系统而全面地探讨发达资本主义国家国际贸易政策的决策机理及其政治过程，说明发达资本主义国家贸易政策变化的原因，并论述既定的国际贸易政策对资本积累和全球劳工产生的经济影响。

第一章 国际贸易政策理论及评述

后人总是站在前人的肩膀上远眺，人类才得以进步。

——艾萨克·牛顿（英国著名物理学家）

第一节 西方经济学对国际贸易政策的研究

自由贸易政策和保护贸易政策作为一项经济政策到底是好是坏，西方经济学家几个世纪以来一直争论不休，经过梳理，按照贸易政策类型和历史先后顺序以及在国际贸易中所起作用的重要程度划分，保护贸易政策主要有重商主义政策、美国学派的产业保护政策、凯恩斯主义超贸易保护政策以及战略性贸易政策等；自由贸易政策主要有古典经济学贸易政策、新古典主义经济学贸易政策和新自由主义经济学贸易政策。

一、保护贸易政策观

(一) 重商主义贸易政策[①]

保护贸易政策支持者认为现实世界中存在市场失灵和扭曲，因此需要政府干预市场。重商主义政策是最早的国际贸易政策之一，15 世纪末英国商人、政府官员和一些策论作家从不同视角提出了各式各样的贸易政策，这些政策被统一贴上了“重商主义”的标签。重商主义的主要代表人物有托马斯·史密斯、威廉·斯塔福、托马斯·孟、科尔贝尔等。重商主义政策按照政策内容的不同，分为“货币差额论”（即早期重商主义：15 世纪下半叶—16 世纪下半叶）和“贸易差额论”（即晚期重商主义：17 世纪上半叶—18 世纪下半叶）。因重商主义者认为金银即财富，而商人的利益与国家的利益会出现背离的情况，所以重商主义者认为国家应该监控国际贸易行为，以实现对外贸易中每一笔交易都产生贸易顺差。比如，早期重商主义主张采取行政手段，禁止货币输出，反对商品输入，以贮藏尽量多的货币，恩格斯将其描述为像“守财奴”一样，紧紧抱住钱袋，打量自己的邻居，将骗来的金钱牢牢地保持在关税线以内。[②] 但是，如果一直实行这样的原则，则会断送商业，因此一部分商人意识到这样的资本是死的资本，只有流通的资本才能不断地增殖，于是商人们将重金属投到国外以使更多的金币流入国内，这就是重商主义关于贸易政策的中心思想，也就是“贸易差额论”，自此早期重商主义发展到了晚期重商主义。

晚期重商主义以托马斯·孟为主要代表，他认为国际贸易是让王国致富的唯一手段，所以在国际贸易中，一国要牢记的准则是：每年卖给外国

---

① 重商主义历史跨度较长、地理范围广泛（该学说曾流行于英国、法国、意大利、德国、西班牙、葡萄牙、荷兰、美国、瑞典、意大利等国家），政策实践和著作林林总总，甚至出现分歧，本书仅以重商主义一以贯之和较为典型的国际贸易政策进行综述。

② 《马克思恩格斯全集》第 1 卷，北京：人民出版社 1956 年版，第 596 页。

人的货物的价值要大于本国所消费的外国商品的价值。① 他将用于与国外进行交换的商品分为“自然财富”和“人为财富”两个部分，前者为人们从日常生活用品的消费中节省下来的用于出口外国的物品，后者为在作坊和工厂里生产出来可以用于外贸的商品②，并且前者产生的利润要低于后者。除此之外，托马斯·孟批判了早期重商主义禁止将货币带出英国的观点，认为将大量金银留在国内会使商品价格上涨，只会损害国家的利益，而且以西班牙为例，说明国内禁令金银输出并不能保证财富不外流，他提倡用货币（金银）来经营贸易，先用带出去的货币买回 A 国的商品，在适当的时候将这些物品运送到 B 国贩卖，收回更多的货币，即“货币产生贸易，贸易增多货币”。在主要的贸易手段上，托马斯·孟鼓励本国制定法律以纠正浪费和奢侈风气，减少对外国商品的消费，提倡使用本国出产的物品，将节省的材料和制成品出口到海外；加工邻国所需但是其他国家生产不了的产品，提高售价出口以获利，对于邻国所需且其他国家可以生产的产品则应该以低廉价格出口；设置专门的仓储或者贸易中心发展转口贸易和远地贸易；等等。总之，晚期重商主义者主张实施奖励出口，限制进口，即“奖出限入”的政策措施，以保护性关税政策保证一定阶段内对外贸易出超，以达到金银流入的目的。值得一提的是，在晚期重商主义阶段，托马斯·孟的财富观有了细微的改变，其提出“有货物的人是不会缺钱的”③，提倡商品 A—货币 A—商品 B—更多的货币 B 的循环过程。虽然重商主义经济政策纷繁复杂，但可以概括为使用禁令、保护性关税等手段实现保护国内产业和就业、实现贸易顺差、积累财富或金银、促进国家经济增长和财富增殖、增强国家竞争力等多重目标。

① 〔英〕托马斯·孟：《英国得自对外贸易的财富》，李琼译，北京：华夏出版社 2013 年版，第 7 页。

② 〔英〕托马斯·孟：《英国得自对外贸易的财富》，李琼译，北京：华夏出版社 2013 年版，第 9 页。

③ 〔英〕托马斯·孟：《英国得自对外贸易的财富》，李琼译，北京：华夏出版社 2013 年版，第 23 页。

（二）美国学派（内含李斯特幼稚产业保护政策）

美国经济崛起的秘诀在于贸易保护主义政策，美国学派为其提供了指导。美国学派的原始思想始于美国第一届财政部长亚历山大·汉密尔顿。立国之初，美国对于要不要发展工业问题形成了以汉密尔顿为主的"工业立国"思想和以杰斐逊为主的"农业立国"思想的冲突①，随着遭遇了英国廉价工业品的入侵，美国羽翼未丰满的弱小工业遭受致命打击，汉密尔顿更加认为要借助贸易保护走上工业化道路，实施了保护性关税、禁止输入竞争性产品、禁止出口制造业原料、给予制造业补贴、返还制造业原料进口税等10余项保护和奖励措施，而其中最为有利的措施为补贴，因为补贴能刺激新企业的初期尝试行为，能促进出口，提高国内厂商在世界市场的占有率等②。最终的结果是国会采取了汉密尔顿提高制造业关税的建议，补贴这样的奖励计划并没有得到足够的重视。之后，在汉密尔顿贸易保护思想的基础上，又陆续产生了一批具有保护主义思想的人物。

第一代美国学派的代表人物是作为出版商的马修·凯里③、弗里德里希·李斯特等。其中，李斯特作为第一代美国保护主义的整理者，在流亡美国期间，加入美国应该实行自由贸易政策还是保护贸易政策的论战中，

① 关于这场辩论，随着美国独立之后与英国贸易冲突的发展演变，杰斐逊认识到了制造业的重要性，其在1785年主张把工厂留在欧洲，而在1813年则认为必须将制造商和农业同等对待，必须自己制造产品。具体的转变过程请参见〔美〕道格拉斯·欧文：《贸易的冲突：美国贸易政策200年》，余江、刁琳琳、陆殷莉译，北京：中信出版社2019年版，第二章"新国家的贸易政策：1789—1815年"。

② Alexander Hamilton, "Report on the Subject of Manufactures[1791]", in Frank Taussig (ed.), *State Papers and Speeches on the Tariff*, Cambridge, Mass, 1893, p.58, pp.697-708.

③ 马修·凯里是第一代美国保护主义的宣传家，也是第二代美国学派代表者亨利·凯里的父亲。

其观点在1827年出版的《美国政治经济学大纲》中得到了体现。① 李斯特深受汉密尔顿“幼稚工业”论的影响，认为财富的生产力比财富更加重要，而制造业是国民财富的基础，他考察了欧洲各国的政治经济情况，将国家分为原始未开化、畜牧、农业、农工业、农工商业五个发展时期，认为自由贸易政策和保护贸易政策都应该根据发展阶段进行取舍。例如，英国处于农工商业时期，因此应该采取自由贸易政策，这对英国的发展是有利的；而相比英国，美国和德国正处于农工业时期，因此应该采取保护贸易政策，这对美国和德国是有利的。在具体实践中，李斯特认为德国在工业发展的初级阶段必须对战略性新兴产业实行保护贸易政策以应对“排挤性竞争”。他宣传关税保护、创立德国关税同盟，这对德国在1879—1914年的崛起起了关键作用。但是，李斯特的幼稚产业保护是有时间限制的，其认为落后国家在未开化状态时期可以采取自由贸易政策接受市场经济的洗礼，但是当一国初步奠定了工业基础后就应当采取保护贸易政策，而当一国经过保护贸易政策促进该国产业在国内发展壮大，工业进入发达阶段后就应该开放国内市场。李斯特的思想并不是美国学派贸易保护主义的最高成就，第二代的保护主义以亨利·凯里的《过去、现在和未来》才是最高成就的主要标志。

第二代美国学派代表人物为亨利·凯里，曾被马克思评价为“北美唯一有创建的经济学家”②。亨利·凯里在亨利·克莱③“美国制度”（即以保护关税、内部改善和国民银行为核心的经济政策理念）的基础上增加了“科教投资”和“利益和谐论”两个要点，形成了美国学派的五大构成要素。贾根良教授相应地将美国学派采取的政策概括为“生产率立国、保护

---

① ［美］迈克尔·赫德森：《保护主义：美国经济崛起的秘诀（1815—1914）》，贾根良、马学亮、邓郎、黄阳华等译，北京：中国人民大学出版社2010年版，第74—75页。

② 《马克思恩格斯全集》第46卷上，北京：人民出版社1979年版，第4页。

③ 亨利·克莱（1777—1852），辉格党的创立者和领导人，美国参众两院历史上最重要的政治家。

性关税、国内市场、利益和谐与国民银行”五个方面①，每个方面都和贸易保护有着紧密的联系。“生产率立国”是贸易保护的理论前提，美国学派认为资本是一种自主的生产要素，而资本生产率差异是导致国家贫富差距的基本原因。在自由贸易情况下，高生产率和高工资的国家在国际竞争中处于优势地位，因此在美国尚未建立起工业立国的前提下，必须实施关税保护政策来发展工业；高额的关税必将遭到外国的抵制，从而使发展国内市场成为保护主义工业的一部分，而国内市场的发展又可以为国内工业、城市化、农场和种植园产业的发展提供美好的前景。在保护关税制度下，为了避免工业化剥夺劳动力，提倡保护性关税也是有利于工人的观点，美国学派又提出了“利益和谐”论，即保护关税制度可以实现资本和劳动、工业和农业的和谐，具体的措施为实行高工资，只要生产率的增长超过了工资的增长，利润和工资也会同时增长，从而形成良性循环。国民银行在于保持币值的稳定，促进国家的扩大再生产。

第三代美国学派代表人物为西蒙·帕滕。帕滕深受德国历史学派的影响，认为国家可以塑造经济，而自由贸易政策会通过国际分工导致农业的单一和专业化生产，最终将导致土壤肥力的耗竭，对原材料出口国不利，因此认为实行保护关税是必须的，而且要通过保护主义实现更高的工业化。除此之外，帕滕认为自由贸易政策导致的生产专业化更容易形成卡特尔组织，将劳动者限定在狭小的职业空间范围，帕滕从社会动态发展的视角主张劳动的多样性。总之，在自由贸易政策下，“贸易的抛弃效应”②明显，即自由贸易政策满足于当前贸易带来的好处，在未来很可能由于难以恢复土壤和重新教育劳动者而丧失高技能产业的生产。因此，从一定意义

① 贾根良：《美国学派：推进美国经济崛起的国民经济学说》，载《中国社会科学》，2011年第4期，第111—125页。

② 〔美〕迈克尔·赫德森：《保护主义：美国经济崛起的秘诀（1815—1914）》，贾根良、马学亮、邓郎、黄阳华等译，北京：中国人民大学出版社2010年版，第261页。

上说，帕滕提出的政策带有明显的“社会主义色彩的”集体主义观点。[1]

（三）凯恩斯主义贸易保护政策

凯恩斯主义贸易保护政策源于1929—1933年的大萧条，是针对已经实现了工业化的国家，在应对经济萧条时期为谋求经济稳定增长而不是经济发展所使用的贸易政策，其核心理论为“就业理论”。凯恩斯原本是自由贸易坚定的倡导者，但是面对大萧条给英国造成的失业问题，凯恩斯逐渐认识到普遍性关税的益处。凯恩斯认为重商主义有科学的成分，在自由放任的经济政策条件下，国家财富快速增长，但是此时会受到投资不足的阻挠，而总投资由对国内投资和对国外投资两部分组成，前者取决于国内利息率的高低，后者取决于外贸顺差的大小，但是当经济处于严重萧条时，政府无法对国内的利息率做出调整，只能通过增加外贸顺差这一直接手段以增加总需求，而与此同时，外贸顺差导致的贵金属的流入会间接地减少国内利息率。[2] 因此，政府应该对国际贸易政策实施干预，即采取和“重商主义”一样的奖励出口、限制进口，尤其是关税保护政策。关税保护政策不仅可以实现贸易顺差，还可以促进本国产品对进口产品的替代，从而增加就业。但是政策的成效，有“两个不容忽视的限制条件”[3]，贸易顺差不能过大。一方面，如果国内利息率被降低到很低的水平，那么投资增多将导致工资水平上升，国内成本上升，不利于商品出口，给外贸顺差造成不良影响；另一方面，如果国内利息率相较于其他国家降低到很低的水平，则有可能导致贵金属的外流，最终抵销顺差。也就是说，保护贸易是一定时期的政策，同时也具有一定的时效性，顺差必须有度，否则物极必

---

① 〔美〕迈克尔·赫德森：《保护主义：美国经济崛起的秘诀（1815—1914）》，贾根良、马学亮、邓郎、黄阳华等译，北京：中国人民大学出版社2010年版，第252页。

② 〔英〕约翰·梅纳德·凯恩斯：《就业、利息和货币通论》，高鸿业译，北京：商务印书馆2009年版，第349页。

③ 〔英〕约翰·梅纳德·凯恩斯：《就业、利息和货币通论》，高鸿业译，北京：商务印书馆2009年版，第349页。

反，必然会影响政策的目的。除此之外，凯恩斯认为如果能发展国内政策促进就业则是更好的选择，因为如果采取保护手段向外国销售产品与限制外国产品的采购，无疑是将失业问题转嫁给了邻国，这仅仅是维持本国就业的权宜之计。凯恩斯的追随者将一般乘数原理应用到对外贸易领域，提出了“对外贸易乘数”的概念，用来说明贸易保护政策促进的一国经济增长总量是贸易顺差总量的若干倍。总之，凯恩斯主义者认为实行贸易保护政策在短期内可以促进贸易顺差，刺激总需求，减少失业，从而消除本国经济萧条或者经济危机。

（四）战略性贸易保护政策

战略性贸易政策首先由詹姆斯·布兰德、巴巴拉·斯潘塞于20世纪80年代提出，其核心思想为政府补贴行为可以通过威慑力改变本国内外厂商的战略性博弈结果。二战之后，国际贸易中产业内贸易代替产业间贸易方式发展迅速，原有的贸易理论已经无法解释资源禀赋、技术、产品相似的国家的贸易情况。除此之外，产业组织理论的发展、博弈论的应用扩展了国际贸易政策的分析方法。詹姆斯·布兰德、巴巴拉·斯潘塞在1981年发表的《潜在进入条件下的关税与外国垄断租金的提取》一文中讨论了出口补贴和进出口关税在厂商互动的市场上产生的影响，拉开了战略性贸易政策讨论的序幕①，又在1985年发表的《出口补贴与国际市场份额竞争》一文中以垄断竞争为基本分析框架，将古诺双寡头模型应用到国际市场，并提出了“利润转移论”政策，即假设存在两个厂商（一个国内厂商、一个国外厂商）共同供应同质化的商品到第三方市场，每个厂商的利润都部分依靠另一个厂商所做的决策，在这样一种战略性博弈中，很难形成国际卡特尔以获得最大利润，在政府不干预的情况下最有可能的均衡是利润高于完全竞争市场，但是小于共谋时的利润，但是如果一

① Brander, James A. and Barbara J.Spencer, “Tariffs and the Extraction of Foreign Monopoly Rents under Potential Entry”, *Canadian Journal of Economics*, Vol.14, No.8, 1981, pp.371-389.

国可以通过出口补贴或研发补贴等具体的政策措施进行干预，就会增加本国该种商品的生产。这会产生两种效应：一是成本节约，从而降低市场价格，显然这是一种转移效应；二是国内厂商扩大生产会威慑国外厂商使其减产，使得国内厂商获得更大的利润，又由于詹姆斯·布兰德、巴巴拉·斯潘塞假设不存在国内消费，因此厂商的利润决定了国民财富。而且，政府的补贴将不会对其他经济部门产生影响，因此利润的增加将超过补贴的数额，即补贴的实质是政府采取保护措施实现利润从国外厂商转移给国内厂商的过程。①

保罗·克鲁格曼则更进一步地表示自由贸易是不完美的。传统贸易政策认为不存在战略性产业的观点与现实经济不符，而克鲁格曼认为大规模生产优势、技术创新优势、经验积累优势等原因会导致产生战略性的产业。战略性贸易政策是针对战略性产业制定的政策，而战略性产业判定的标准有两个，即该产业是否存在大量的租金和是否存在外部经济，其中“租”的含义是某种要素所得到的高于该要素用于其他用途所获得的收益。② 克鲁格曼认为某些产业部门存在大量的租，因此国家可以通过补贴等保护政策增加本国租的份额以提高国民收入；“外部经济”的含义是个人或者厂商可以从其他从事经济活动的个人或者厂商那里获得收益，由于知识、技术革新等能产生有益的外溢，因此政府可以扶持具有正的外部性企业的发展，从而提高国民收入。除此之外，他还认为战略性贸易政策的目标并不是获得贸易顺差，而是获得最大的经济利益或利润，国家对战略性产业的支持可以提升国际竞争力，从长期看国家获得的收益将远远超过其所付出的补贴。

① Brander, James A. and Barbara J.Spencer, “Export Subsidies and International Market Share Rivalry”, *Journal of Economics*, Vol.18, No.2, 1985, pp.83-100.

② 〔美〕保罗·克鲁格曼：《战略性贸易政策和新国际经济学》，海闻等译，北京：中国人民大学出版社、北京大学出版社 2000 年版，第 18 页。

二、自由贸易政策观

（一）重农学派的贸易政策

重农学派是法国古典政治经济学的伟大成就。当时法国实施重商主义贸易政策，就农业而言，在国内，政府以牺牲农业的利益发展法国的工业；在国际贸易中，保护措施严重阻碍了农产品的自由流动，因此给法国的农业造成了严重的伤害，而农业基础地位受到削弱后反过来又制约了工商业的发展，加剧了法国国内的阶级矛盾。在这样的背景下，产生了一批新的资产阶级学派主张发展农业生产，这就是重农学派，其创始人为弗朗索瓦·魁奈。之后，杜尔哥将“重农主义体系发展到最高峰”。① 重农学派以“自然秩序”构建国家，认为“自然秩序”下能实现个人利益和公共利益的和谐一致，因此人们应该按照自然秩序进行生产和生活。只有自由竞争才是符合自然秩序的理念，因此提倡在经济政策中实行经济自由主义，相应地在国际贸易领域实行自由贸易政策。

重农学派从流通领域转向生产领域以研究财富产生的源泉，其认为货币（当时的贵金属）仅是一种流通媒介，并不是财富的真正代表，即对外贸易的利益不在于增加货币财富，贸易差额也不表明从贸易中的获利和各国财富的状况②，土地才是财富的唯一源泉。重农学派提出“纯产品”的概念，即从土地产品中减去全部费用后剩余的那部分产品构成国家收入的财富，认为只有农业能使财富增长③，提倡一种新生的资本主义农业经营方式——“大农经营”，而农业财富增长会促进人口增长，贸易也会随之扩大，工商业得到发展。总之，重农学派认为农业是工商业的基础，工商

① 《马克思恩格斯全集》第26卷Ⅰ，北京：人民出版社1974年版，第28页。

② 〔法〕弗朗索瓦·魁奈：《魁奈〈经济表〉及著作选》，晏智杰译，北京：华夏出版社2013年版，第74—75页。

③ 〔法〕弗朗索瓦·魁奈：《魁奈〈经济表〉及著作选》，晏智杰译，北京：华夏出版社2013年版，第180页。

业从属于农业，因此在经济政策上提倡农业自由贸易，对原产品的对外贸易不应有任何阻碍①，因为如果给予商人过多的特权，很可能会使特权集团仅仅为了一己私欲而以有损国家的垄断来使自己发财致富，其损害的并非是国外的利益而是国家的利益。除此之外，有怎样的市场，就有怎样的再生产。重农学派说明了禁止对外贸易和自由贸易所产生的经济后果：禁止对外贸易的情况下，必需品供应不足，引起农产品价格波动，市场的不确定使人担心农场主停止耕作预付，甚至放弃土地耕种，致使国家存在潜在的危机；而自由贸易则相反，一是原产品销往国外市场会使得土地的收入增加，吸引人口到本国，而人口增加会带动原产品的消费。无论是对国外贸易增加，还是促使国内消费增加，都会使得王国繁荣富裕，促进下一轮的农业预付，形成良性的人口、收入增加模式。二是确保国家间有彼此需要的物质产品，因为无障碍的国际贸易使得产品富余的国家可以将剩余产品提供给缺乏产品的国家，从而消除不同国家产出产品的差异，使得产品保持一种更加均等的价格，这对通商各国都有利。

重农学派不仅认为农业对外贸易应该实行自由贸易政策，而且认为所有的贸易都应当是自由的②，因为商业和农业是携手并进的，而最可靠、最正确，对国民和国家最有利的国内和国际贸易政策，是竞争的完全自由③，所以国家要消除在对外贸易中设置的各种禁令和保护措施，废除地方、城市或者部分公众等特权集团的各种特权，改善道路交通等运输商品的条件，允许商人能够在自己有利的外贸部门工作等。但是，在贸易结构上，重农学派在只有农业自由贸易才能给王国各阶层带来利益的认知基础上，反对奢侈品贸易，认为只要有足够多的耕地可用于原产品贸易，就不

---

① 〔法〕弗朗索瓦·魁奈：《魁奈〈经济表〉及著作选》，晏智杰译，北京：华夏出版社2013年版，第183页。

② 〔法〕弗朗索瓦·魁奈：《魁奈〈经济表〉及著作选》，晏智杰译，北京：华夏出版社2013年版，第77页。

③ 〔法〕弗朗索瓦·魁奈：《魁奈〈经济表〉及著作选》，晏智杰译，北京：华夏出版社2013年版，第184页。

应该发展奢侈品的制造商，因为奢侈品贸易会削弱和邻国友好的商业联系。① 在与贸易国家的相互关系上，重农学派认为在国家间的贸易交往中不应该产生嫉妒心理，为了不给本国带来混乱和损失，不应做任何带有邪恶意图的事情，与其同贸易国家敌对，损害他国贸易，不如关注和扩大本国的贸易。更进一步地讲，为了本国的财富，甚至可以帮助其他国家发展贸易。从这一点来看，重农学派已经有了贸易商品结构以及规避国家间贸易摩擦的初步想法。

（二）英国古典政治经济学的自由贸易政策

自由贸易政策开始于19世纪上半叶，以自由贸易派成功地改变了英国政府以往的重商主义政策为标志。其具体措施包括终止英国东印度公司的贸易垄断权，禁止奴隶贸易，取消向外国出口机器的禁令，降低进出口关税，废除《谷物法》和《航海法》等。英国古典经济学认为市场是完美的，因此提倡自由贸易政策。古典政治经济学主张的自由贸易政策有亚当·斯密基于“绝对优势原理”和大卫·李嘉图基于“比较优势原理”提出的贸易政策。

1. 亚当·斯密的自由贸易政策思想

在亚当·斯密的著作《国富论》出版之前，自由贸易的思想已经以孤立片段的形式存在，但是并没有人能推翻已有的重商主义贸易政策。亚当·斯密在借鉴已有研究的基础上创建了一套说服力较强且系统的自由贸易政策思想，因此《国富论》成为贸易政策泾渭分明的断裂点。亚当·斯密在《国富论》的第四篇“论政治经济学上之诸体系”中对自由贸易政策思想进行了良好的阐释。他首先批判了重商主义财富由金银代表的货币构成的观点：一是金银的体积较小，用禁令等手段禁止金银的流动是不容易的；二是认为一国的铸币数量是受流通中的商品价值所支配的，多了没有什么用处，如果货币不足，既可以物物交换，又可以记账买卖，更可用调

---

① 〔法〕弗朗索瓦·魁奈：《魁奈〈经济表〉及著作选》，晏智杰译，北京：华夏出版社2013年版，第32页。

节得当的纸币[1]；三是在对外战争中也不需要积蓄金银，战争多需要的是消费可能品；四是金银丰富实际上降低了其价值，并用美洲的发现为例证实了这一点。在此基础上，亚当·斯密探讨了各种保护贸易政策措施所带来的影响：一是以高关税或者绝对禁止的、限制输入的方法获得其对国内特种产业市场的独占，这种方法往往是与人民利益相反的商人或者制造家的发明，他们成为最后获得最大利益的人，一旦要制定自由贸易的法律政策，拥有特权的制造商就可能会鼓励工人实行暴乱以攻击这种法律，因为拥有特权的制造商购买材料和支付工资的资本虽可以另寻他用，但是固定在工厂及机器上的资本会造成很大的损失。二是以贸易差额不利于本国，会使国家破灭为由限制各种货物输入。这种方法往往是因为商业上的嫉妒而煽动国民敌意产生的，但是实际上，贸易差额是否有利本国汇兑问题很难判断。除此之外，贸易差额平衡也并不意味着双方无得失，两国仍享有利得[2]，只不过输出国内产品较多的国家获利更多。三是以支还为手段的奖励输出措施，往往是商人或制造厂家为了独占更为广大的外国市场所要求的，这种保护是有益的，但是在实际操作中屡屡被滥用，使得输出品又秘密输回国内，有害于公正贸易。四是以输出奖励金为手段增加外国市场的推广必定会牺牲本国市场，奖励金要以人民纳税为支撑，而且奖励金会提高国内市场上商品的价格，尤其是在经济困难时期，奖励金明显是很大的浪费。

因此，斯密在批判重商主义的基础上创建了一套完整的自由贸易理论，其核心思想为：个体拥有天然自由，国家应该制定一个制度框架以促进不同利益的趋同，但是国家不必实际地指导个体活动。[3] 竞争性市场而

---

① 〔英〕亚当·斯密：《国富论》，郭大力、王亚南译，南京：译林出版社2011年版，第8页。

② 亚当·斯密定义的利得与重商主义不同，不是金银量的增加，而是一国土地劳动年产物的交换价值的增加，或者是一国居民年收入的增加。

③ 在经济学领域，斯密显然受到了哈奇森有关天然自由思想的影响，但是斯密并没有追捧哈奇森有关商业政策的传统观点。哈奇森没有使用天然自由的思想去赞成自由贸易，因为在当时的时代背景下，贸易顺差可以增加一国的财富。

非政府才是配置资源的最佳方式，每个人都不断努力地为自己所能支配的资本，寻觅最有利的用途，即理论界所讲的“经济人”的概念①。然而放在他心里的，诚然不是社会的利益，只是他自身的利益，但是他追求自身利益的结果，自然会或不如说必然会引导他选定最有利于社会的用途。②简而言之，存在一只“看不见的手”指导人们各自追求各自的利益，而每个人的行动往往更能有效地促进社会的利益③，因此在国际贸易中，斯密也提倡一切贸易都应当是自由的。斯密认为分工是推动劳动生产力发展的主要原因，因此在国际贸易中也应该注重分工的作用，只要甲国有此优势，乙国无此优势，乙国就向甲国购买，总是比自己制造有利④，即每个国家生产本国效率最高或者成本最低的产品，出口具有绝对优势的产品，进口具有绝对劣势的产品将增进两国的福利。在美国独立战争时期的关税讨论中，亚当·斯密认为美国根据绝对比较优势原理应该发展农业而非制造业，这是因为美国广袤的西部土地和自然资源使美国人获得比欧洲更高的工资，这不仅使美国在工资成本上不具备建立制造业的比较优势，而且使美国工业化无利可图，所以应该出口农产品和资源、进口欧洲工业制成品。而在实行贸易自由对工人的影响方面，斯密认为自由贸易虽然会突然让许多人失去日常的职业，但是这只是暂时性的，其以十万以上的海陆军人与制造业工人做比较，认为海陆军人虽因军队大减而失去生计，但是并没有引起显著的社会紊乱，而是受雇、服务于商船类等各种职业。相比军人，制造业工人一向依赖于自身劳动为生，因此自由贸易的结果仅是工人

① 亚当·斯密的思想中有利己的一面，也有利他的一面。利己的一面被西尼尔、穆勒和帕累托等人进行了抽象概括，形成了理论界中的“经济人假设”；利他的一面参照〔英〕亚当·斯密：《道德情操论》（2010 年全译本），张春明译，北京：经济管理出版社 2021 年版，第 128 页。

② 〔英〕亚当·斯密：《国富论》（下卷），郭大力、王亚南译，南京：译林出版社 2011 年版，第 22 页。

③ 〔英〕亚当·斯密：《国富论》（下卷），郭大力、王亚南译，南京：译林出版社 2011 年版，第 24 页。

④ 〔英〕亚当·斯密：《国富论》（下卷），郭大力、王亚南译，南京：译林出版社 2011 年版，第 30 页。

的一种劳动转变为另一种劳动，从事的职业和工作的场所不同而已①，自由贸易政策能给予本国最多居民以收入与职业。

亚当·斯密虽然认为自由贸易政策对双方国家都有利，但是在军事或者政治角度上，富裕的邻国将对本国产生威胁，因此斯密对两个特殊的场合予以自由贸易政策外的处理，一是为国防所必需的特种产业，二是产业生产物。除此之外，斯密认为国家可以在公共产品提供、司法体系的建立、法律的完善等方面发挥重要作用，以使得市场机制发挥更加有效的作用，为自由贸易提供良好的环境。

2. 李嘉图的自由贸易政策思想

李嘉图作为古典政治经济学的集大成者和完成者，被马克思称作“英国自由贸易派的传道者”②，他深受亚当·斯密的影响，对亚当·斯密的理论做了进一步完善和发展，在《政治经济学及赋税原理》的第七章“国外贸易论”中提出了比较优势理论，为自由贸易政策的制定提供了一个系统的、一致的框架。李嘉图认为国际贸易存在三点好处：一是国际贸易扩张可以增加一国商品的总量，从而增加商品的享受数量，值得注意的是国际贸易并不能增加一国价值的总量。二是国际贸易可以提高利润，李嘉图从劳动价值论出发，认为工资不下降，利润率绝不会增加，而工资下降是源于工人用工资购买的必需品价格的下降，因此国际贸易的扩张、劳动者所需食品、必需品得以低廉价格售于市场或者是以较低廉的价格得之于新市场③，则工资亦将低落，利润提高。三是国际分工可以获得比较成本差异，李嘉图认为因资本在国内是可以自由流动的，在国际上则不能完全自由流动，所以国内价值规律不适用于国家间商品交换的价值，而且国家间的利润率水平不一，一国如应用本国资本和劳动从事单一产品生产，通过国际

① 〔英〕亚当·斯密：《国富论》（下卷），郭大力、王亚南译，南京：译林出版社2011年版，第37—38页。

② 《马克思恩格斯全集》第4卷，北京：人民出版社1958年版，第469页。

③ 〔英〕大卫·李嘉图：《政治经济学及赋税原理》，郭大力、王亚南译，南京：译林出版社2011年版，第66—67页。

贸易就能交换更多的产品。李嘉图使用葡萄牙的葡萄酒和英国的毛呢之间的交换为例，主张国际贸易应该建立在比较优势的基础上，一国应该专门生产它相对于贸易国家而言最有效率的产品并进行交换，这样对两国都有利，后人将其概括为“两优相权取其重，两劣相衡取其轻”，这为发达资本主义国家实行自由主义贸易政策提供了理论证据。

基于以上论述，李嘉图提倡在国际贸易中实行自由贸易政策，这样可以在交易完全自由的制度下，按照自然趋势，使各国把资本与劳动等生产要素，都投入在最有利的用途上。“个人利益的贪图，极有关于全体幸福。勤勉的，得到鼓舞，熟练的，加以奖励，且按最有效的方法，利用自然赋予的特殊才力，则劳动分配方法，将最有效，最经济。同时，一般生产额的增加，将普施福利于全文明世界，在共同利害关系上，把世界结成一体。”①

（三）新古典经济学的自由贸易政策

新古典主义者继承了古典经济学的自由市场经济、反对政府干预经济的思想，但是与古典经济学不同，新古典经济学将定量研究引入经济学分析方法中，注重用数量分析工具证实只有没有政府干预的自由贸易政策，才能实现资源的最有效配置，以及生产和交换的帕累托最优。

新古典经济学的自由贸易政策是基于要素禀赋理论（赫克歇尔—俄林理论）提出的，其认为古典经济学用劳动生产率差异解释国际贸易是片面的，俄林从各国拥有不同的天然要素禀赋，且生产要素在地区之间不能自由流动，而在地区内部可以自由流动角度出发②，使用资本和劳动两种要素、两种产品和两个国家的简化模型，并假设两国因生产技术相同而具有相同的生产函数，两国都处于完全竞争的市场结构中，具有不完全的专业

① 〔英〕大卫·李嘉图：《政治经济学及赋税原理》，郭大力、王亚南译，南京：译林出版社 2011 年版，第 67 页。

② 〔瑞典〕贝蒂尔·奥林：《地区间贸易与国际贸易》，王继祖等译，北京：首都经济贸易大学出版社 2001 年版，第 4 页。

化分工，没有运输成本和障碍等。在这样的假设前提下，得出的结论为：一是决定国家间贸易的基础是每个国家拥有的要素禀赋，并不是古典经济学所述生产技术差异引起劳动生产率的差异。二是劳动力丰裕的国家应该专业生产劳动密集型产品并用于出口，进口资本丰裕的国家应该专业生产资本密集型产品。三是各国间的国际贸易会使得要素报酬的国家化差异缩小，出现要素均等化趋势，从而有利于整个社会福利的提高，因此新古典经济学提倡没有市场干预的自由贸易政策。

（四）新自由主义经济学的自由贸易政策

新自由主义经济学产生于20世纪20年代，在20世纪70年代随着发达资本主义国家的经济滞涨而迅速发展，“华盛顿共识”标志着新自由主义的理论达到成熟。“新”字代表其一方面在贸易政策上坚持古典经济学和新古典经济学放任自由的理念，另一方面又适应于新的实际经济情况①。因此可以说，新自由主义是作为化解资本主义社会危机的潜在方案而出现的。渗透到国际贸易政策中，新自由主义经济学强调实行自由主义贸易政策，其主要代表人物有贾格迪什·巴格瓦蒂、安妮·克鲁尔格、贝拉·巴拉萨等。新自由主义首先是一种政治经济实践的理论，支持新古典主义经济学的自由市场原则，强调市场中的契约关系，认为通过在一个制度框架内——此制度框架的特点是稳固的个人财产权、自由市场、自由贸易——释放个体企业的自由和技能，能够最大程度地促进人的幸福获得。② 与古典经济学和新古典经济学的不同之处在于，新自由主义者承认市场是不完善的，但是普遍认为不完善的政府对经济的干预远不如不完善的市场对经济资源的配置。③

---

① 黄静波：《国际贸易政策的新自由主义发展趋势》，载《中山大学学报（社会科学版）》，2003年第1期，第70—77页。

② 〔英〕大卫·哈维：《新自由主义简史》，王钦译，上海：上海译文出版社2010年版，第2页。

③ Krunger, Anne O., “Trade Policy and Economic Development: How We Learn”, *American Review*, Vol.87, No.1, 1997, pp.1-22.

因此，新自由主义经济学在贸易政策上有四个主要的论断：第一，保护成本论。二战后，一些经济体采用高关税、进口限制和本币高估等进口替代战略实现本国工业经济的发展。面对此种保护措施，克鲁格尔在2000年对进口替代战略进行了全面评价，指出进口替代由国家行政措施进行资源分配，不仅要耗费资源进行管理运作且得不到规模经济效应，加大了资本—产出比率，因此经济增长慢。[①] 第二，贸易扭曲论。在现实经济中，由于市场失灵和政府政策的存在，经济效率很难到达帕累托最优，因此存在扭曲。巴格瓦蒂将扭曲分为生产扭曲、消费扭曲和贸易扭曲，应当说建立“最优—次优”顺序的经济学才是经济学的重点，但是新自由主义者强调不能将“次优”选择作为政府保护贸易政策的借口，因扭曲还会造成连锁的扭曲行为，干预在任何时候都是错误的，只有减少干预，回归自由市场，才是贸易政策的应有之义。第三，中性贸易体制论，即无干预的贸易体制是对贸易政策干预的否定，在有必要进行贸易干预时，提倡对进口和出口采取对等的干预以抵销。第四，贸易自由化政策论。因存在保护成本和贸易扭曲，所以新自由主义提倡向贸易自由化回归，取消数量限制，使价格正常化，即贸易自由化是更多地应用价格机制使贸易制度更加透明以及使国内价格更接近于世界市场价格的过程。[②] 除此之外，新自由主义经济学认为国内和世界范围的贫困问题最好能够通过自由市场和自由贸易得到解决，国家的作用在于创造并维持市场和贸易自由的制度框架，因此提倡自由主义贸易政策。

三、对西方经济学相关研究的述评

重商主义（见表1-1）产生于资本主义原始积累时期，虽然亚当·斯

① Krunger, Anne O., “Why Trade Liberalization is Good for Growth”, *The Economic Journal*, Vol.108, No.9, 1998, pp.1513-1522.

② Edwards S. Openness, “Outward Orientation, Trade Liberalization and Economic Performance in Developing Countries”, *Social Science Electronic Publishing*, 1989, p.103.

密对重商主义政策大加贬损，但是也有很多经济学家如弗里德里希·李斯特、约瑟夫·熊彼特、约翰·凯恩斯、沃尔特·罗斯托德等，以及中国当代学者梅俊杰、贾根良等人给予重商主义积极的评价，认为重商主义的经济政策确实对后世的经济政策制定产生了深远的影响。重商主义并不能掩盖商业的不道德性，其进步意义在于摆脱了宗教神学的“抽象推理”的研究方式，而是以务实的态度、以解决国家的实际经济问题为出发点探寻国家富强。因此，重商主义发展成为一种经济学理论或者说经济学学派，是客观历史的发展使然。但是重商主义也有一定的局限性：一是将重金属当作财富的代表，注重在流通领域实现财富的增加，虽然晚期的重商主义者注意到了生产领域的重要性，认为制造业是推动国家富强的重要力量，从而制定了专利保护制度以鼓励创新，甚至不惜使用剽窃、偷盗等方法将国外先进技术引入国内，但是其影响力很小；二是重商主义忽略了国内贸易可以使国家致富，因为国内贸易不能产生贵金属的增加，所以国内贸易仅仅是从属于国外贸易的存在。

美国学派及其包含的幼稚产业保护政策（见表 1–1）产生于产业革命时期，李斯特的贸易政策是典型的“工业唯物主义”①，他提出的内外差别的贸易政策无疑是利用国家的力量为德国新兴资产阶级谋取经济利益，对特定发展阶段的特定时期的特定产业进行贸易保护。但是在现实中，很难确定哪个产业为幼稚产业以及如何辨别幼稚产业是否被保护过度。而美国学派提出的“美式体制”的政策，在实际中以零敲碎打的方式推进，缺乏促进国内改造和制造业发展的综合计划。

凯恩斯主义贸易保护政策（见表 1–1）产生于发达资本主义国家暴发严重经济危机时期，其保护的范围从以往的幼稚产业扩展到国内高度发达，甚至是衰退的工业。虽然该政策在资本主义国家大萧条时期起到过积极作用，缓解了当时的失业情况，但是凯恩斯是从流通领域的角度认识资本主义的失业问题，并没有涉及生产领域，而且凯恩斯重视预期的作用，具有很明显的唯心主义色彩，其所提出的政策仅处于资本主义合法范围之

① 《马克思恩格斯全集》第 42 卷，北京：人民出版社 1979 年版，第 240 页。

内，这是凯恩斯超贸易保护政策的一个缺陷。

战略性贸易政策（见表1-1）是基于寡头市场结构的贸易政策，内涵“博弈互动”的意思，但是战略性贸易政策依赖一系列的假设前提条件，狭隘的数学形式主义成为其致命的缺陷，对假设前提条件的每一种放宽都会改变政策结论，导致对经济政策的实施具有模糊不清之处，因此在纷繁复杂的现实经济中，战略性贸易政策缺少实际的合理性。虽然一般将高附加值产业、高科技产业，或者具有规模经济效应的产业作为战略性产业，但是如何甄别战略性产业成为现实中的难点，即使提出战略性贸易政策的克鲁格曼也承认不知道该如何识别战略部门。①

重农学派（见表1-1）产生于法国由封建社会制度转变到资本主义社会制度的特殊时期。重农学派的贸易政策将国家财富产生的源泉归结为生产领域，具有一定的历史进步意义，但是重农学派在农业领域的自由贸易政策思想并未产生大范围的影响，在法国也只产生过一定阶段的影响，因重农学派的贸易政策最后造成了食物短缺和饥荒等灾难性后果，重农学派的自由贸易政策思想也相继失宠。

英国古典政治经济学（见表1-1）的自由贸易政策产生于自由竞争资本主义时期。重商主义为自由贸易政策的兴起提供了直接的时代背景，但是亚当·斯密对重商主义的否定带有极强的片面性，他认为商业对参加的人都是有益处的，但是其实质是用道德的手段掩盖了不道德的目的；李嘉图由于无法正确地区分具体劳动和抽象劳动，否定了对外贸易能提高利润率的观点和国家价值规律的观点。总之，古典经济的自由贸易学说建立在资本主义是永恒的生产方式的前提之下，自由贸易政策以完全竞争市场的“无摩擦力”解释经济发展，但是在现实经济中真正的完全竞争市场是不存在的，错误的假设导致了错误的结论，也导致了与其相关联的错误问题。

新古典政治经济学，贸易政策的基础依托于“赫克歇尔—俄林”理

---

①〔美〕保罗·克鲁格曼：《战略性贸易政策和新国际经济学》，海闻等译，北京：中国人民大学出版社、北京大学出版社，2000年版，第24页。

论，虽然在西方经济学界普遍受到推崇，但是一方面因完全竞争市场、静态的贸易模式等简单且不符合实际的前提假设，使其仅仅成为能够在黑板上演绎的“黑板经济学”，而不能反映出国际贸易客观运动的规律；另一方面，其在实际验证过程中因受到“里昂惕夫之谜”① 的质疑，而未能成功地解释国际贸易模式。因此，新古典经济学提出的自由主义贸易政策也备受质疑，削减了其政策的适用性。

表 1-1　西方经济学关于国际贸易政策问题的比较

贸易政策类型	典型学派	不同学派对国际贸易政策相关问题研究的主要内容			
		对本国和外国的经济影响	国家的作用	对劳工的影响	时效性
保护主义贸易政策	重商主义	在本国积累财富(贵重金属)	对经济事务广泛管制，尤其是国际贸易问题	促进国内就业	无
	美国学派(内含李斯特幼稚产业保护政策)	保护关税，在国内帮助建立工业，但是必将遭到外国抵制，因此需要发展国内市场	国家扶植幼稚产业，尤其对制造业至关重要，国家应实行保护制度使其变成工业强国	提倡高工资才是廉价生产的标志	有
	凯恩斯主义贸易保护政策	实现工业化的国家，维持国家持续的经济增长	国家是经济生活中必不可少的组成部分，提倡政府干预，尤其是采取关税保护	可以增加国内的就业量，将失业转嫁给其他国家	有
	战略性贸易保护政策	本国获得最大的经济利益或者经济利润，竞争对手可能遭受损失	不完全市场竞争下，国家通过补贴政策实施对贸易的干预	——	无

① 里昂惕夫在1953年使用投入—产出模型验证了美国的对外贸易商品结构，结果显示美国在20世纪40—50年代出口的是劳动密集型产品，进口的是资本密集型产品，这与要素禀赋理论完全相悖，因此被称作“里昂惕夫之谜”。

（续表 1-1）

贸易政策类型	典型学派	不同学派对国际贸易政策相关问题研究的主要内容			
		对本国和外国的经济影响	国家的作用	对劳工的影响	时效性
自由主义贸易政策	重农学派	自由贸易政策有利于相互贸易的国家	按照“自然秩序”法则构建国家，国家唯一的功能是提供安全，不对贸易政策进行干预	双边贸易给本国居民提供了就业，增加了人口数量	无
	英国古典政治经济学	资源在市场机制下能实现优化配置，有利于本国和他国	国家适当管理经济事务，包括设立司法机构、建设公共设施，不对贸易进行干预	给本国最多数的居民以收入与职业	无
	新古典政治经济学	要素禀赋而非生产率的差异使得自由贸易对各国有利	国家为自由放任的经济政策提供产权保护、反垄断等法律框架	各国在工资价格上的均等化趋势	无
	新自由主义经济学	理论上自由贸易政策使包括生产者和消费者在内的所有人福利提高	不完全的市场优于不完全的国家干预，因此国家的角色是创造并维持适合自由市场和自由贸易实践的制度框架	工资水平在各个国家的均等化（要素价格均等化）	无

资料来源：作者根据文献综述进行整理——代表并未对此观点进行论述，其中国家的作用参考了张旭教授《政府和市场的关系：一个经济学说史的考察》一文。①

新自由主义经济学宣扬自由贸易政策能够实现包括生产者和消费者在内的所有人福利的提高，因此曾一度在国际贸易政策中占据统治地位，但是新自由主义的国际贸易政策在实际经济中带来了发达资本主义国家产业空心化和劳动力市场严重两极分化的现实。与此同时，对于发展中国家来

① 张旭：《政府和市场的关系：一个经济学说史的考察》，载《理论学刊》，2014 年第 11 期，第 54—62 页。

说，虽然新自由主义的国际贸易政策一度短暂地改善了墨西哥等发展中国家的经济状况，但是从长期来看，其造成了发展中国家国内生产体系的瓦解，对发达资本主义国家的经济依赖加重，经济脆弱性凸显等问题。新自由主义经济的国际贸易政策在经济危机爆发后，受到各方面的质疑，大卫·科兹甚至总结说2008年的金融和经济危机是一场新自由主义体制的危机。①

第二节　马克思主义经济学对国际贸易政策的研究

马克思主义经济学就国际贸易政策考察了保护贸易政策和自由贸易政策两个方面。在保护贸易政策上，马克思主义所处的时代主要采取的措施为关税，因此保护贸易政策也被称为保护关税制度。马克思经济学对国际贸易政策的研究集中在国际贸易政策的作用、国际贸易政策的时效性、国际贸易政策的本质、国际贸易政策对国家工业和工人的影响批判等问题上。

一、保护贸易政策观

（一）保护关税制度的起源和作用

对于保护关税制度，马克思给予了客观的评价。马克思在考察了早期欧洲各部落的关税性质后，认为“关税起源于封建主对其领地上的过往商客所征收的捐税”②，相当于一种特殊的“贸易保护费”。在现代国家出现

① Kotz, David,“The Financial and Economic Crisis of 2008: A Systemic Crisis of Neoliberal Capitalism”, *Review of Radical Political Economics*, Vol.41, No.305, 2009.

② 《马克思恩格斯全集》第3卷，北京：人民出版社1960年版，第65页。

后，“这种捐税便是国库进款最方便的手段”，此时期的关税“纯粹以增加国库收入为目的”①，是国家主权和财税职能的体现，并不考虑国家工业发展的情况。可以说，早期的出口关税甚至阻碍了本国工业的发展。随着工场手工业的发展，保护关税制度的作用发生了质的变化，经典作家认为保护关税制度的作用主要体现在三个方面：第一，保护关税制度有利于摧毁封建专制制度，建立资本主义生产方式。马克思在《资本论》中明确指出：“保护关税制度是制造工厂主、剥夺独立劳动者、使国民的生产资料和生活资料变成资本、强行缩短从旧生产方式向现代生产方式的过渡的一种人为手段。”② 历史事实已经证明，英国和美国这样的发达资本主义国家即通过保护主义的国际贸易政策确立了现代资本主义生产方式，实现了国家的富强并保证自己处于世界经济中的优势地位。第二，保护关税制度促进一国幼稚工业的发展，实现国民经济的赶超。关税作为一项贸易保护的政策工具，可以促进工业弱国幼稚工业的成长。恩格斯以英国、德国和法国的工业品为例，认为英国的关税制度拯救了英国工业免遭欧洲大陆商品的冲击。更进一步，恩格斯在《对法国的通商条约》一文中明确了“使私人的商业利益服从于民族的迫切需要，并用高额的关税来保护它们新生的工业”③。第三，保护关税制度有利于资产阶级在国内建立大工业，实现国内自由竞争和自由贸易的发展。“保护关税制度不过是为了在某个国家建立大工业的手段，也就是使这个国家依赖于世界市场，然而，一旦它对世界市场有了依赖性，对自由贸易也就有了或多或少的依赖性。此外，保护关税制度也促进了国内自由竞争的发展。”④

对于国际贸易政策的作用，列宁在分析了帝国主义时代“少数发达”与“多数落后”的世界体系格局的基础上，提出新经济政策以解决落后国

① 《马克思恩格斯全集》第 3 卷，北京：人民出版社 1960 年版，第 65 页。

② 《马克思恩格斯全集》第 23 卷，北京：人民出版社 1972 年版，第 825 页。

③ 《马克思恩格斯全集》第 19 卷，北京：人民出版社 1975 年版，第 289 页。

④ 《马克思恩格斯全集》第 4 卷，北京：人民出版社 1958 年版，第 458—459 页。

家发展社会主义道路的方式和步骤等重大问题。在国际贸易政策上，列宁认为保护关税政策是与历史上一定的社会经济制度、阶级利益有关的，反映了社会矛盾和利益关系，同时指出了一种新的贸易保护形式，即卡特尔组织。为了摆脱外国资本的羁绊、开辟黄金储备来源和控制耐普曼①，在帝国主义时代需要实行对外贸易垄断的政策才能保护苏联的工业。斯大林也认为对外贸易的垄断是苏联年轻的社会主义工业的盾牌和屏障。

除此之外，随着资本跨越国界在全球获得剩余价值以及拉丁美洲等国家的独立，20 世纪 60 年代在劳尔·普雷维什的"中心—外围"理论的基础上产生了不同主题的依附论。其中主要有德国经济学家安德烈·冈德·弗兰克提出的"不发达的发展理论"，其在《不发达的发展》一文中阐述了拉丁美洲不发达的状况，是宗主国和卫星国经济关系的历史产物，因此只有消灭了世界资本主义体系才能去除这种依附关系。② 巴西经济学家西奥东尼奥·多斯·桑拖斯提出的"依附的结构理论"，其指出处于从属地位的国家历史上存在三种形式的依附形式，即殖民地型依附、金融—工业型依附、技术—工业型依附。③ 巴西社会学家卡多索在《拉美的依附性及发展》中使用社会学和经济学相结合的方式，指出跨国公司所主导的贸易和投资结构成为国际权贵支持不发达国家权贵的方式，从而也带来了新的依附。④ 法国经济学家阿吉里·伊曼纽尔的"不平等交换理论"将由于有机构成不同所产生的不平等交换定义为广义的不平等，而将因工资差异导

① 耐普曼，俄文的音译，是由俄文新经济政策的缩略语和俄文复合词后缀（狂热爱好者）构成的合成词，指随着新经济政策的实施而产生的小店主、小厂主及投机商，是新经济政策初期存在的资本主义分子。

② 张雷声：《弗兰克及其"依附理论"》，载《世界经济》，1989 年第 8 期，第 89—91 页。

③ Santos, T.D., "The Structure of Dependence", *American Economic Review*, Vol. 60, No.2, 1970, pp.231-236.

④ 参见〔巴西〕费尔南多·恩里克·卡多佐、恩佐·法勒拖：《拉美的依附性及发展》，单楚译，北京：世界知识出版社 2002 年版。

致的不平等交换定义为狭义的不平等①，以此说明国家间交换中一国家占有另一国家剩余价值的方式。到了20世纪80年代，对外贸易成为世界资本主义体系中的重要组成部分，在依附论的基础上，美国经济学家伊曼纽尔·莫里斯·沃勒斯坦提出了“世界体系理论”对世界体系进行重新解释。其将世界体系分成“中心—半外围—外围”三个不同的层次，中心国家通过不平等交换对外围国家进行剥削和掠夺，而半外围国家在中心和外围国家的贸易往来中起到缓冲的中介作用，三个处于不同层次的国家是动态发展的，并指出只有实行世界社会主义的计划，才能消除这种贸易上的不平等。② 总之，依附论虽然在依附的原因、途径等问题上存在差异，但都是对以现代西方发达资本主义国家为中心发展方式的反思，依附论者普遍认为发达资本主义国家与不发达国家之间国际贸易交换的不平等，强调阻碍不发达国家现代化的原因是西方发达资本主义国家对其在经济上和政治上的剥削和控制，认为落后国家要取得经济独立和发展，应该采取“进口替代”的工业化发展道路，即通过配额和外汇管制严格限制进口以扶持和保护本国的工业部门，而最根本的方式在于结束世界资本主义体系。

（二）保护关税制度的时效性

保护关税制度具有二重性质，积极的一面为保护关税制度可以保护工业弱国幼稚工业免受他国的竞争，而消极的一面表现为长时期采取保护关税制度是保护落后产业的发展，且保护关税制度不易取消，是一种无穷螺旋，没有尽头，到一定阶段即成为向工业强国前进的桎梏。恩格斯在《美国的总统选举》一文中指出，曾经使得美国成为第一工业生产大国的那种麦金利保护关税已经成了当前无法忍受的桎梏，胡乱抬高一切进口原料和进口粮食的价格在国内影响了许多本地商品的价格，在国外则堵塞了美国

① 〔希腊〕A. 伊曼纽尔：《不平等交换》，汪尧田等译，北京：中国对外经济贸易出版社1988年版，第5页。

② 〔美〕伊曼纽尔·沃勒斯坦：《现代世界体系》第1卷，郭方等译，北京：社会科学文献出版社2013年版，第2页。

工业在世界市场上的大部分销路，而此时美国工业正处于产品过剩的危难之中，“因此在美国保护关税已成了工业的桎梏……如果美国实行了自由贸易，那末再过十年它就会在世界市场上击败英国”①。除此之外，恩格斯还以美国对造船业实行的保护关税制度为例，说明其对航运业发展的影响。总之，保护关税制度具有时效性，在资本主义建立之初，保护关税制度促进了处于萌芽时期的资本主义工商业的发展，有助于资产阶级积聚力量战胜封建势力。在资本主义经济发展中，保护关税制度有力地推动了后起国家民族工商业的成长，促进了资本主义发展的不平衡。在自由资本主义后期和垄断时期，保护贸易制度完全用于维护垄断者的利益，甚至是落后产业垄断者的利益，阻碍了技术进步和产业竞争力的提升，走向了生产力发展的反面。

（三）保护关税制度的本质

保护关税制度的本质是国际资本的竞争。马克思曾经指出，“保护关税制度把一个国家的资本武装起来同别国的资本作斗争，加强一个国家的资本反对外国资本的力量”②，即关税是一个国家资本对抗另一个国家资本的武器。恩格斯在论述幼稚工业的保护关税制度时也指出，美国实行短期的保护关税制度是正当且必要的，只有这样才能使美国年轻的工业与英国竞争；恩格斯在论述处于奄奄一息状态的德国工场手工业时也指出，德国工场手工业要与英国机器竞争，需要制定一套完整的保护关税办法。总之，欧美国家展开的长达几个世纪的关税博弈在本质上是资本在国际市场上的竞争。

① 《马克思恩格斯全集》第 22 卷，北京：人民出版社 1975 年版，第 389 页。
② 《马克思恩格斯全集》第 4 卷，北京：人民出版社 1958 年版，第 284 页。

二、自由贸易政策观

（一）自由贸易政策的作用①

自由贸易是资本主义生产方式的必要前提和实现条件，相应的自由贸易政策作为资本主义意识形态的一部分，其作用体现在三个方面：第一，自由贸易政策可以改变国际分工，但是这种分工并不是建立在“优越的自然条件”和比较优势的基础上，而是服务于强国发展的需要。马克思曾指出：“先生们，你们也许认为生产咖啡和砂糖是西印度的自然秉赋。二百年以前，跟贸易毫无关系的自然界在那里连一棵咖啡树、一株甘蔗也没有生长出来。”② 从这个意义上说，马克思批判了亚当·斯密和大卫·李嘉图的绝对优势理论和比较优势理论，指出贸易政策可以改变既有的国际分工模式。第二，自由贸易政策可以降低竞争强国的国际贸易成本，调节一国的经济产业结构。恩格斯曾指出1848—1866年大不列颠工业和贸易的发展得益于废除食品和原材料的保护关税制度，但是与此同时，自由贸易加强了核心工业部门对其他工业部门的控制：在国内导致一个阶级通过牺牲其他阶级致富，加大贫富差距的形成；在国际上导致工业强国通过牺牲其他国家发财致富，形成“中心—外围”模式。第三，自由贸易政策可以阻碍平均利润率下降的趋势，资本主义制度使得资本有机构成具有不断提高的趋势，因此平均利润率趋于下降，对外贸易一方面使不变资本的要素变得便宜，另一方面使可变资本转变成的必要生活资料变得便宜，就这一点来说，它具有提高利润率的作用，因为它使剩余价值率提高，使不变资本价值降低。③

① 马克思考察的自由贸易政策主要是指根据古典政治经济学的自由贸易学说提出的政策，具体包括重农学派及英国的继承者亚当·斯密和大卫·李嘉图的相关理论和政策。

② 《马克思恩格斯全集》第4卷，北京：人民出版社1958年版，第458页。

③ 《马克思恩格斯文集》第4卷，北京：人民出版社2009年版，第264页。

（二）自由贸易政策对世界经济的影响

自由贸易政策对世界经济的影响包括对本国和其他国家两个方面。第一，对于本国，自由贸易政策并不能消除资本主义国家的经济危机。恩格斯在《一八四五年和一八八五年的英国》① 一文中描述了英国资产阶级因经济危机要求实行自由贸易政策的情景，虽然自由贸易使得一部分工人的状况变好，但是广大工人的状况则处于更加糟糕的境地。除此之外，经济危机仍然爆发，工人阶级和资产阶级仍被经济危机所困，事实证明自由贸易政策并不能消除经济危机。第二，对于其他国家，自由贸易政策实现了资本主义生产方式向其他国家的扩张，完成了富国对穷国的剥削。资本主义的殖民掠夺开拓了世界市场，使得越来越多闭关锁国的国家实行开放政策，世界上的众多国家被卷入了资本主义的生产和销售体系之中，使得封建的生产方式得以瓦解，而自由贸易政策加速了这一过程，使得富国不断剥削穷国。与此同时，自由贸易政策将资本主义国家的垄断性和盲目性也带给了其他国家，使得自由竞争所引起的破坏现象在世界范围内再现。

（三）自由贸易政策的本质

关于自由贸易的本质问题，马克思一针见血地指出："在现代的社会条件下，到底什么是自由贸易呢？这就是资本的自由。"② 因此，自由贸易政策的本质在于促进资本的自由，即帮助资本在世界市场上进行自由竞争以及压榨工人阶级。资本主义生产方式需要资本不断地进行扩张以实现剩余价值，当国内市场相对狭小时会出现生产的相对过剩，从而导致资本主义危机的出现，因此在这种情况下需要资本突破民族国家的界限寻找更广阔的国外市场，自由贸易政策使得世界市场加速形成，也即马克思所说

---

① 《马克思恩格斯全集》第 21 卷，北京：人民出版社 1975 年版，第 224—231 页。

② 《马克思恩格斯全集》第 4 卷，北京：人民出版社 1958 年版，第 456 页。

的："排除一些仍然阻碍着资本前进的民族障碍，只不过是让资本能充分地自由活动罢了。"①

三、经典作家对国际贸易政策的批判

马克思批判了德国的李斯特和冯·居利希的保护贸易制度，他指出前者的保护主义并没有保护过小工业者即手工劳动者，李斯特倡导的保护关税制度不过是为了用机器挤掉手工劳动，用现代的生产取代宗法式生产，以扩大资产阶级统治为目的；后者的贸易限制制度则与李斯特截然相反，保护手工业者不受机器的排挤，其结果不仅阻碍外国工业品的输入，也阻碍本国工业的发展。马克思批判了保护关税制度的保守性质，他同意保护关税派关于保护关税制度保证了现有工人的工作，"不让他由于外国竞争而被抛到街头"，但是马克思认为工人阶级所期望的并不是维持现状，而是改变现状，"是要把现状转到某种完全相反的方面"②，很明显保护关税制度无助于工人阶级利益和无产阶级革命。恩格斯在批判德国资产阶级宣扬的保护关税制度可以给工人带来"流着奶与蜜"的迦南人之地时也曾指出，实际情况是："资产阶级如不采取一些硬性措施来维护和鼓励自己的工商业，他们就不能保住自己的阵地，巩固起来并取得绝对权力。如果不防止外国工业的侵入，十年之内他们就会垮台。"③

对于自由贸易政策，马克思批判了古典政治经济学的自由贸易政策对工人阶级有利及造福全人类的观点，他认为自由贸易政策对工人是否有利取决于两种截然不同的情况。第一种情况是：当自由贸易扩大了生产力，使得工业发展，生产资本增加了对劳动的需求，那么劳动价格便提高了，因而工资也就提高了。此种情况短期内对工人是有利的，但是从长期来

① 《马克思恩格斯全集》第4卷，北京：人民出版社1958年版，第456页。

② 《马克思恩格斯全集》第4卷，北京：人民出版社1958年版，第282—283页。

③ 《马克思恩格斯全集》第4卷，北京：人民出版社1958年版，第67页。

看，生产资本的扩大也就意味着资本的积累和积聚，资本集中的结果是分工的扩大和机器更广泛地使用，不仅使得小企业主被抛入无产阶级队伍中，工人之间的竞争加剧，而且其激烈的程度大大超过以前。工人的劳动报酬减少了，而一些人的劳动负担却增加了。第二种情况是：如果资本停滞不动，那么工业不仅会停滞不前，而且会走向衰落。在这种情况下，工人将会成为第一个牺牲品。总之，无论是两种情况中的哪一种，从长期来看对工人都是不利的。

马克思肯定了自由贸易制度对无产阶级解放的推动作用。马克思在革命的意义上赞成自由贸易，因为自由贸易有破有立、具有革命的性质。自由贸易在世界范围内实现了富国对穷国的剥削，也实现了一个阶级牺牲另一个阶级致富，因此自由贸易政策能使资产阶级和无产阶级的对立达到顶点，促使无产阶级在世界范围内爆发革命。但是，无论是保护贸易政策还是自由贸易政策，在资本主义生产关系中资本和雇佣劳动的关系继续存在，剥削和被剥削仍旧没有任何质的改变，自由贸易政策和保护贸易政策都是服务于资本、维护资本主义制度的手段而已，即恩格斯所说的“关于自由贸易和保护关税制度问题，完全是在现代资本主义生产制度的范围内兜圈子”①。

四、对马克思主义经济学相关研究的述评

对国际贸易政策的辩论是促使马克思研究经济学问题的“最初动因”②。马克思与资产阶级经济学对国际贸易政策的考察存在明显的差别，资产阶级经济学对国际贸易政策的选择存在非此即彼的特性，即“两分法”看待国际贸易政策，而马克思则是从人类社会发展的角度探讨国际贸易政策的作用和本质，开创性地认为自由贸易政策和保护贸易政策并不是一直相互对立的经济政策，而是相互联系、相互依存和转化的经济政策。

① 《马克思恩格斯全集》第 21 卷，北京：人民出版社 1975 年版，第 429 页。
② 《马克思恩格斯文集》第 2 卷，北京：人民出版社 2009 年版，第 588 页。

无论是自由贸易政策还是保护关税政策都具有历史的进步性和时效性，同时无论采取哪种国际贸易政策，其实质都服从于资本的利益，换言之，国际贸易政策是为资产阶级利益服务的。

然而，由于要参与国际工人运动等现实工作及其身体的原因，马克思关于对外贸易的研究工作最终并没有完成。因此，经典作家关于国际贸易政策的论述并不系统、详尽和完善，只是给予后来的马克思主义者重要的启示。除此之外，马克思所处的时代是19世纪中期资本主义自由放任的市场经济发展阶段，此时的资本主义生产方式在经过第一次工业革命后实现了生产力的快速发展，英国是当时世界上最强大的国家，马克思关于对外贸易的论述大多是以英国为典型背景进行说明。但是随着资本主义的发展，进入21世纪的今天，资本主义世界发生了根本性的改变，世界经济的中心也已经由英国转向了美国，虽然在二战后有相应的依附论对国家间的贸易行为进行了论述，但是其主要是研究拉丁美洲的部分国家，且存在着严重的缺陷。其缺陷主要表现为两个极端，要么认为需要消灭世界性的资本主义，以此割裂发达国家和落后国家之间的联系；要么认为拉丁美洲会一直处于依附的地位，缺少国家的主观能动性和客观认识。

发达资本主义国家惯用的贸易手段周期性地展现出英国曾经的历史，但是随着资本主义经济矛盾的爆发和凸显，国家关系更加复杂，国际贸易政策工具的应用也呈现出创新性和多样化，技术型贸易壁垒、社会贸易壁垒、绿色贸易壁垒等隐形贸易保护主义手段更加隐蔽和多样化。此外，随着经济全球化和人类社会的发展，新兴发展中国家发展迅速，它们不再被动地受制于发达资本主义国家，而是成为经济全球化的重要推动力量。尤其是当代的中国，虽然仍然是发展中国家，但是已经跃然成为世界第二大经济体，2018年对外贸易总额4.623万亿美元，占世界经济的11.75%，以美元计价同比增长12.6%，其中出口总额为2.487万亿美元，以美元计价同比增长10%①，是世界出口最多的国家之一。中国以“一带一路”倡议为重要举措，倡导构建“人类命运共同体”，以自由贸易引领经济全球

① 参见世界贸易组织：《全球贸易数据与展望》，2019年2月。

化的发展。与此同时，以美国为首的发达资本主义国家却转向贸易保护主义，如何看待这些新问题，是当代马克思主义学者的重要课题。

第三节　当代学者对美国国际贸易政策的研究

美国国际贸易政策体现了美国经济逻辑和政治需要的频繁冲突，因此在学术界，关于美国国际贸易政策的研究存在很多分歧，也存在很多争议，主要集中在美国国际贸易政策对经济增长、利益集团、劳工影响以及公平贸易政策与保护主义贸易政策之间的关系四个方面。

一、美国国际贸易政策与经济增长

学术界对国际贸易促进美国经济增长方面存在着广泛共识，杰弗里·弗兰克尔（Jeffrey Frankel）和戴维·罗默（David Romer，1999）[①]，杰弗里·萨克斯（Jeffrey Sachs，2005）[②] 等都认为贸易能够促进经济增长。但是，在贸易政策类型与经济增长的关系上存在着严重的分歧，其中经合组织（OECD，1998）的研究成果表明自由贸易政策有利于一国的经济增长，并且经过测算，开放国家相比于封闭国家，其增长速度快两倍。[③] 美国卡托研究所贸易政策研究中心主任丹尼尔·格里斯沃尔德（Daniel Griswold，2008）认为美国的经济衰退并不是由自由贸易政策所引起的，相反，20 世纪 30 年代的大萧条是由美国实行贸易保护主义政策造成的。2008 年经济

---

① Jeffrey Frankel and David Romer, "Does Trade Cause Growth", *American Economic Review*, Vol.89, No.3, 1999, pp.379-399.

② Jeffrey Sachs, *The End of Poverty*, New York: The Penguin Press, 2005.

③ Organization for Economic Cooperation and Development (OECD), *Open Markets Matter: The Benefits of Trade and Investment Liberalization*, 1998.

危机后，美国回到贸易保护主义政策，这只能减弱美国经济长期增长的能力。①

然而，一些国内外的发展经济学家和演化经济学家均认为美国保护主义贸易政策才是美国经济增长和崛起的原因。埃里克·赖纳特（2007）考察了欧洲和美国因制造业繁荣的历史，认为富国是通过各种政策将自己从原材料生产和报酬递减的活动中扭转到制造业的方向，并且穷国和富国的主要区别在于，富国已经度过了“无自由贸易”的阶段，正是经历了这个阶段，才使得自由贸易成为可能。赖纳特认为穷国应该对富国的真正历史进行模仿和仿效，不能使用富国所提倡的自由主义贸易政策，而是使用“竞赛”的方式达到富裕。② 张夏准（2007）以史为鉴，通过对美国经济崛起的历史进行分析，认为美国是现代贸易保护主义的发源地和堡垒③。但是，一旦以保护主义贸易政策建立了完整的工业体系，发达资本主义国家为了自身的利益就会在世界范围内推行自由贸易政策，从而踢开曾经“致富的梯子”，其实质是西方发达资本主义国家利用其控制和操纵世界经济的实力，在制定国际规则体系中实行双重标准。④ 梅俊杰（2008）考察了英国和美国的经济崛起，认为无论英国还是美国的富强都是由于在建国初期选择了贸易保护主义政策。⑤ 贾根良（2011）教授在翻译迈克尔·赫德森教授的《保护主义：美国经济崛起的秘诀》之后写了一系列文章，认为美国的工业不是在资本和劳动力比较优势的条件下建立和发展的，而是

---

① Daniel Griswold, “Worried about a Recession? Don't Blame Free Trade”, *CATO Free Trade Bulletin*, No.34, March 31, 2008. 美国卡托研究中心成立于1977年，是美国自由主义意志的智库之一。

② 〔挪威〕埃里克·赖纳特等：《穷国的国富论——演化发展经济学论文选》，杨虎涛、陈国涛等译，北京：高等教育出版社2007年版，第10页。

③ 〔韩〕张夏准：《富国陷阱：发达国家为何踢开梯子》，李慎明译，北京：社会科学文献出版社2007年版，第27页。

④ 〔韩〕张夏准：《富国陷阱：发达国家为何踢开梯子》，李慎明译，北京：社会科学文献出版社2007年版，第2页。

⑤ 梅俊杰：《自由贸易的神话：英美富强之道考辨》，上海：上海三联书店2008年版，第23页。

在铜墙铁壁般的高关税壁垒保护之下崛起的，美国的崛起源自贸易保护主义政策和内向型工业化道路，具体来说包括生产率立国、保护性关税、国内市场、利益和谐与国民银行五个方面。①

二、美国国际贸易政策的政治过程

压力集团（利益集团）与美国国际贸易政策的形成是国外研究主要关注的问题，说明美国国际贸易政策是公众、跨国企业、工会、美国各党派、政府、游说集团等博弈的结果。主要的国外研究有邓肯·布莱克（1948）提出的“中间选民理论”②，安东尼德·唐斯随后在著作《民主的经济理论》中进行了详细阐释，他延续了阿罗不确定理论，说明包括选民、政党和政府多个层次的选举人，也像理性的“经济人”一样，在已有的制度和非制度约束下追求自身最大限度的私利，即在现有的民主政治结构、不同程度的不确定性和由理性投票者构成的选民约束下，选举人追求在选举中获胜和最大化对自己当选的政治支持。③ 杰拉尔德·赫莱纳（1977）指出美国贸易政策的变化是跨国企业和工会等利益集团向政治施压所产生的结果，跨国企业更倾向于自由贸易政策，而工会更倾向于贸易保护政策，具体的政策随着博弈的结果而变化。④ 沃尔夫冈·迈耶（1984）将关税与选民理论结合，指出贸易政策是多数选民对关税税率投票的结果，其结论为资本密集型的国家倾向于实施进口关税，而资本稀缺的国家

① 贾根良：《美国学派：推进美国经济崛起的国民经济学说》，载《中国社会科学》，2011 年第 4 期，第 111—125 页。

② Black Duncan, “On the Rationale of Group Decision-making”, *Journal of Political Economy*, Vol.56, No.2, 1948, pp.23-24.

③ 〔美〕安东尼德·唐斯：《民主的经济理论》，姚洋等译，上海：上海人民出版社 2017 年版，第 2 页。

④ Gerald K.Helleiner, “Transnational Enterprises and the New Political Economy of US Trade Policy”, *Oxford Economic Papers*, Vol.29, No.1, 1977, pp.102-116.

更可能在贸易中实施进口补贴。[①] 史蒂芬·马吉、威廉·布洛克和莱斯利·杨的“竞选现金模型”重点说明政党为了吸引特殊的利益集团制定不同的政策蓝图，以此获得竞选中所需要的政治献金。[②] 而吉恩·格罗斯曼和埃尔赫南·赫尔普曼（1995）则认为政治献金的影响是双向的，其中政府关注的是政治献金的多少，利益集团关注的是本集团成员的福利，因此利益集团也会用政治献金影响政府决策。[③] 安妮·克鲁格（1974）对贸易政策中的数量限制进行研究，认为在贸易保护政策下，进口配额给进口商一定的特权，从而带来垄断利润，在这样的背景下，必然产生“竞争性寻租”[④]。贾格迪什·巴格沃蒂（1982）在“竞争性寻租”的基础上提出了“直接非生产性寻利”扩大了克鲁格的研究，即在非生产性活动中也可能产生寻租活动，国际贸易政策的制定与有关官僚机构的政治决策和企业游说息息相关。[⑤]

国内这方面的研究主要有：李淑俊等人（2007）认为美国国际贸易政策的制定是必然性和偶然性的统一，其中偶然性包括以国会和总统基于不同利益群体而采取的互动。[⑥] 马述忠等人（2007）认为贸易政策是各种利益集团彼此博弈的结果，其将美国的利益集团分为以经济福利为目标的利

---

① Wolfgang Mayer, “ndogenous Tariff Formation”, *American Economic Review*, Vol.74, No.5, 1984, pp.970-985.

② Stephen Magee, *William Brock and Leslie Young. Black Hole Tariffs and Endogenous Policy Theory: Political Economy in General Equilibrium*, London: Cambridge University Press, 1989.

③ Gene Grossman and Elhanan Helpman, “Protection for Sale”, *American Economic Review*, Vol.84, No.4, 1995, pp.833-855.

④ Anne Krueger, “The Political Economy of the Rent-Seeking Society”, *American Economic Review*, Vol.64, No.3, 1974, pp.291-303.

⑤ Jagdish N.Bhagwati, “Directly Unproductive, Profit-Seeking(DUP) Activities”, *Journal of Political Economy*, Vol.90, No.5, 1982, pp.998-1002.

⑥ 李淑俊、倪世雄：《美国贸易保护主义的必然性与偶然性——对未来美国贸易政策的政治经济分析》，载《世界经济与政治论坛》，2007 年第 3 期，第 47—52 页。

益集团和以非经济利益为目标的利益集团，从政治学、政治经济学、新政治经济学的角度分析了美国消费者、厂商、国会等不同利益群体的博弈，从而产生不同的国际贸易政策。① 张丽娟（2016）认为美国的国际贸易政策的制定始终受美国国内的政治和选票影响，将美国国会、总统、各个不同的产业、选民等利益相关者编织在一张利益博弈网中，通过透明的立法程序和制度设计来削弱国外竞争者的实力，其内在逻辑在于美国作为霸权强国，通过制定全球规则领导全球自由贸易；作为民族主义强国，通过保护美国国内厂商的切身利益来保护本国的经济利益。② 倪春纳（2018）认为美国的政治选举严重依赖政治献金，因此利益集团可以将其拥有的经济优势转化为政治权力，推动政府制定有利于富豪阶级和利益集团的政策。③

三、关于美国国际贸易政策与就业

美国国际贸易政策与美国人民就业关系的争论主要集中在两个方面，即自由贸易政策是增加还是减少了美国的就业机会，是改善还是恶化了劳工权利。国外的相关研究有：1996 年美国有线电视新闻网（CNN）和《时代周刊》（*Time*）的调查，其结果显示有 2/3 的美国人认为国际贸易保护政策有利于保障美国人的就业机会；2010 年皮尤中心的调查显示只有 8%的人认为自由贸易政策能创造就业机会，这主要是因为传统制造业受经济全球化的影响，不断在海外建立制造中心，其结果就是就业机会也向海外输出，导致国内失业增加。就贸易保护主义政策有利于国内就业这一方面，保罗 萨缪尔森等人（1999）也认为过多的进口容易导致本国的失业，并指出实行贸易保护主义可以在经济衰退或某一行业没落时，促进增

① 马述忠、李淑玲：《对美国贸易政策嬗变的政治经济学分析——一个“利益集团”视角》，载《国际贸易问题》，2007 年第 4 期，第 13—22 页。

② 张丽娟：《美国贸易政策的逻辑》，载《美国研究》，2016 年第 2 期，第 18—34 页。

③ 倪春纳：《政治献金与美国的选举政治》，载《当代世界与社会主义》，2018 年第 5 期，第 134—142 页。

加就业机会[①]，大卫·奥特尔（David Autor）、大卫·道恩（David Dorn）和弋登·汉森（Gordon Hanson）（2012）认为全球化使得中国成为世界工厂，一些发达国家的部分行业受到了冲击。1999—2011年，美国制造业工作岗位流失中不到20%由中国进口所致，其他80%以上的工作岗位流失是由技术进步所致。[②] 在贸易政策与劳工权利方面，桑德拉·博拉斯基（2003）认为发达资本主义国家在贸易协定中加入工人有组织工会、为工资进行谈判、免受就业歧视等一系列保护劳工的权利，其产生的结果比发展中国家自己努力的结果要好。[③] 与此截然相反，罗伯特·斯特恩（Robert Stern）等人（2003）认为采取将劳工标准与贸易协定挂钩不能促进贫穷国家的工资和劳动条件，也不能保障工业化国家的就业机会，反而会使得发展中国家的工人生活条件恶化。[④]

国内关于贸易政策对劳工影响的相关研究有：宋泓（2017）认为贸易开放带来两个方面的就业效应。一方面是因产业结构调整和进口竞争产生的就业效应，另一方面是生产效率提高导致的就业效应。前者在发达资本主义国家因低端劳动密集型产业不断被劳动力需求较少的资本密集型产业和高科技产业所替代，总就业有减少的趋势；后者导致国际分工扩大，就业人数减少。因此，即便特朗普就任美国总统后，采取的国际贸易政策以“美国优先、就业至上、重构美国的中产阶级、重建伟大的美国”为基本

① 〔美〕保罗·萨缪尔森、威廉·诺德豪斯：《经济学》，萧深等译，北京：华夏出版社1999年版，第569页。

② David Autor, David Dorn and Gordon Hanson, “The China Syndrome: Local Labor Market Effects of Iport Competition in the United States”, *American Economic Review*, Vol.103, No.6, 2012, pp.2121-2168.这个研究有很多的假设前提，很多学者认为其估计的中国进口对美国失业影响较大是不客观的。

③ 桑德拉·博拉斯基：《贸易与劳工标准——发展中国家的战略》，https://www.docin.com/p-676116448.html。

④ Robert M. Stern and Katherine Terrell, “Labor Standards and The World Trade Organization”, *University of Michigan*, *Working Papers*, January 2003.

原则，但是特朗普的保护贸易政策倾向却难以达到增加本国就业的预期效果。① 罗伯特·罗高斯基（Robert A. Rogowsky）、张丽娟（2018）从贸易与就业的关系角度研究美国国际贸易政策，认为美国将制造业的就业机会减少归因于国际贸易政策的失误，由此提出“购买美国货、雇佣美国人”的贸易限制方法是不正确的，美国的就业问题更应该考虑经济全球化发展的因素。美国的做法意味着美国贸易政策进入了新保护阶段，但是这并不能从根本上解决美国的就业问题，因为经济全球化对制造业的结构影响不会改变，传统的低技能、低制造的制造业随着经济全球化的发展不会回流到美国，所以不能改变就业情况。除此之外，保护贸易政策必将引起贸易伙伴之间的相似反应，从而使得贸易国的福利都受到损失。②

四、关于“公平贸易政策”的争论

“公平贸易政策”出现于 1933 年美国颁布的《国家工业恢复法》，其原意是指国内生产商的商品价格与工人的工资同步提高以体现公平的原则，随后逐渐演变为调整贸易伙伴关系的政策工具，保障被边缘化的生产者和劳工的权利。“公平贸易政策”一经提出便受到诸多质疑，尤其是公平贸易政策与贸易保护主义政策的关系至今仍是学术界争论的重大问题。公平贸易政策的支持者认为自由贸易政策对美国是有益的，但是由于受发展中国家的劳工标准较低等因素的影响，制造同样产品的成品，美国的劳工成本要远远高于发展中国家，因此美国的企业和工人在竞争中处于不利地位，是不公平的。与此同时，对公平贸易政策的批判也不绝于耳，詹姆斯·博瓦德（1991）认为公平贸易政策的实质是贸易保护主义政策，是当

① 宋泓：《特朗普上台后美国贸易及相关政策的变化和影响》，载《国际经济评论》，2017 年第 1 期，第 102—117 页。

② Robert A. Rogowsky、张丽娟：《就业保护与美国贸易保护新阶段》，载《国际贸易问题》，2018 年第 3 期，第 1—11 页。

权者利用权力进行贸易利益再分配的活动，是纯粹的现实政治需要。[①] 丹尼·罗德里克（1997）认为自由贸易政策下的国际贸易繁荣及外包业务的兴起会给劳动力市场和社会带来更多的不公平，然而公平贸易政策仅仅是传统保护主义“旧瓶装了新酒”，其目标没有改变，都是保护美国的就业和经济，因此建议建设更广泛的社会服务设施和贸易规则来处理这些矛盾。[②] 阿兰·雷诺兹（2003）认为公平贸易政策本身存在着不公平性，因此公平贸易政策并不能解决美国贸易赤字严重、就业率低下等问题。[③]

关于公平贸易政策问题，国内的研究主要有：于潇、宋凯军（2004）分析了20世纪80年代美国的国际贸易环境，认为发达资本主义国家放弃自由贸易政策是因为它们认为工资/劳动生产率不同导致其在国际贸易中处于劣势地位，因此要求政府进行管理，即实行“自由且公平的国际贸易政策”，但是发达国家的贸易政策实际上具有明显的两面性，其实质都是以自我利益为中心，公平贸易政策仅仅是新贸易保护主义政策的代名词。[④] 孔庆江、刘禹（2018）认为美国近年来以“公平贸易政策”为由，对贸易关系国家以知识产权、劳工标准等为掩盖进行不公平贸易，实则是单边主义和贸易保护主义，其目的是选择有利于美国利益的贸易政策，或者保护美国国内的产业，或者获得弱国的市场准入。[⑤]

---

① James Bovard, “The Myth of Fair Trade”, *Policy Analysis*, No. 164, 1991, CATO Institute.

② Dani Rodrik, *Has Globalization Gone Too Far*? Institute for International Economics, 1997.

③ Alan Reynolds, “The Unfairness of Fair Trade”, *The Washington Times*, November 16, 2003.

④ 于潇、宋凯军：《80年代以来美国贸易政策的演变及其启示》，载《东北亚论坛》，2004年第2期，第39—42页。

⑤ 孔庆江、刘禹：《特朗普政府的“公平贸易”政策及其应对》，载《太平洋学报》，2018年第10期，第41—51页。

五、对当代学者关于美国国际贸易政策研究的述评

当代学者对美国国际贸易政策的研究主要集中在西方经济学的分析框架下进行，主要归结于具体的贸易政策产生的原因和产生的影响两个方面。一是解释某一特殊的历史时期美国国际贸易政策的原因，在这一方面各个研究者的侧重点不同，一般来说主要集中在从压力集团、公共选择、直接性非生产性寻利等经济政治原因的角度解读美国国际贸易政策。二是研究某一时期美国国际贸易政策对经济和就业等的影响，在这一方面争论较多。已有的研究存在的缺陷主要有两个方面：一是当代学者从政治经济学视角开展研究的较少，虽然随着中美贸易摩擦的升级和演化，国内近两年出现了一些以政治经济学视角研究贸易政策的文献，但都是以中美贸易摩擦为切入点进行重点分析，一般用政治经济学中扩大再生产产生的生产过剩、资本有机构成的变化、产业转移、政府和市场的关系等解释贸易摩擦①，并没有上升到贸易政策层面，解释不够深入，而且研究也不具有系统性和完整性。二是鲜有对美国国际贸易政策的发展变迁作出系统的论述，仅有的研究也是基于对英国和美国贸易政策的变迁将其归结为“保护贸易—自由贸易—保护贸易”的政策循环②，但是这种归纳体现了发达资本主义国家国际贸易政策的一般性，忽略了当代资本主义国际贸易政策的新变化。因此，当代学者对美国国际贸易政策的研究除了给本书以直接的素材外，也给本书的写作留下了空白与创新的余地。

---

① 谢地、张巩：《中美贸易摩擦的政治经济学分析》，载《政治经济学评论》，2018 年第 9 期，第 121—143 页。

② 张衔、李少武：《国际贸易体系演进的政治经济学分析》，载《当代经济研究》，2016 年第 11 期，第 12—18 页。

第二章　基本范畴界定与理论框架的构建

现实中根本不曾出现过完全没有贸易壁垒或者只有极少贸易壁垒的自由贸易。

——罗伯特·吉尔平（美国国际政治经济学学者）

第一节　国际贸易政策的概念性规定

关于国际贸易政策的概念性规定，目前并没有一个明确、统一的表述，虽然其常被用在国际经济学和国际贸易中，但是政治经济学领域中对其范畴的规定和使用甚少，并且国际贸易政策的内涵也是随着国内国际政治经济的发展而不断丰富变化。因此，有必要从政治经济学的视角对“国际贸易政策”及其相关的“自由贸易政策”和“保护贸易政策”等范畴给予概念性的规定，并在此基础上对国际贸易政策的目的、工具和分类进行介绍，以便为下文服务。

一、国际贸易政策的含义

国际贸易政策最早的定义可追溯到本杰明·科恩（1968），其认为国际贸易政策是一个混合体，“是一个国家试图影响外部经济环境的那些行动的总称”，“也是一个国家整体外交政策的组成部分，服务于共同的政策目标”。[①] 罗伯特·帕斯特（1980）认为定义国际贸易政策是件非常困难的事情，提出其定义要重视该政策背后的政治过程，因此将国际贸易政策定义为“政府通过直接影响国际经济环境的全部行为或者调整经济适应外部经济活动的行为”[②]。约翰·H. 杰克逊（2001）重点研究法律、宪法、体制与政治框架下的贸易政策，认为国际贸易政策应该包括国际政策目标、框架、工具、决策机制、监督反馈机制、绩效评估机制等，以实现经济目标和非经济目标。[③]

国内学者高成兴、黄卫平、朱立南（2011）定义的国际贸易政策是指国家在一定时期内对国际贸易行为制定的总政策，包括三个重要组成部分：第一，国际贸易总政策，即从国民经济出发，较长时期实行的进出口政策；第二，国际贸易商品政策，即根据总政策制定的针对进出口商品的分类政策；第三，地区和国别政策，即根据总政策和外交关系对不同地区和国家制定的差别化贸易政策。[④] 薛荣久（2015）定义的“国际贸易政策，也被称为对外贸易政策，是一国政府在其社会发展战略的总目标下，运用经济、法律和行政手段，对对外贸易活动进行管理和调节的行为。它体现了一国对外经济和政治关系的总政策，属于上层建筑的一部分。对外，它服务于一国对外经济和政治的总政策；对内，为发展经济服务，并随着国内外经济基础和政治关系的变化而变换”[⑤]。

通过考察国内外国际贸易政策的定义可以看出，虽然定义各不相同，

---

① Benjamin J. Cohen, *American Foreign Economic Policy: Essays and Comments*, New York: Harper and Row, 1968.

② Robert A. Pastor, *Congress and the Politics of US Foreign Economic Policy, 1929—1976*, Berkeley, C.A.: University of California Pree, 1980.

③ ［美］约翰·H. 杰克逊：《世界贸易体制——国际经济关系的法律与政策》，张乃根译，上海：复旦大学出版社 2001 年版，第 10 页。

④ 高成兴、黄卫平、朱立南：《国际贸易教程》，北京：中国人民大学出版社 2011 年版，第 129 页。

⑤ 薛荣久：《国际贸易》，北京：清华大学出版社 2015 年版，第 82 页。

但是都包括了三个重要的组成部分，即国际贸易政策是为适应国内国际经济结构而由国家作为经济主体制定的经济政策，是上层建筑的一部分；国际贸易政策的目标包括了经济目标和非经济目标；国际贸易政策的工具是使国际贸易政策目标得以实现的手段或者方法。但是现有的对国际贸易政策的定义忽略了经济制度和结构的重要性，因此本书从马克思主义政治经济学视角对国际贸易政策进行定义，认为国际贸易政策属于上层建筑的层面，是一定时期内在特定的国内和国际经济背景下，国家为了实现特定的经济和非经济等发展目标，在生产与再生产过程中制定的能够通过对外经济关系传导机制对本国经济结构产生间接影响的经济政策的总和。因此，国际贸易政策是国家实现政治经济职能的一部分，其目标主要是实现国家利益，而国家利益在现实中又具体表现为安全利益、经济利益、社会利益、文化利益、政治利益等。可见，过分强调其中一个目标无疑是仅含有“真理颗粒”的片面，而国家贸易政策的目标是处于动态形成和调整过程的“有机组合”。

二、国际贸易政策的工具

国际贸易政策工具是指为了达到国际贸易政策目标所采取的措施或者手段，一般情况下分为四个方面：关税壁垒、非关税壁垒措施、奖励和管制出口制度。当代发达资本主义国家的国际贸易政策并不是简单使用一种或者几种政策工具，而是不同贸易政策工具相互支持形成的一个复合性和可变动性的系统。

1. 关税壁垒

关税是指国家根据关税税则通过海关对进出口商品征收的一种税，最明显的特征是强制性、无偿性和预定性。关税的类别根据划分标准不同而不同，如按照商品流向可以将关税分为进口关税、出口关税、过境关税；按照关税征收的目的可以分为财政性关税、保护性关税、报复性或者惩罚性关税；按照征税待遇可以分为普通关税和优惠关税（特惠税和普惠税）；

按照常规与临时可以分为法定关税和附加关税；按照计税标准可以分为从量税、从价税、复合税、选择税、滑准税①、季节税等。关税壁垒则是国家通过对关税的调节以达到限制商品进出口的目的，这是发达资本主义国家使用最持久、最重要的政策工具。

关税是一把双刃剑，对国家经济发展既有积极的作用，也会有消极的影响，积极的作用主要体现在：（1）关税是增加国家财政收入的一种手段，这是发达资本主义国家建国之初较为看重的作用之一，也是资本主义原始积累的必要手段之一，但是随着经济全球化的发展，关税在财政收入中的比重逐渐降低。（2）关税是调整产业结构的有效方法，国家通过降低关税率或者减免关税鼓励所需商品的进口；通过提高关税率限制不需要的商品进口，调整商品的进出口结构，最后实现在生产领域中不同产业的合理布局和分配。（3）关税是实现国家对外经济政策的中介力量。关税一直是国际关系中维护国家主权和利益的重要武器，在国家之间的贸易谈判中，关税可用来反对商品倾销和贸易歧视，实现国家间政治经济的对等利益。但关税也具有一定的消极作用，如关税设置过高容易导致走私活动增加，财政收入流失，也会导致国内产业因被过度保护而丧失竞争力。

2. 非关税壁垒措施

随着资本主义市场矛盾的尖锐化，20 世纪 30 年代非关税壁垒日益发展起来。非关税壁垒是指除关税外一切限制进出口的措施，其最明显的特性为直接有效性、隐蔽性、灵活性、针对性。非关税壁垒主要分为直接限制措施和间接限制措施两大类。

直接限制措施是指对贸易数量和金额的限制，主要的工具有：第一，进口配额制，又称进口限额制，指进口国家在一定时间内对进出口商品的数量或者金额进行限制的贸易措施，一般分为绝对配额和关税配额两种形式。绝对配额指给限制的进口商品规定一个最高的数量或金额，超过则不

---

① 滑准税，也被称为滑动税，最早出现在重商主义时期的英国《谷物法》，是指对同一种商品按照其市场价格标准制定不同的税率，同一种商品制定的价格高则征收较低的税率或者不征税，反之则征收较高的税率。

准进口。绝对配额根据是否按照国别和地区限额分为全球配额和国别配额，其中全球配额属于在世界范围内进行绝对配额，国别配额根据是否与其他国家有协议而分为自主配额（单方面配额）和协议配额，一般情况下自主配额会导致其他国家的不满，因此在实际使用中协议配额更普遍。需要说明的是，国别配额与全球配额的不同之处还在于国别配额需要进口商提供原产地证明书。关税配额是指对规定配额内的进口商品给予关税优惠政策，超过配额则征收高关税或者惩罚的制度。除此之外，与绝对配额一样，根据进口商品的国别和地区也可分为全球性关税配额和国别关税配额。第二，“自动”出口配额制，又称“自动”限制出口，是二战后出现的非关税壁垒。与进口配额制不同，是出口国家以进口商品扰乱本国市场秩序或者对本国工业部门造成严重损害为由，对出口国进行施压，要求出口国“自愿”限制商品出口，出口国为了避免进口国单方面的强制限制，规定本国商品在一段时间内对进口国的出口商品进行限制，超出限制即禁止出口，可见“自愿”出口配额具有明显的强制性，并非出口国真的出于自愿。第三，进口许可证，是指按照国家规定标注进口商品、有效期、名称、数量、金额及其来源的许可证。进口许可证按照和进口配额的关系可以分为有定额的进口许可证和无定额的进口许可证。前者根据进口配额的限度和进口商的申请，对每一笔进口商品按照限制数量或限制金额发放许可证；后者与进口配额无关，但是在现实中由于此种许可证没有明确和公开的标准，因此会给国际贸易造成很大的困难，限制进口的作用也会更强。除此之外，按照进口商品性质和国别不同，进口许可证又可分为对国别和地区没有限制的一般许可证和指定进口国家和地区的特许许可证。第四，外汇管制，是指国家通过限制进口商品数量、金额或者商品品类，达到控制国际收支平衡和本国货币汇率稳定的目的，以国家法令限制国际结算和外汇买卖的制度。实现外汇管制的国家要求出口商的出口所得以官方汇率卖给国家外汇管理机关，进口商进口所需外汇也必须向国家外汇管理机关进行申请，同时严格限制本国货币出入境。

间接限制措施是指国家设置严格的标准和条例间接限制商品进口，主要的工具有：第一，进口押金制度，又称进口存款制度，是以增加进口商资金负担，减少进口商资金流动的方式限制进口的制度，其具体做法为进口商在进口商品时，必须在规定的时间以进口金额的部分资金无息存入国家指定的银行，方可进口。第二，海关估价制度，是指很多国家为了保护本国同类产品市场，对进口商品通过海关确定完税价格时高估进口商品价格，以此种方式提高关税，增加进口商品成本以限制进口的制度，海关估价的顺序一般按照相同货物的成交价格、类似货物的成交价格、倒扣价格、计算价格，以“合理”方法的适用顺序进行估价。第三，进出口的国家垄断，是指对于农产品、烟酒和武器等关键性商品，由国家直接经营或者成立专门的国家对外贸易机构，或者授权给特殊的垄断组织管理进出口商品，以此控制进出口商品的类别和数量。第四，歧视性政府采购政策，是指国家通过立法要求国内厂商或者企业有限购买国外企业的商品，以此限制进口商品的一种制度。歧视性政府采购除了歧视进出口厂商的商品外，往往也将其歧视性政策延伸到国际贸易承包工程等方面。第五，征收各种国内税，是一种既灵活又隐蔽的国际贸易政策工具，是指国家使用不同的税率对进口商品和国内商品征收国内税的一种制度，因国内课税权限归于本国政府机构或者地方政府机构，因此不受贸易条约的限制，能够以更加灵活多变的形式达到限制进口的目的。第六，最低限价与禁止进口，是指国家对进口商品设置最低价格，如果进口商品低于最低价格标准则禁止进口或者给予征收关税附加税，以达到保护国内商品市场的制度，更为极端的是，当国内商品市场无法应对外来商品冲击时，则采取直接禁止进口的方式。

在间接措施的非关税壁垒中，除以上传统非关税壁垒外，还涌现出一批新兴的非关税壁垒，其并没有改变维护贸易国获取本国利益最大化的本质，而更多的是以维护人类普遍利益为出发点，如保护环境、保护劳工、保护人类和动植物生命健康，以单方面对贸易国家设置壁垒和障碍。但要注意合理使用这类非关税壁垒，若使用不合理，则此类“真理”即可变成“谬误”，成为贸易保护主义政策的隐蔽手段。此类贸易政策工具主要有：第一，技术性贸易壁垒。它是 20 世纪 90 年代主要的非关税壁垒之一，是指国家为了保护人类的普遍利益，以法规形式设立的技术标准、合格评定程序，以达到对进口商品设置障碍的目的。技术性贸易壁垒一般情况下内容广泛、复杂多样、不易分辨正当与否，且发达国家因经济技术发达占据主导地位，而发展中国家则处于被动地位。正当使用技术性贸易壁垒有利于优化进出口国家的商品结构，保护生态环境和人类健康，提升发展中国家的标准国际化，但是不正当使用技术性贸易壁垒则可化身为贸易保护主义的工具，不仅会造成不公平贸易竞争，引起贸易争端，还会损坏发展中国家的切实利益。第二，绿色贸易壁垒。它也是 20 世纪 90 年代开始盛行的贸易壁垒之一，是随着自然生态环境恶化、消费观念升级与世界各国竞争日趋激烈而产生的贸易壁垒。与技术性贸易壁垒一样，绿色贸易壁垒也是出于人类普遍利益，对进出口的农产品、水产品、畜牧业等初级产品、制成品以及服务设定卫生和环境标准，如绿色环境管制、绿色生产壁垒、绿色包装壁垒、碳关税贸易壁垒、动植物卫生检疫壁垒等。绿色贸易壁垒因涉及国内和国际法规政策而更加复杂和不易分辨，其作用与技术性贸易壁垒相似。

二战以后，发达国家使用的关税壁垒逐渐减少，而非关税壁垒则不断增加。在非关税壁垒中，传统非关税壁垒根据世界贸易组织（WTO）的规则逐步减少甚至取消，新兴的技术性贸易壁垒和绿色壁垒等却悄然发展起来，但是发展中国家由于科技水平落后、检验能力不足、国际话语权缺失等造成对发达资本主义国家非关税壁垒难以分辨，一直在国际贸易中处于被动和弱势地位。

3. 奖励和管制出口制度

在国际贸易政策工具中，限制进口和鼓励出口是一枚硬币的两面，目前各个国家越来越多地将国际贸易政策的工具转向鼓励和管制出口方面。具体措施包括：第一，出口补贴，即指国家对出口商品给予直接的现金补贴或者以减免进口原料税、免征出口税、提供低息贷款、退还或减免消费税等形式给予间接补贴，以实现降低出口商品价格、加强其在国外市场竞争力的鼓励措施。在实际贸易活动中，国际上一贯反对直接补贴，世界贸易组织的《补贴与反补贴措施协议》中规定出口补贴应该取消，且贸易国之间在贸易协定中应明文规定禁止直接补贴行为，但是农业出口补贴被视为特殊领域，允许农业补贴在逐步减少的规则下存在。因此，间接补贴成为各国鼓励出口的主要贸易政策工具。第二，出口信贷与出口信贷国家担保制度。出口信贷是针对本国大型设备商品出口设置的，通过国际信贷的方式以达到对出口商或者进口商提供优惠贷款的制度。在出口信贷发展的早期阶段，出口卖方信贷占据主要位置，即出口国家的银行对出口商进行信贷；而在出口信贷发展的成熟阶段，出口买方信贷则占据主要位置，即出口国家的银行对进口商或者进口银行提供信贷。出口信贷国家担保制度则是由国家设立的专门机构对出口信贷进行担保的制度。第三，商品倾销与外汇倾销。商品倾销是指国家的垄断组织出于在国外建立新市场，或打击竞争对手，或销售国内“过剩”产品以应对经济危机，或巩固自身的垄断地位等多种目的，用明显低于国内市场或者商品成本价格大量抛售本国商品的行为。从短期来看，商品倾销可能会使企业利润减少，但是从长期来看，垄断组织可以通过压低工人工资，使用垄断低价或者垄断高价重新榨取高额垄断利润。当然，对于倾销行为，进口国也可以根据相应的贸易救济法规发起反倾销调查，通过世界贸易组织对争端进行磋商。外汇倾销是指出口国利用本国货币贬值的手段倾销商品以扩大商品出口，主要通过降低出口商品的价格和提高进口商品的价格来增强本国企业的国际竞争力。必须注意的是，外汇倾销要起到预计的作用须有两个明显的限制条件，即贸易国不实行货币贬值，且国内通货膨胀程度低于货币贬值的程度。第四，经济特区措施，即指国家为了促进转口和加工贸易，在关境外建筑码头、生产加工厂房、仓储物流等设施来免除关税以吸引外国企业在此区域内从事贸易活动的一种方式。主要的经济特区形式有自由港（自由口岸）和自由贸易区、保税区、出口加工区和边境贸易区等。第五，出口管制制度，也称为出口控制制度，即指国家为了确保国家安全、维护本国经济利益、保障本国物资供给、履行国际义务等目的使用经济或行政等手段对战略物资和先进科学技术，短缺原材料、历史文物、贵金属等商品的出口进行管制的制度。出口管制制度一般通过出口许可证实施。根据出口管制许可证的类别，可以将其分为一般许可证管制、单向有效许可证管制和特殊许可证管制。除此之外，根据出口管制国家主体的数量，可以将出口管制分为单边出口管制和多边出口管制。

4. 国际贸易政策特殊贸易工具

除以上各国使用的通用国际贸易政策工具外，美国作为当今最发达的贸易国家，有一些特殊的国际贸易政策工具，具体为：第一，“301 条款”是一项由美国法律规定的具有明显报复性质的条款，源于《1962 年贸易扩展法》第 252 节。“301 条款”规定美国可以对不合理的外国贸易进行报复，后经《1974 年贸易法》第 301 条而被熟知，且在后来的贸易立法中被不断地修改和强化。“301 条款”又分为“一般 301 条款”“超级 301 条款”和“特别 301 条款”，其中“一般 301 条款”是指《1974 年贸易法》中规定的如果其他国家有存在不合理或者不公正的关税、进口限制、出口补贴、立法和政策，或者对原材料以及半制成品和制成品存在不公正的限制，对美国商品在世界上的竞争力造成实质性的影响，或者给美国商业造成负担，则美国总统有权撤回原有的贸易减让，或者对其征收报复性关税。“特别 301 条款”是根据《1984 年贸易与关税法》和《1988 年综合贸易与竞争法》修订的，是针对知识产权保护和市场准入方面的限制。“超级 301 条款”是对贸易损害重点内容的确定，即在可能影响美国的损害中列出重点国家、重点做法和重要的贸易交易额。无论哪种形式的“301 条款”，其实质都是贸易程序和贸易报复。① 第二，“201 条款”是指美国《1974 年贸易法》中的 201—204 节，即对于进口到美国的产品进行全球保障措施调查，如果进口对美国国内产业造成严重损害，总统可以采取积极的调整措施。② 第三，“232 条款”是指《1962 年贸易扩展法》中规定的对威胁到美国国家安全的进口产品进行立案调查的保障措施。③

---

① 杨国华：《美国贸易法“301 条款”研究》，北京：法律出版社 1998 年版，第 36—45 页。

② 侯富强、徐泉：《美国“201 条款”与新贸易保护主义政策分析》，载《政法论坛》，2003 年第 6 期，第 2—11 页。

③ 彭岳：《中美贸易战中的安全例外问题》，载《武汉大学学报（哲学社会科学版）》，2018 年第 12 期，第 154—167 页。

第二节　政治经济学视角下国际贸易政策的分类

一、现有分类标准与混合地带

历史上，从发达资本主义国家的国际贸易政策及其变迁的过程来看，发达资本主义国家国际贸易政策的选择争议主要集中在自由贸易政策和保护贸易政策两个方面，其中自由贸易政策是指国家对贸易经济活动不加以直接干预，既不鼓励出口，也不限制进口，使商品和生产要素可以在国家之间自由流动，在国内和国外市场进行自由竞争。而保护贸易政策则是与之相对应的类别，即各国政府广泛利用各种限制进口的措施，保护本国市场免受外国商品、服务和投资的竞争，并对本国商品、服务出口和对外投资给予优惠和补贴。① 一般情况下，将19世纪资本主义自由竞争时期的英国、法国的国际贸易政策归纳为自由贸易政策，而将美国和德国的国际贸易政策归纳为保护贸易政策。

虽然现有的分类非常清晰，但是这仅限于教科书式的分类标准，与现实的经济政策存在一定的差异，因为在现实中根本不曾出现完全没有贸易壁垒或者只有极少贸易壁垒的自由贸易。② 典型的自由贸易政策和国际放任主义从《谷物法》（1846）的废除到19世纪70年代持续了不到30年的时间③，而且随着当代资本主义经济的发展，国际贸易政策也随之调整且具有多样性，如表2-1所示。“管理贸易政策”“战略性贸易政策”和

---

① 薛荣久：《国际贸易》，北京：清华大学出版社2015年版，第83页。

② 〔美〕罗伯特·吉尔平：《全球资本主义的挑战：21世纪的世界经济》，杨炯译，上海：上海人民出版社2001年版，第85页。

③ 〔美〕罗伯特·吉尔平：《全球政治经济学：解读国际经济秩序》，杨宇光、杨炯译，上海：上海人民出版社2006年版，第178页。

“公平贸易政策”相继而生①，成为国际贸易政策的混合地带，而无论新出现的国际贸易政策以何命名，其无非是根据国家经济政治目标在自由和保护之间寻找最佳的平衡点，即为了实现国家利益目标在市场导向和政府干预主义之间摇摆。

表 2-1　国际贸易政策谱系表

政府干预程度	政府积极干预（政府导向）	政府适度干预（混合地带）	政府完全不干预（自由市场导向）
贸易政策类型	保护贸易政策	公平贸易政策 战略性贸易政策 管理贸易政策	自由贸易政策
主要的贸易措施	广泛的进口保护措施；广泛的出口限制措施；政府设定产业政策支持目标产业等	针对特别产业、商品等实行特别保障措施	避免进出口壁垒；政府对本国产业支持最小化

资料来源：作者根据现有关于国际贸易政策分类的相关文献整理而得。

二、政治经济学视角下的分类

国际贸易政策类型因政府干预程度和市场导向程度而不同，一个国家并非只采取贸易干预措施或者自由措施，而是在政策制定中既有干预也有非干预，所以贸易政策的类型具有四个特点：（1）时间规定性，即国际贸易政策是倾向于保护还是自由仅在一定的时间范围内有效，超过该时间范围则国际贸易政策属于何种类型不具有现实意义，这也体现了国际贸易政策的时效性问题。（2）动态性，即国际贸易政策并不是一成不变的，而是随着国家社会经济结构和世界经济的发展而变化的，这体现了国际贸易政

① Stanley D.Nollen and Dennis P.Quinn, “Free Trade, Fair Trade, Strategic Trade, and Protectionism in the US Congress, 1987—1988”, *International Organization*, Vol.48, No.3, 1994, p.491.

策中国家与国家的关联特征。(3) 结构性，即国际贸易政策因国家经济结构，具体的因产业结构、商品结构而不同，体现了不同资本集团对国际贸易政策的需求具有差异性的特点。(4) 趋势性，即在特定时期、特定产业，国际贸易政策制定中占据主导地位的政策可作为国家的国际贸易政策的主要类型。

因此，可以将自由贸易政策定义为国家对国际贸易活动采取不干预或者少干预的基本立场和趋势，即降低关税税率，减少纳税商品项目和纳税环节，取消或者减少对货物、服务贸易的限制，取消或者减少对本国货物、服务的各种优惠以及特权，给予他国商品与本国商品一样公正、公平和无扭曲的竞争市场环境。与之相对应，增加贸易限制的趋势则定义为保护贸易政策，具体而言，国家对国际贸易活动采取干预和管制的基本立场和趋势，倾向于为了保护本国工业和市场免受外国商品的竞争和冲击，提高关税壁垒，增加各种限制进口的措施和手段，增加津贴和补助以鼓励出口。而混合地带中的贸易政策是自由贸易政策还是保护贸易政策，则是看其更倾向于市场主导还是政府主导。

如何确定一定时期内的国际贸易政策属于哪种类型？现有的研究仅仅是笼统地将国际贸易政策归纳为自由主义贸易政策或者保护主义贸易政策，但是这种模糊的划分并没有理论和数据依据。从国家的角度来看，一般情况下在自由贸易政策下也有适度的贸易保护，在贸易保护中也有适度的贸易自由，只有当国际贸易政策极端地采取贸易保护措施的时候，才能称为贸易保护主义政策；反之，则称为自由贸易主义政策。我们将普遍地采取贸易保护措施的国际贸易政策称为贸易保护政策；反之，则称为自由贸易政策。因此，本书仅试探性地以贸易政策工具相对变化情况为划分标准，即以一国贸易政策工具占世界总贸易政策工具的比值对国际贸易政策的类型进行区分，如果一国贸易保护工具/世界贸易保护工具大于一国取消贸易保护工具/世界取消贸易保护工具，则可以认为此国更具有贸易保护政策倾向，否则更具有自由贸易政策倾向。如表 2-2 所示，巴西的自由贸易工具占世界总自由贸易工具比（3.46%）大于巴西的保护贸易工具占世界总保护贸易工具比（2.43%），虽然巴西的贸易工具绝对量（705）远远大于自由贸易工具绝对量（532），但是仍然将巴西认定为2009—2019年具有自由贸易政策倾向的国家。同理，美国、印度可以认定为贸易保护政策倾向的国家，中国可以认定为自由贸易政策倾向的国家。

表2-2　2009—2019年典型国家贸易工具使用情况表

国家	贸易保护	占比/%	国家	自由贸易	占比/%
合计	20972	100.00	合计	15370	100.00
美国	2010	6.91	巴西	532	3.46
德国	1592	5.48	印度	386	2.51
印度	966	3.32	中国	361	2.35
俄国	793	2.73	澳大利亚	344	2.24
英国	759	2.61	英国	342	2.23
加拿大	746	2.57	德国	342	2.23
阿根廷	737	2.54	西班牙	341	2.22
巴西	705	2.43	卢森堡	340	2.21
意大利	690	2.37	荷兰	339	2.21
法国	673	2.31	波兰	338	2.20
西班牙	600	2.06	保加利亚	338	2.20
中国	600	2.06	意大利	337	2.19
日本	588	2.02	法国	337	2.19
波兰	573	1.97	比利时	337	2.19
芬兰	528	1.82	芬兰	336	2.19
澳大利亚	527	1.81	罗马尼亚	336	2.19
丹麦	526	1.81	爱尔兰	336	2.19

数据资料来源：全球贸易预警官方网站，https://www.globaltradealert.org/global_dynamics（访问时间：2019年10月2日）。①

① 全球贸易预警官方网站（Global Trade Alert）为全球著名贸易保护政策研究机构，其中国家按照干预或者自由倾向的顺序进行排列，仅列举出前17的国家，对于一些影响较小的国家表2-2中并未列出。

第三节 构建马克思主义的国际贸易政策理论框架

发达资本主义国家国际贸易政策的制定是国家职能的一部分，在经典作家看来，资本主义国家的实质是资产阶级为了维持资本主义生产方式的共同外部条件，使之不受工人和个别资本家的侵犯而建立的组织，其职能具有两重性质，即“经济性质”和“政治性质”。在资本主义国家的发展趋势中，马克思指出一方面国家的“政治性质”随着社会的经济变化而发生变化①，这说明为与社会化生产的巨大进步相适应，国家将对社会经济活动进行调节和控制；另一方面，国家政权以现代工业的进步促使资本和劳动之间的阶级更为分化、扩大深化，国家政权也就愈益具有资本压迫劳动的全国政权性质，具有阶级统治机器的性质②。也就是说，社会生产关系的性质决定国家对资本主义社会各资本阶级和劳工阶级的矛盾和冲突进行调节与控制，而表现在国际贸易中即通过立法、执法等改变国家的对外贸易政策。

因此，本书构建了一个以“国家—资本—劳工”为核心的理论分析框架，大体从“国家—国家的博弈”“资本—资本的博弈”“劳工对国际贸易政策制定的影响”三个层次兼顾经济历史纵向发展与横向政策决定两个方面，系统而全面地探讨发达资本主义国家国际贸易政策的决策机理及其政治过程。首先，“国家—国家的博弈”方面重点阐述以美国为例的当代发达资本主义国家国际贸易政策的变迁过程。美国在历史上相继经历了贸易保护主义政策—自由主义贸易政策—公平贸易政策—国际金融危机之后的贸易政策四个阶段，研究每个阶段美国所处的国内经济发展模式和国际经济背景如何影响其国际贸易政策的变迁。其次，“资本—资本的博弈”

---

① 《马克思恩格斯全集》第17卷，北京：人民出版社1957年版，第356页。

② 《马克思恩格斯全集》第17卷，北京：人民出版社1957年版，第356页。

与“劳工对国际贸易政策制定的影响”主要探讨发达资本主义国家国际贸易政策的政治过程。发达资本主义国家经济增长模式决定了其需要某种特定的政治和国际贸易政策，而国际贸易政策反过来促进经济的增长，其中最重要的政治过程由资本—资本的力量对比所决定，而劳工仅对其有制约作用，影响国际贸易政策的决策过程。最后，论述既定的国际贸易政策对资本积累和劳工产生的经济影响，指出自由贸易政策在流通范围内通过扩大世界市场而增加资本积累，在生产范围内通过产业转移增加资本积累；而保护贸易政策对资本积累产生影响的途径为制定产业政策，发展新兴制造业。在对劳工的影响方面，随着经济全球化的发展产生了全球劳工，自由贸易政策的实质是资本的自由，相应的自由贸易政策将全球劳工划分为核心工人和边缘工人，不仅扩大了资本对劳动者剥削的强度，而且扩展了资本剥削劳动者的空间范围，使得资本所有者和劳动者以及劳动者之间的贫富差距加大；而保护贸易政策即使资本对劳动产生替代也并不能消除已有的失业现象。

第三章　发达资本主义国家国际贸易政策的变迁

国际贸易绝对是这样一个领域，在其中经济史实比经济学分析能给人更多的启迪。

——哥特弗里德·哈勃勒（奥地利经济学家）

从历史来看，英国和美国等发达资本主义国家在实行自由贸易政策之后，为了实现推行自由贸易帝国主义和金融帝国主义的目的，往往抹杀本国早先使用的贸易保护主义政策，忽略其从保护中赢得自由贸易资格的历史。本章首先从经济史实出发，深刻还原发达资本主义国家国际贸易政策的变迁机理；其次，以美国为例对此进行验证，并揭示当代发达资本主义国家国际贸易政策变迁的规律。值得说明的是，发达资本主义国家实行哪种国际贸易政策，取决于当时的国内和国际经济环境，而在特定的经济背景下，国家—国家的博弈成为国际贸易政策制定的关键依据。

第一节　划分国际贸易政策变迁阶段的标准

发达资本主义国家的国际贸易政策随着资本主义发展的各个阶段而发生变化，但是关于如何划分国际贸易政策的阶段，目前并没有统一的标准。根据现有的文献，对国际贸易政策阶段的划分主要集中在两个方面，一是教科书式对发达资本主义国家国际贸易政策的划分，如高成兴、黄卫平、朱立南（2011）将国际贸易政策按照资本主义发展阶段划分为资本主义生产方式准备时期的保护主义贸易政策、资本主义自由竞争时期的自由主义贸易政策和帝国主义时期的侵略性保护贸易政策，也可以称为超保护贸易政策三个阶段。① 二是在研究美国国际贸易政策的学术著作中对其进行的划分，如表 3-1 所示。林珏（1995）在其著作《战后美国对外贸易政策研究》中按照美国贸易立法和历史先后顺序将国际贸易政策划分为四个阶段：第一阶段为二战前保护关税政策，此阶段的政策目标是实现美国的工业化；第二阶段为 1947 年至 20 世纪 70 年代初的自由主义贸易政策阶段，此阶段的政策目标是操纵国际经贸组织，推动多边贸易自由化；第三阶段为 20 世纪 70 年代至 20 世纪 80 年代从自由贸易政策向公平贸易政策转换时期，此阶段的政策目标是打击“不对等”和“不公正”的贸易；第四阶段为 20 世纪 80 年代，此阶段的政策目标是实现双边互惠主义和对等的公平贸易。② 道格拉斯·欧文（2019）在其著作《贸易的冲突：美国贸易政策 200 年》中按照政策目标将美国国际贸易政策划分为三个阶段：第一阶段为美国联邦政府成立到美国内战爆发之前，此阶段的政策目标是通过征收关税获得政府税收；第二阶段为美国内战到大萧条时期，此阶段的政策目标是通过限制进口保护国内厂商；第三阶段为大萧条时期，此阶段的政策目标是通过互惠协议扩大出口市场。③

---

① 高成兴、黄卫平、朱立南：《国际贸易教程》，北京：中国人民大学出版社 2011 年版，第 138 页。

② 林珏：《战后美国对外贸易政策研究》，昆明：云南大学出版社 1995 年版，第 2 页。

③ ［美］道格拉斯·欧文：《贸易的冲突：美国贸易政策 200 年》，余江、刁琳琳、陆殷莉译，北京：中信出版社 2019 年版，第 7 页（英文版本为 Douglas Irwin, *Clashing over Commerce*: *A History of US Trade Policy*, The University of Chicago Press, 2017）。

以上两种划分方法都有历史的局限性，第一种教科书式的划分标准明显是基于英国作为典型发达资本主义国家国际贸易政策的情况进行的划分，此种划分方法过于笼统且不适合当代新的发达资本主义国家发展的特点。第二种对美国国际贸易政策的划分标准单一，或者按照政策目标划分，或者按照立法阶段划分，但是都没有细致地考虑到经济制度和社会经济结构这个实质性问题；除此之外，林珏的研究受限于写作时间和国际贸易政策现实发展，未能体现 2008 年金融危机后国际贸易政策变化的新特点；而道格拉斯·欧文的研究认为国际贸易政策的特征之一是“冲突下的稳定”①，即国际贸易政策不易改变，因此欧文认为特朗普政府发表的反贸易自由化的言论并不一定是摒弃国际贸易政策中的“互惠”思想，还需要时间和实践证明美国国际贸易政策是否真的转变为贸易保护主义政策，这与实践情况不符。

表 3-1　已有文献对美国国际贸易政策变迁阶段的划分

代表人物	政策划分标准	政策阶段	政策目标
林珏:《战后美国对外贸易政策研究》	按照国际贸易立法划分贸易和历史先后顺序阶段	二战前保护关税政策（1789—1939）	促进美国工业化过程
		自由主义贸易政策（1947—20 世纪 70 年代初）	操纵国际经贸活动，充当现代自由贸易运动领袖
		自由贸易政策转向公平贸易政策（20 世纪 70 年代—80 年代）	重点解决日本、欧洲对美国实行的“不公正”“不对等”贸易政策
		新贸易保护主义政策（20 世纪 80 年代—1994 年）	强调对等开放的市场、双边互惠的公平贸易立场

---

① 〔美〕道格拉斯·欧文：《贸易的冲突：美国贸易政策 200 年》，余江、刁琳琳、陆殷莉译，北京：中信出版社 2019 年版，第 691 页。

（续表 3-1）

代表人物	政策划分标准	政策阶段	政策目标
道格拉斯·欧文：《贸易的冲突：美国贸易政策 200 年》	按照国际贸易政策目标划分贸易政策阶段	联邦政府成立—内战（1790—1860）	获得政府税收收入
		内战—大萧条（1860—1934）	保护国内企业
		大萧条—至今（1934—至今）	打开世界市场

资料来源：作者根据已有文献资料进行整理。

本书从马克思主义政治经济学论述的原则出发，认为国际贸易政策变迁的阶段划分应该符合两个标准。首先，逻辑和历史相统一的标准。马克思说过历史从哪里开始，思想过程也应该从哪里开始，而思想进程的发展是历史进程抽象的、理论上的反映。① 因此，在研究发达资本主义国家国际贸易政策变迁过程时要遵循历史发展的线索，以美国为代表的发达资本主义国家的国际贸易政策变迁要以史实为根本依据，既不能割裂也不能歪曲历史。当然，在具体范畴的论述过程中，把经济范畴按照它们在历史上起作用的先后次序安排是错误的，经济范畴应该按照它们在现代资产阶级社会中的相互关系来决定。②

其次，经济基础和上层建筑关系的标准。青年马克思在林木盗窃法的辩论上认识了法的观念与私人利益的关系。马克思在《〈政治经济学批判〉序言》中曾经指出，生产关系的总和构成社会的经济结构，既有法律的和政治的上层建筑竖立其上，又有一定的社会意识形式与之相适应的现实基础。③ 恩格斯在晚年时期进一步强调了经济状况是基础，但是上层建筑与经济基础共同影响了历史发展的进程，以此强调马克思的唯物史观并非

① 《马克思恩格斯选集》第 2 卷，北京：人民出版社 1995 年版，第 122 页。
② 《马克思恩格斯全集》第 12 卷，北京：人民出版社 1962 年版，第 758 页。
③ 《马克思恩格斯文集》第 2 卷，北京：人民出版社，2009 年版，第 591 页。

“经济决定论”，经济基础和上层建筑存在对立统一的关系，但是经济基础和上层建筑的相互作用具有不平衡性，其中经济基础是最有决定性的必然性的东西。总之，经济基础决定上层建筑，上层建筑对经济基础起反作用。国际贸易政策作为上层建筑的一部分，既反映了国家经济发展的情况，又反过来维护和促进经济基础的发展，因此对发达国家国际贸易政策阶段的划分要考虑到经济基础和作为上层建筑的贸易立法的发展变化。

综上，本书按照逻辑和历史相统一、经济基础和上层建筑的关系两个标准将国际贸易政策的变迁划分为超级大国形成、经济霸权扩张、贸易政策调整和国际金融危机之后的贸易政策四个阶段，相对应的贸易政策分为保护主义贸易政策（因为此时期贸易保护主义主要采取关税的形式，所以也可以将其称为保护关税制度）、自由主义贸易政策、公平贸易政策和新贸易保护主义政策四种变迁形式，具体参见表 3-2。

表 3-2　本书对发达国家贸易政策变迁的阶段划分——以美国为例

贸易政策划分阶段	对应的历史时间	贸易政策	贸易政策目标
超级大国形成阶段	美国建国—1934 年	保护主义贸易政策	建立工业大国
经济霸权扩张阶段	1934—1973 年	自由主义贸易政策	掌握经济霸权
贸易政策调整阶段	1974—2008 年	公平贸易政策	缓解国内外经济矛盾
国际金融危机之后的贸易政策	2008 年经济危机至今	新贸易保护主义政策	应对经济危机和转嫁经济政治矛盾

第二节　超级大国的形成：保护主义贸易政策阶段

在资本主义生产方式产生之前，国际贸易已经存在，但是考虑到贸易范围和交换的商品有限，因此国际贸易在经济中并不占主要的地位，也不存在系统的国际贸易政策对其进行引导。但是，到资本主义生产方式建立的早期阶段，也可以说资本主义生产方式的准备时期，对外贸易成为促进资本主义原始积累的手段，成为资本主义生产方式建立的基础，因此国家开始通过强制手段干预社会经济的运行。在资本主义生产方式建立之初，奴隶贸易、保护性关税对国家促进资本主义生产方式兴起的作用至关重要。

具体到美国，美国在走向国家独立的过程中，虽然最终是为了夺取政治权力，但是最初的分歧源于英国对殖民地贸易实施的限制。美国独立之后到 1787 年，并没有统一的立法机构管理贸易事务，因此美国没有全国统一的国际贸易政策，而是由 13 个州各自决定自己的国际贸易政策。① 1789 年国会考虑到征收进口关税法律的问题，制定了美国历史上第一个统一关税法以满足联邦政府紧迫的财政需要，从此掀开了美国国际贸易政策变迁的历史篇章。美国本质上是盎格鲁—撒克逊的子孙，脱胎于 16—18 世纪重商主义经济学革命时代的母体，因此美国在国际贸易政策方面实际上承袭了英国的重商主义源流，保护关税制度成为其最典型的特征，正如美国第 25 任总统所承认的那样，“美国成为世界第一工业生产大国，靠的是我们坚持了几十年的关税保护政策”②。基于此本书从资本原始积累、工场手工业和机器大工业三个阶段对美国国际贸易政策进行考察。

一、资本原始积累

按照马克思的论述，资本原始积累不过是生产者和生产资料相分离的

① 美国国会统一管理国际贸易的权利是在美国要应对英国贸易限制的背景下产生的，也是美国各州斗争和妥协的结果，其中南方各州主张不给予国会贸易管理权，以推动本州农作物的出口；北方各州则倾向于授予国会贸易管理权，以制定统一的国际贸易政策。具体过程参见〔美〕道格拉斯·欧文：《贸易的冲突：美国贸易政策 200 年》，余江、刁琳琳、陆殷莉译，北京：中信出版社 2019 年版，第一章“争取独立的战争：1763—1789 年”。

② 转引自梅俊杰：《自由贸易的神话：英美富强之道考辨》，上海：上海三联出版社 2008 年版，第 199 页。

历史过程，因此资本主义生产方式存在的前提条件之一是经济体中存在大批虽丧失一切生产资料，但拥有完全的人身自由的劳动力，他们只能靠出卖劳动力过活。与此相对应，资产阶级为了获得更多的剩余价值需要建立资本主义企业，因此资本主义生产方式存在的另一个前提条件即要有大量的货币财富。在这两个条件形成的过程中，国际贸易促进了自然经济的瓦解和商品经济的发展，扩大了原始资本的积累，成为资本主义生产方式建立的基础。在以英国为典型的资本主义国家幼年时期，合法的贸易以及奴隶制贸易和殖民地贸易在促进资本原始积累过程中起到至关重要的作用，同时，通过国际贸易获得的黄金白银也为资本主义企业准备了必要的财富。但是美国作为英国曾经的殖民地，其国际贸易及其相适应的政策呈现出三大特点：

第一，美国黑人奴隶贸易制度。奴隶社会被封建社会所取代，而封建社会被资本主义社会所取代是历史发展的一般规律，但是从 17 世纪初，奴隶制度在新的历史条件下重新出现，这既是历史的反常现象，也是资本主义殖民政策的必然产物。马克思考察了资本主义的原始积累过程，认为奴隶贸易制度是资本主义生产方式原始积累的一部分，正如纺纱机是纺棉花的机器，只有在一定的关系下，它才成为资本；黑人就是黑人，只有在一定的管辖下，它才成为奴隶。① 由于北美地区不具备如欧洲地区自由流动的劳动力，因此为了解决缺乏劳动力的问题，奴隶贸易实行。因受被奴役劳动者自身条件的限制，土地资本家实现了奴役印第安人—奴役白人契约奴—奴役黑人奴隶的历史转变，② 而背后的黑人奴隶贸易往往是用卑鄙的欺骗手段和暴力手段实现的。③ 17 世纪末，在北美确立了黑人奴隶制度，在这个经济基础确定下来之后，便产生了与之相适应的上层建筑帮其巩

---

① 《马克思恩格斯文集》第 5 卷，北京：人民出版社 2009 年版，第 878 页小注。

② 唐陶华：《美国历史上的黑人奴隶制》，上海：上海人民出版社 1980 年版，第 1—5 页。

③ 刘祚昌：《美国奴隶制度的起源》（上），载《史学月刊》，1981 年第 3 期，第 64—69 页。

固。一是以法律形式规定了“奴隶法法典”，对奴隶的反抗和暴动行为给予严重的非人性的惩罚，明确奴隶主和奴隶的法律非对称性，从而对奴隶加以控制；二是设置普遍的巡逻制度，防止奴隶逃跑；三是使用基督教宣传奴隶制度是黑人接受文明的最好媒介，从而在思想上麻痹奴隶。① 最终在 18 世纪，由于英国政府在政策上鼓励黑人奴隶制贸易和限制白人劳动力的流出，黑人奴隶超过白人契约奴成为北美殖民地最主要的被剥削的劳动力。美国独立后，虽然独立战争使得一部分黑人奴隶通过参军的方式实现了自由，但是在南方仍然保留着黑人奴隶制度，这和英国的奴隶贸易并无差别②，均是为了自身利益维持这一制度。黑人成为美国工业和农业艰苦劳动的承担者，直到南北战争演变为消灭奴隶制的革命战争。马克思也曾对此进行深刻的论述，其在《北美内战》一文中指出由奴隶耕种的作为南部输出品的棉花、烟草、糖等作物，只有在仅需简单劳动的天然肥沃的广大土地上大规模使用大批奴隶经营才是有利的。③

第二，区别于殖民主义的帝国主义扩张制度。福克纳将经济帝国主义定义为对越过本国国界的地区进行政治、经济和文化扩张和统治的国家政策，具体可分为“老帝国主义”和“新帝国主义”两个阶段。④ 老帝国主义实行于重商主义时代，是指在世界市场范围内建立殖民地以作为本国劳动力和原材料的供应地和剩余产品的销售市场，例如西班牙、荷兰、英国等国家纷纷在世界范围内建立“小西班牙”“小荷兰”“小英国”。可见，老帝国主义的典型特征是土地的攫夺，从这种意义上说，1989 年之前的美国可以被定义为老帝国主义性质。1800 年的美国拥有国土面积 89.2135 万

---

① 刘祚昌：《美国奴隶制度的起源》（下），载《史学月刊》，1981 年第 4 期，第 54—60 页。

② 关于北美独立战争对黑人奴隶制度的冲击及其对黑人奴隶制度的妥协，参见赵耀军：《北美独立战争和黑人奴隶制度》，载《河北学刊》，1994 年第 3 期，第 103—108 页。

③ 《马克思恩格斯全集》第 15 卷，北京：人民出版社 1963 年版，第 353 页。

④ 此处是超级大国形成阶段的论述，此时不涉及新帝国主义的相关问题，关于新帝国主义和国际贸易政策的问题将在下文进行论述。

平方公里，之后通过购买甚至是战争的手段获得了路易斯安那、得克萨斯、佛罗里达、奥里根等若干地区。① 必须指出的是，美国的帝国主义和英国以殖民为主的帝国主义存在着形式上的区别，英国的帝国主义是通过在世界范围内争夺殖民地实现的，而美国并没有真正意义上的殖民地，但是帝国主义包含了没有殖民地的帝国主义问题。②

第三，美国现代大农业和廉价生产制度及其金银的积累。与英国通过海盗式国际贸易获取大量的黄金、白银不同，美国拥有农业生产上的巨大优势。一是美国拥有适合大规模耕作的土地，即使采用耗尽地力的生产制度也可以使欧洲不能与之竞争；二是由美国人发明的革新运输工具和高效率的农业大军使生产农作物成本降低③。因此，欧洲物价的昂贵、美国谷物的大量输出和高昂的棉花价格使得美国获得了大量的利润。除此之外，马克思和恩格斯在《国际述评（三）》（1850）中指出加利福尼亚金矿的发现使美国的繁荣达到了顶点，这是因为一方面交换手段的发展促进了国际贸易的发展；另一方面，也是最为重要的，黄金的发现对世界市场上的资本起到了推动作用，不仅使得运河等基础设施的建设繁荣发展起来，而且使得纽约成为掌握大部分加利福尼亚贸易和资本投机的中心所在地。④

二、保护关税制度与工场手工业

工场手工业是资本主义社会分工协作的典型形态，是从简单协作和分工协作两种资本主义生产方式的基本形式发展而来的，也是超越行会制度

---

① 〔美〕福克纳：《美国经济史》（下卷），王锟译，北京：商务印书馆 1989 年版，第 253—255 页。

② 〔日〕渡边雅男、高晨曦：《当代世界帝国主义的七个问题》，载《政治经济学评论》，2017 年第 1 期，第 98—108 页。

③ 《马克思恩格斯全集》第 19 卷，北京：人民出版社 1963 年版，第 296—298 页。

④ 转引自《马克思恩格斯全集》第 7 卷，北京：人民出版社 1959 年版，第 507—508 页。

范围的生产部门。在工场手工业时期，无论是混成的工场手工业还是有机的工场手工业①，局部工人以及劳动工具的分化和专门化都成为工场手工业的典型特征，一方面使劳动生产率得以提高，另一方面使工人通过畸形化发展产生资本统治劳动的新条件。在以英国为典型的工场手工业时期，关税成为保护工场手工业的手段，主要通过在国内实行保护关税，在殖民地实行垄断，在国外市场实行差别关税实现的。② 除此之外，保护关税制度也使英国顺利进入机器大工业发展时代。具体到美国而言，主要体现在以下三个方面：

第一，全面禁运制度和保护关税制度成为农业向工业过渡的必要手段。马克思曾经指出保护关税制度不仅使得现代财政制度的剥削作用得以加强，而且也是人为制造工厂主，强行从旧生产方式过渡到新生产方式的手段③。进一步地，恩格斯认为在此基础上保护关税制度也有益于美国这样一个国家——它从未建过封建制度，但是已经达到势必从农业向工业过渡这一发展阶段。④ 根据《美国经济史》的记载，1790 年美国大部分制造业处于原始状态，美国人所穿的衣服有 2/3 到 3/4 来源于家庭制造，其主要原因是美国的制造商很难与英国制造商相对抗⑤。除此之外，英国商品为了摧毁美国弱小的工业甚至倾销而入，在此背景下美国产生了“农业立

① 这是马克思对工场手工业的基本分类，也即工场手工业组织的两种形式，第一种形式混成的工场手工业是指制品既可以由各个独立的局部产品纯粹机械地装配在一起形成，也可以依次经过一系列相关联的过程和操作完成，典型的列子为制作钟表；第二种形式有机工场手工业是指制品的生产要经过顺序阶段过程，典型的例子为制针。

② 《马克思恩格斯全集》第 3 卷，北京：人民出版社 1960 年版，第 66 页。

③ 《马克思恩格斯文集》第 5 卷，北京：人民出版社 2009 年版，第 867 页。

④ 《马克思恩格斯全集》第 21 卷，北京：人民出版社 1965 年版，第 419 页。

⑤ 〔美〕林斯、凯恩：《美国经济史》，邢露译，北京：北京大学出版社 2011 年版，第 219 页。

国”还是“工业立国”的道路选择①。1807年杰斐逊总统认为实行《禁运法案》② 是农业国对付工业国最有力的武器，以此回应1806年英国海军袭击美舰“切萨比克号”，然而《禁运法案》使得英国粮棉价格上涨的同时，也使得美国的财政收入锐减，农业经济蒙受巨大损失。尽管如此，《禁运法案》激发了美国民众的民族主义情绪，且为了消费某些工业制成品不得不自行生产，因此《禁运法案》最终实现了汉密尔顿期盼的工业化启动。1812年，美国第二次独立战争时期面对进口关税的增加，政府鼓励企业家生产制造品替代以前的进口产品，罗得岛州和马萨诸塞州的小型纺织工场“四处开花”③，美国的商船业也在关税保护下得到了迅速发展。如表3-3所列1803—1815年美国制造业设厂情况就是最好的证明。

表3-3　1803—1805年美国开场数量

（单位：家）

年份	金属和机械行业	化工行业	纺织行业	全部行业汇总
1803年	1	0	0	2
1804年	0	0	0	0
1805年	2	0	2	3
1806年	0	0	0	0
1807年	4	0	0	4
1808年	1	0	5	7
1809年	1	5	18	26

① 关于这部分内容参见文献综述中“保护贸易政策观中的美国学派”这一部分，此处不再赘述。

② 《禁运法案》禁止所有美国船只驶往外国港口，以及所有外国船只只来美国装卸货物，但是允许外国船只把货物运往美国，但是事实上由于空船而归加大贸易成本也鲜有船只来到美国。

③ Thorp Lanier Wolford，“Democratic-Republican Reaction in Massachusetts to the Embargo of 1807”，*The New England Quarterly*，Vol.15，No.3，1942，pp.35-61.

（续表 3-3）

年份	金属和机械行业	化工行业	纺织行业	全部行业汇总
1810 年	3	7	17	30
1811 年	5	5	30	41
1812 年	11	3	35	48
1813 年	5	1	57	66
1814 年	12	5	105	128
1815 年	5	1	64	78

资料来源："A New Economic View of American Atack", Teremy and Passell, Peter, *History*: *From Colonial Times to 1940*, New York and London: W.W.Norton & Compan 1994, p.122.

第二，保护关税制度成为保护工场手工业的重要手段。随着工场手工业的出现，各个国家之间逐渐开始展开商业斗争，而此时保护关税制度的作用不仅是增加财政收入，更是保护国内制造业免受外国产业的竞争。就美国而言，制造商的崛起改变了美国的产业经济结构，美国由以农业和商业为主的经济体转变为农业、商业和制造业共存的经济体，标志着美国国际贸易政策新时代的到来。贸易禁运促进了新兴制造业的发展，而新兴制造业发展之初需要国家实行保护关税。1816 年的《关税法案》作为美国首批具有"保护主义"性质的关税立法，其政策目的就在于扶持国内制造业。随后，为了在更广泛的产业领域实行高关税制度，1824 年时任美国国会新议长亨利·克莱提出"美式体制"的建议①，即通过保护性高关税减轻国家对外国市场的依赖，创造强劲的国内市场。美国的原材料不应该运到英国加工，而是要运到北方各州，加工成最终产品，再运回南方消费。1828 年的厌恶关税（也有人将其称为可憎关税）把应税进口商品的平均关税率推到了历史最高水平（47.59%）。1830 年为美

① 关于"美式体制"的具体内容见文献综述中"美国学派"部分，此处不再赘述。

国历史上最高的关税，平均关税率高达 61.69%。随后，因关税政策导致了南方和北方利益冲突并引发了宪政危机，最后以 1833 年妥协关税平息，关税率大幅度下降。即使如此，该时期的平均关税率也高于 20%，妥协关税使得关税政策从国家政治焦点中消失了将近 10 年，然后稳定保护关税制度确实给美国制造业带来了稳定的发展空间，美国的一般制造业实现了由家庭手工业向工场手工业的转变。但是，这段时期的美国在制造业上实质上还是严重依赖外国供给，因此马克思曾经对此进行精准的总结："美国的经济发展本身就是欧洲特别是英国大工业的产物，目前的美国，仍然应当看作是欧洲的殖民地。"①

三、保护关税制度与机器大工业

机器大工业与工场手工业是两种完全不同的资本主义生产方式，大工业是以机器生产机器为生产条件的，随着生产力的发展，产生了特殊部门的自动的机器体系，而一个工业部门生产方式的变革，必定引起其他相关部门生产方式的变革。② 机器大工业时期③，美国通过保护关税制度建立起了完整的工业体系，最终确定了以"工业—工厂—工作"为核心的传统生产方式。具体而言：

第一，保护关税制度使国家顺利进入机器大工业发展时代。马克思恩格斯曾经指出竞争使得各国在保护关税下开办大工业。具体到美国而言，

---

① 《马克思恩格斯文集》第 5 卷，北京：人民出版社 2009 年版，第 520 页脚注。

② 《马克思恩格斯全集》第 23 卷，北京：人民出版社 1972 年版，第 421 页。

③ 关于美国何时进入机器大工业时期，目前学术界的意见并不统一，本书主要参见李骏阳：《美国工业化起讫时间的探讨》，载《兰州大学学报（社会科学版）》，1982 年第 4 期，第 123—131 页。本书根据历史上美国机器工场的数量发展情况，同意罗斯托的划分方法，即 1843—1860 年是美国工业化的起飞阶段。此外，根据福克纳《美国经济史》（下）将美国工业化过程划分为 1790—1815 年工厂制度的诞生、1815—1840 年小型工场的产生、1840—1860 年生产蒸汽动力产生了现代工厂几个阶段，用机器进行标准化生产，也印证了这样划分的可行性与正确性。

1842 年美国提高了关税率并制定了差额关税，使国库收入得以增加，但是引起了南方地区的不满；1846 年波尔克总统签署《沃克关税法案》进一步降低关税，《1857 年关税法》进一步削减了原材料关税，从而使制造商的成本得以下降，但是 1857 年美国爆发金融恐慌，导致国家财政赤字持续扩大，因此在 1861 年国会通过《莫里尔关税法案》提高应税产品税率。[①] 随后发生的南北战争促使关税率进一步提高以支付战争需要，其结果是南北战争给予了生产刺激，使得 19 世纪 60 年代工厂数目增加了 79.6%[②]，美国雇佣劳动力比重也从 1810 年的 8%上升到 1860 年的 20%。[③] 这为美国进入机器大工业发展时代奠定了坚实的物质生产资料基础和劳动力基础。

第二，保护关税制度是资本主义机器大工业竞争的手段。蒸汽机的发明使得精确的机器控制技术能够应用到制造业生产中，从而使生产中的分工进一步细化和加强，其最直接的结果就是促进实现大规模的生产。在机器大工业生产时代，保护关税制度成为落后国家赶超先进国家的良策。具体到美国而言，南北内战后，征收关税的主要目的已经不再是以财政性收入为主、保护国内产业为辅，由关税高墙发展壮大的国内制造商及其政客，都认为征收保护性关税是为了让本土制造业在现有基础上更上一层楼。例如 1890 年《麦金利关税法案》大幅度提高了保护产品的关税水平，进口产品的平均关税率高达 52%，其目的在于拓展美国的生产领域并且提高生产性企业的多元化程度；1897 年《丁利关税法案》更是美国保护范围最广的关税法案之一，且此关税法案实行了 13 年之久。机器大工业的生产

---

① 1846—1861 年的关税率水平相较于以往有明显下降，因此马克思称其实行的是自由贸易制的税制（参见《马克思恩格斯全集》第 15 卷，北京：人民出版社 1963 年版版，第 347 页）。这主要是就短期历史而言，若将美国的税率放在长期历史来看，其税率较高，为了便于分析说明，本书仍将其视为贸易保护主义政策阶段的一部分。

② 〔美〕福克纳：《美国经济史》（下），王锟译，北京：商务印书馆 1989 年版，第 38 页。

③ Lebergott, Stanley, "Output, Employment, and Productivity in the United States after 1800", *New York*: *National Bureau of Economic Research*, 1966, p.32.

方式和较高的保护性关税使得美国的制造业生产实现了前所未有的高速发展，使得原来在农业中的资源转移到工业和服务业，如表 3-4 所示。经济结构的变化成为 19 世纪末美国经济增长的重要特点，也就是说，此时期是制造业规模的增长而不是制造业生产率的提高促进了美国经济的增长①，其结果是到 1894 年美国的制造业产值已经处于全球第一的位置。1900 年美国的 GDP 是英国的两倍，已经成为全球最大的经济体，人均收入也高居榜首。

表 3-4　1860—1900 年美国国民收入和劳动力在各部门之间的配置情况

单位：%

年份	农业		工业		服务业	
	国民收入	劳动力	国民收入	劳动力	国民收入	劳动力
1860 年	38	56	22	15	40	29
1870 年	36	50	25	21	39	29
1880 年	31	48	25	21	44	31
1890 年	21	40	30	21	49	39
1900 年	19	36	31	23	50	41

资料来源：US Bureau of the Census（1975），转引自〔美〕道格拉斯·欧文：《贸易的冲突：美国贸易政策 200 年》，余江、刁琳琳、陆殷莉译，北京：中信出版社 2019 年版，第 273 页。

---

① 美国在这一时期的经济增长主要源于国内经济结构的变化。原因有两个方面：第一，根据增长核算理论，保护性关税政策并没有直接影响劳动力增长、资本积累和全要素生产率；第二，美国贸易的总体增长相当缓慢，1880—1895 年贸易的出口量缓慢上升了 30%（See Lipsey，Robert E，*US Foreign Trade and the Balance of Payments*，New York：Cambridge University Press，2000. p.144）。由此得出文中的结论——美国此时期的经济增长在于保护性关税政策改变了美国国内经济结构。

第三，根深蒂固的贸易保护主义和贸易政策的逆转和偏移。资本主义发展到机器大工业时代，可以创造出更多的剩余产品，这些剩余产品无法在国内市场实现交换，因此需要资本主义企业向外扩张，在世界市场上销售剩余产品，减缓利润率下降，这就需要实行自由主义贸易政策，减少关税。因此在1913—1934年期间，美国的平均关税率随着美国经济的变化时而上升到40%以上，时而下降到20%左右。随着机器大工业的发展，加之美国拥有丰富的钢铁、铜、石油和农业资源，美国的出口在缺少政府支持的背景下由行业中规模最大的公司推动实现了强势扩张，由此产生了贸易互惠促进出口的呼声和观点，美国贸易政策制定者的工作重心已经从进口商品市场的关闭转向打开外国市场并促进出口的方向。1913年《安德伍德关税法案》大幅度下调关税税率并开征累进式所得税，结束了关税在政府财政中的重要作用，为未来政府大幅度地增加支出奠定了财源基础。但是随着第一次世界大战的到来，美国经济短暂的衰退使得美国贸易保护主义卷土重来，1922年的《福尼特-麦坎伯关税法案》进一步提升了美国的平均关税水平，但是由于这次关税法案姗姗来迟，因此关税并不是推动美国经济复苏的原因。美国在第一次世界大战中因出口战争物资而得到了前所未有的发展，战后美国已经由债务国变成了债权国，由资本输入国变成了资本输出国，随后也出现了1923—1929年的“柯立芝繁荣”时期。但是资本主义经济制度本身蕴含着危机的存在，1929年发生了资本主义经济中最为严重的经济大萧条，股价狂跌40%，5000多家银行倒闭，8万多家企业破产，140万人失业（失业率高达25%）①，在经济全面崩溃的背景下，制造商利益集团重拾贸易保护主义政策，政府也作出反应并提高关税税率。虽然美国有1028名经济学家联合签名，认为此项高关税大错特错，在国际上也有30多个经济体反对，但是1930年胡佛总统还是签署了《斯穆特-霍利关税法案》，不仅进一步加大了应税产品的税目，而且将应税进口产品的税率推到了历史最高水平上，最终《斯穆特-霍利关税法案》引起

① 转引自《美国1929年大萧条后的10年艰难生存》，http://www.sohu.com/a/280278479_559510。

了大萧条进一步的恶化①，美国也遭到国外40多个国家的贸易报复，引发了严重的贸易战，如表3-5所示。

表3-5　典型国家对美国实行的报复性贸易政策

国家	时间	典型国家对美国实行报复性贸易政策的具体内容
西班牙	1930年6月	提升全部美国商品关税，其中汽车关税提高到100%—150%
意大利	1930年6月	对美国汽车、农业生产器械和无线电设备征收高关税
瑞士	1930年6月	全面抵制美国商品，减少美国商品进口
加拿大	1930年9月	通过《加拿大紧急关税法案》，对从美国进口的重要产品增加50%左右的关税

资料来源：Mark Milder，"Parade of Protection：A Survey of the European Reaction to the Passage of the Smoot-Hawley Tariff Act of 1930"，*Major Themes in Economics*，Vol.1，No.1，1999，pp.3-26.

综上所述，将美国的国际贸易政策放在二战前的历史中看，美国的国际贸易政策经历了外贸政策飘忽不定、高关税壁垒保护和减少平均税率的自由贸易政策倾向。但是，将美国的国际贸易政策放在其建国到今日的国际贸易政策长河中考察，可以说美国从第一部关税法案开始持续了长达150多年的保护主义贸易政策，如图3-1展示了美国二战前的平均关税税率和相应的关税法案。可以看出，二战之前美国的贸易保护主义政策是以高关税为主要特征。而保护主义贸易政策使得美国注重制造业的发展，促使美国迅速从一个新兴国家发展成为能够取代英国的新超级大国。从美国

① 《斯穆特-霍利关税法案》与大萧条的关系，经济学家的研究存在分歧，主要有两种观点：第一种观点认为《斯穆特-霍利关税法案》是引发经济灾难的罪魁祸首，因为关税刚刚上调，就发生了更加严重的大萧条；第二种观点认为货币和财政因素是造成大萧条的主要原因，《斯穆特-霍利关税法案》对经济危机的作用显然相对较小。根据美国贸易史实，笔者同意第二种观点，即《斯穆特-霍利关税法案》并未引发大萧条，但是因发达资本主义国家的贸易关系恶化使得大萧条雪上加霜。

历史的史实出发，可以看出其崛起的经验与主流经济学家所宣传的美国是由自由贸易政策和自由市场发展起来的论断完全不同。按照迈克尔·赫德森教授的观点，美国为了推行自由贸易帝国主义，刻意隐瞒了美国保护主义的历史以及指导美国经济崛起的工业化逻辑。[①] 因此，可以说保护主义贸易政策对于资本主义生产方式的建立具有重要的积极作用，是资本主义生产方式建立的必要前提条件。

图 3-1　二战前美国平均关税率（关税水平）变动示意图（%）

资料来源：作者根据 Historical Statistics of The United States 1789—1945 所给的数据和相应的关税法案绘制。

---

① 参见〔美〕迈克尔·赫德森：《美国经济崛起的秘诀（1815—1914）》，贾根良、马学亮、邓郎、黄阳华等译，北京：中国人民大学出版社 2010 年版。

第三节 经济霸权的扩张：自由主义贸易政策阶段

资本主义私有制要求生产在扩大规模的基础上进行以获取更多的剩余价值，资本主义扩大再生产加深了资本主义经济的内在矛盾，即生产社会化同生产资料私有制之间的矛盾，在现实经济生活中则表现为产品滞销、生产过剩以及消费需求不足等多方面，国际贸易成为资本主义企业阻挠或抵销因资本积累导致的平均利润率下降的重要因素。因此，在资本主义生产方式建立以后，国际贸易反过来成为资本主义生产的结果。资本主义企业只有通过不断扩大国际贸易的规模，才能满足资本主义生产剩余价值这个绝对规律，相应地在上层建筑层面，保护主义贸易政策在资本主义自由竞争时期和资本主义垄断时期已经走向了生产力发展的反面，自由主义贸易政策应运而生。

具体到美国而言，经过根深蒂固的贸易保护主义政策，美国在 19 世纪末已经成为超级大国，大萧条引发了美国政治的重大调整，也给美国国际贸易政策带来了历史性的转变。已经成为工业强国的发达资本主义国家相信自由贸易的“达尔文式”全球竞争会使其越来越强大，因此美国时任国务卿赫尔积极推动了 1934 年的《互惠贸易协定法》。该规定大幅度降低国际贸易应税产品的关税税率，这标志着美国从此放弃了经济民族主义和经济孤立主义，同时也意味着美国开始实行自由主义贸易政策以扩大美国产品的国外市场，在世界市场上争取和维持霸权地位。发达资本主义国家的自由主义贸易政策和经济收入之间的增长到底是怎样的关系？是自由主义贸易政策促进了经济增长，还是相反？本书认为二者存在双向的联系，即自由主义贸易政策具有二重性，一方面经济增长促进了贸易扩张，从而促进了自由主义贸易政策的实行；另一方面自由主义贸易政策的实行反过来促进了发达资本主义国家的经济增长，但是也伴随着经济矛盾的产生。马克思曾经指出，资产阶级由于开拓了世界市场，使一切国家的生产和消费都成为世界性的了①，因此世界市场的开拓表现在全球生产和全球流通两个方面，而这两个方面在发达资本主义国家中又具有自己的特点，具体表现为“中心—外围”模式的产业转移以及不平等交换。因此，本章主要从世界市场的开拓、生产的世界性和流通的世界性三个方面考察发达资本主义国家自由主义贸易政策的实现机制及其产生的影响。

一、自由贸易政策与世界市场的开拓

发达资本主义国家在工业化进程中，生产规模迅速扩大，同时生产的产品数量剧增。资产阶级为了不断寻求廉价的原材料供应地和扩大商品生产的销路，将自己的触角延伸到世界各个角落，不仅促使国内统一的市场得以形成，而且打破了民族界限，形成了资本主义经济体系中的世界市场。② 马克思指明了两种世界市场的概念，即狭义的世界市场和广义的世界市场。马克思在构建经济学体系结构时，指出世界性的生产直接与资本的本性相关联，发达资本主义国家在开拓世界市场的过程中，为了占领和垄断外国市场，讲求与国际贸易政策的结合，针对不同国家采取不同的国际贸易政策，同时取得霸权的国家推动其主权货币为国际货币，建立有利于自身掠夺世界利益的世界秩序。具体到美国而言，其采取多种手段极力在全球范围内推动贸易自由化。

第一，自由贸易政策与双边—多边贸易协定。自由主义贸易政策的基本思想③深受美国领导者的推崇，虽然美国从独立到成为超级大国之前，不得不根据现实情况放弃自由主义贸易政策，但是美国在经济政策制定过程中从未缺少过自由贸易主义政策的呼声，如建国时期的华盛顿、杰斐逊

---

① 《马克思恩格斯选集》第 1 卷，北京：人民出版社 1995 年版，第 404 页。

② 虽然早在前资本主义时期，市场零星存在于自然经济的缝隙中，也出现过如罗马、意大利等商业城市，但是世界各国的贸易由于处于微弱和分散的状态，所以不能算作世界市场。美洲的发现和机器大工业成为孕育世界市场的条件，并且只有资产阶级掌握了国家政权，真正的世界市场才得以形成。

③ 参见第一章第二节自由贸易政策观的内容，此处不再赘述。

总统等。二战后，美国为了与苏联进行对抗，称霸全球，凭借强大的经济实力一方面对苏联实行贸易管制政策，如美国于1948年通过《经济合作法案》，明确取消向苏联出口“马歇尔”成员国的技术援助计划，并于1950年主导成立了“巴统”①，联合西方国家对苏联的先机技术设备及战略资源进行封锁。② 另一方面，美国积极推动自由主义贸易政策、扩大世界市场范围，主要分为两个阶段：第一阶段为1934年美国《互惠贸易协定法》到1947年，此时期美国建立以自身为主导的自由贸易体制，一边在国内降低关税，提倡互惠思想，另一边与贸易往来国签署互惠双边贸易协定。《1962年贸易扩展法案》在《互惠贸易协定法》的基础上更进一步，提倡相互降低友好国家之间的贸易壁垒，如表3-6所示。美国在1934—1944年与多国签署了贸易协定，扩大了美国在一些外国市场所占的份额，根据戴娜·杜兰德（Dana Durand）和弗兰克·惠特森·费特（Frank Whitson Fetter）（1937）所做的估算，双边贸易协定对于进口的影响为协定签署国和非协定签署国同期增长分别为22%和13%。③ 根据美国国务院公布的数据估计，双边贸易协定对出口的影响为1934—1935年和1938—1939年期间协定签署国和非协定签署国同期进口增长分别为63%和32%。④ 第二阶段为发达资本主义国家认识到开放的世界贸易体系可以在多个方面服务于国家的经济和外交政策的利益，因此以美国为首的发达资本主义国家开始构建以关税及贸易总协定（GATT）为主的“功利性的多边

① 巴统是“对共产党国家出口管制统筹委员会”的简称，此组织由美国主导，联合西方各国于1950年成立，其目的在于联合对苏联进行贸易管制。

② 姚昱：《二战后美国经济冷战政策的演变》，载《冷战国际史研究》，2019年第12期，第25—43页。

③ E.Dana Durand and Frank Whitson Fetter, “Measurement of Effects of Reciprocal Trade Agreements”, *Journal of the American Statistical Association*, No.32, 1937, pp.50-61.

④ 转自〔美〕道格拉斯·欧文：《贸易的冲突：美国贸易政策200年》，余江、刁琳琳、陆殷莉译，北京：中信出版社2009年版，第437页。

主义”，也有学者将其称为“自我利益的多边主义”的自由贸易体系①。其内容包括大幅度降低关税税率，减少传统和非传统贸易壁垒，制定多边贸易国际规则，创设解决成员国之间争端的程序和机制。虽然多边贸易规则是历史上全球经济合作的重要机制，但是多边贸易体系具有本身的不稳定性②。因为多边贸易体系的实质是一个各国根据竞争实力进行博弈的系统，在合作博弈的情况下，各国容易达成协定满足降低世界范围关税壁垒的要求，但是在非合作博弈下，各国根据自身发展所制定的国际贸易政策很容易陷入“囚徒困境”的局面。除此之外，虽然在多边贸易体系下，如表3-7所示，平均关税率不断下降，但是非关税壁垒取而代之成为国际贸易的重要障碍。

表3-6 美国1934—1944年签订的双边贸易协定

年份	国家
1934年	古巴
1935年	巴西、比利时、卢森堡、海地、瑞典、哥伦比亚、加拿大、洪都拉斯、荷兰
1936年	瑞士、尼加拉瓜、危地马拉、法国、芬兰、哥斯达黎加
1937年	萨尔瓦多
1938年	捷克斯洛伐克、厄瓜多尔、英国、加拿大（第二份协定）
1939年	土耳其、委内瑞拉、古巴（第一份协定补充协定）
1940年	加拿大（狐皮补充协定）
1941年	阿根廷、古巴（第二份补充协定）
1942年	秘鲁、墨西哥、乌拉圭
1943年	伊朗、冰岛

资料来源：作者根据 US Tariff Commission（1948）资料整理而得。

① 郭百红、顾学华：《美国国际贸易政策演化与启示——基于政治经济学的分析视角》，载《改革与战略》，2019年第9期，第41—50页。

② 马一德：《多边贸易、市场规则与技术标准定价》，载《中国社会科学》，2019年第6期，第106—123页。

表 3-7 美国在关税及贸易总协定谈判中的关税降幅①

谈判次数	开始时间/年	地点	缔约国/个	需要降低关税的应税进口所占百分比/%	下调关税的平均降幅/%	所有关税的加权平均降幅/%
第一轮	1947	瑞士日内瓦	23	54	35	19
第二轮	1949	法国安纳西	32	6	35	2
第三轮	1950	英国托基	34	12	26	3
第四轮	1955	瑞士日内瓦	22	16	15	2
第五轮	1961	瑞士日内瓦	28	20	20	4
第六轮	1964	瑞士日内瓦	46	64	35	22

资料来源：Evans, John W., *The Kennedy Round in American Trade Policy*, Harvard University Press, 1971, pp.281-282.

第二，自由贸易政策与国际货币制度的转变。国际货币是国际生产和国际交换的媒介，在发达资本主义国家，一方面国际货币在各国的贸易往来中逐渐形成，另一方面国际货币也是霸权国家获取国际贸易利益的工具。在这个过程中体现了资本主义国家发展的不平衡性，可以说国际货币巩固了霸权国家的经济地位。纵观国际货币体系的演变过程，其先后经历了金本位制（1870—1914）、金本位恢复时期的金汇兑本位制（1914—1944）、布雷顿森林体系（1944—1973）和牙买加体系（1976至今）四个时期。1914 年金汇兑本位制因第一次世界大战时期禁止黄金

① GATT 关税减让谈判总共经历了八轮，其中第五轮谈判也被称为“狄龙回合谈判”，第六轮也被称为“肯尼迪回合谈判”。因本书划分标准问题，未将后两轮谈判列入此节，第七轮谈判为开始于 1973 年的东京回合谈判，第八轮谈判为开始于 1986 年的乌拉圭回合谈判。值得说明的是，在乌拉圭回合谈判中正式创建了世界贸易组织取代了关税与贸易总协定，以协调各个国家的国际贸易政策。

运输而终结，美国也于1933年3月10日禁止黄金出口，暂停美元与黄金的兑换，由此彻底脱离了金本位制。尽管在一战后美国、德国等国家先后恢复了金本位制，但其实行的是金汇兑本位制，其实质是“虚金本位制”，即在国内并不流通金币，而是以规定了固定含金量的银行券作为本币在国内流通。银行券只能购买外汇，外汇能在国外兑换黄金，因美国从金本位制的黄金平价中解脱出来，美元在外汇市场开始贬值，与主要国家货币的汇率下降了30%—45%，从而使得出口量也快速增长。二战后，美国拥有了全球70%的黄金储量①；1944年，国际货币进入双挂钩制度的布雷顿森林时代，即美元与黄金挂钩，其他国家货币与美元挂钩，自此美元成为中心国际货币，其他国家为了获得美元，必须通过国际贸易输出本国资源，因此国际货币发行国家不仅可以获得高额的铸币税，而且可以为本国的贸易提供便利，加快了美国自由贸易的速度，也扩大了世界贸易自由化的程度。但是，由于布雷顿森林体系制度下的美元存在“特里芬难题”②，在1971年后被牙买加体系所替代，具体见后文的论述。

第三，自由贸易政策与世界贸易新秩序的建立。让世界像市场一样运转是不切实际的乌托邦式计划，超国家组织对全球经济进行超国家管理成为必要，成为建立世界贸易新秩序的重要组织。二战之后建立的国际货币基金组织、世界银行、世界贸易组织（前身为关税贸易总协定）三大国际性支柱组织，从建立之初即成为发达资本主义国家控制世界经济的工具③，这些超国家组织成为发达资本主义国家霸权的产物。例如，国际货币基金组织要求重大事项的决策需超过总投票权的85%，但是美国因其缴纳的会

① 刑军峰、范从来：《国际货币循环、资源流动和全球失衡》，载《南京社会科学》，2017年第4期，第37—43页。

② 〔美〕罗伯特·特里芬：《黄金与美元危机——自由兑换的未来》，陈尚霖、雷达译，北京：商务印书馆1997年版，第1—14页。“特里芬难题”，即美元作为国际货币要保持币值稳定，但是由于世界贸易的扩大需要，美元不断地流到海外，因此美元更容易由于信心问题而被抛售，无法保持币值稳定。

③ 张雷声：《三大国际经济组织与经济全球化》，载《思想理论教育导刊》，2005年第7期，第27—31页。

员费较多，拥有超过15%的投票决定权，实际上美国在国际货币基金组织中具有一票否决权。换言之，国际货币基金组织成为霸权国家服务其自身经济政策的世界性组织。因此，超国家组织的存在并不能实现调节社会总产品，消除甚至缓解资本主义私有制和生产社会化之间的矛盾。

具体到美国，二战后，美国的国内生产总值已经占全球经济的50%以上。美国不仅成为世界贸易体系中自由贸易政策的倡导者和推动者，也成为国际经济秩序的建立者。关税贸易总协定（GATT）作为一个“契约式机构的机构”①，是二战后贸易自由化的主要经济机构和组织，其产生之初即服务于美国从国外进口原料、拓展海外销售市场。在GATT第一轮谈判中，各国的初始目标是建立国际贸易组织（ITO），虽然国际贸易组织的章程已经拟定，但是由于章程过于庞大和细化，例外条款过多，因此国际贸易组织最终于1949年夭折。但是，美国并没有放弃实现全球治理的任何机会，GATT在美国主导下成为取代国际贸易组织推动全球自由贸易政策的主要机构，先后进行了八轮谈判，缔约国家由成立时占全球贸易总额50%左右的23个国家扩展到占全球贸易总额95%以上的103个国家和地区，成为美国推动自由贸易政策最为重要的贸易政策工具，也为世界贸易组织（WTO）的诞生奠定了基础。除此之外，美国于1944—1947年积极推动国际货币基金组织（MIF）、联合国（UN）、世界银行（WB）等超国家组织的建立，其中国际货币基金组织主管国际金融和货币政策，世界银行主要对成员国提供长期建设的贷款支持，国际贸易相关组织则主导多边贸易协定并监督各国的国际贸易政策，各个国际经济组织在政策上互相配合以帮助美国自由贸易政策在全球范围的实行。

---

① 〔美〕贾格迪什·巴格沃蒂：《贸易保护主义》，王世华、常蕊、郑葵方译，北京：中国人民大学出版社2010年版，第30页。

二、生产全球化：中心—外围模式

在资本主义的发展过程中，资本是一架穷凶极恶的机器，经常发生故障，并只能费力地借助扩张等方式进行自我修复①，因此可以说自由贸易是资本主义正常发展的条件。即使支持自由派经济学贸易理论的权威人物贾格迪什·巴格沃蒂也说过，当一个强大的资本主义经济的国家利益导向是自由贸易体制时，国家利益会渐渐转变为由寻求向外扩张并极力开拓国外市场的资本家的“动物精神”所构建的国内利益。② 在发达资本主义国家 20 世纪 40—60 年代的向外扩张，主要通过传统的国际分工格局和生产在全球的产业转移两种方式。

第一，传统国际分工格局的形成。生产决定交换，随着资本主义生产关系的建立及其机器大工业的发展，形成了国际分工，在国际分工的基础上又形成了世界市场。③ 亚当·斯密在《国富论》中即以制针为例论述了分工能够提高经济效率，增进社会福利的重要作用，这同样适用于国际分工。在马克思恩格斯所处的时代，恩格斯曾经生动地描绘了以英国为中心的国际分工格局，即英国是农业世界的伟大的工业中心，是工业太阳，日益增多的生产谷物和棉花的卫星都围绕着它运转。④ 这表明在当时，英国是国际分工的中心国家，英国的殖民地和落后国家成为卫星服务于英国的工业。随着美国成为世界霸主，这种以“宗主国—殖民地”为核心的模式

---

① Fredric Jameson, *Representing Capital: A Reading of Volume one*, London: Verso, 2011, p.87.

② 〔美〕贾格迪什·巴格沃蒂：《贸易保护主义》，王世华、常蕊、郑葵方译，北京：中国人民大学出版社 2010 年版，第 32 页。

③ 《马克思恩格斯选集》第 3 卷，北京：人民出版社 1995 年版，第 269 页。关于国际分工和世界市场的关系问题，恩格斯在《反杜林论》中指出“不是市场造成资本主义的分工，相反地，是以前的社会关系的瓦解以及由此产生的分工造成市场”。

④ 《马克思恩格斯全集》第 22 卷，北京：人民出版社 1965 年版，第 375 页。

转变为以贸易为核心的新模式。1949年阿根廷经济学家普雷维什在《拉丁美洲的经济发展及其主要问题》的报告中将其概括为“中心—外围”理论，即在同一世界中，各国通过贸易往来被区分为以发达资本主义国家为主的“大工业中心”和以发展中国家组成的“外围”，外围国家主要向中心国家出口自然资源，形成了传统的国际分工格局。根据印度学者皮·阿加瓦拉（1982）的测算，直到20世纪70年代，传统的国际分工格局仍然使得发展中国家出口的大部分是除石油之外的未经加工的自然资源，而半加工和加工产品出口都不足世界出口额的25%。① 但是根据联合国贸易和发展会议（2004）显示，发达资本主义国家在国际贸易中一直处于领导地位，其在世界出口额中所占的比重在1950年、1960年和1973年分别为61.1%、66.8%和70.7%；而发展中国家这一数据则呈现下降趋势，分别为30.8%、21.5%和19.2%。②

第二，传统产业转型升级和全球性的产业转移。随着以电子计算机、原子能、生物工程、空间技术为标志的第三次科技革命加速了人类生产方式和生活方式的融合，发达资本主义国家不仅通过技术创新、设备更新、产业组织的调整和集群创新等形式加快了传统产业的转型升级③，而且推动了生产全球化的深入发展。全球化与发达资本主义国家实行的自由贸易政策一起将资本主义逻辑无情地扩张到世界的每一个角落，使得生产的全球化替代了福特制生产模式成为当代资本主义国家最为显著的特征，大型企业纷纷将业务分解成可分离的组合工序，通过转包和外包再进口等手段改变资本积累模式，体现在大企业生产的集中化和中小型企业生产的分散化。④ 生产的全球化动力在于：其一，全球劳动力套利。发达资本主义国

① 〔印〕皮·阿加瓦拉：《发展中国家的对外贸易》，朱章国译，载《国际经济评论》，1982年第6期，第45—48页。

② UNCTAD, *Development and Globalization*: *Facts and Figures*, 2004, p.53.

③ 杜朝晖：《发达国家传统产业转型升级的经验和启示》，载《宏观经济管理》，2017年第6期，第87—92页。

④ 邱海平：《全球化时代的中小企业：重新审视马克思的生产社会化理论》，载《社会科学研究》，2008年第3期，第29—33页。

家为了降低生产成本，将已经失去技术优势的生产转向劳动力成本低廉的国家或者地区，以获取更多的利润。其二，发达资本主义国家的现代产业垄断或者寡头形式控制着特定产业中相当大的市场份额，通过在海外设置或者控制分支机构获取原材料和市场渠道，以便寻求世界范围的垄断优势，从这个层面来说，自由贸易政策的性质说到底就是垄断。在这个过程中，掌握资本的阶级经历了从一个国际化公司，到一个跨国公司①，再到一个全球整合企业的过程。在国际化阶段，公司以立足本土为主，不断争取在国际竞争市场中获利；到了跨国公司阶段，公司是由一个个机构完整、业务独立，但位于不同国家和地区的分支机构来实现获利行为；而迈进全球化公司阶段时，公司成为全球统一构架的实体，不同国家和区域将承担整个工作的某一部分，各个国家和区域的优势将得到充分发挥，从而真正实现了最佳的优化。以全球性生产企业形成的国际垄断组织成为自由贸易政策在他国实现的基本和最重要的载体。但是全球性生产企业并不是古典经济学家论述的“原子”式厂商，而是具有一定国籍拥有“母国势力”的商家，且因母国势力经济实力的不同体现为极其悬殊的国际市场差距。这主要表现在发达资本主义国家是全球化的中心，其他国家则处于全球化的外围，前者掌握着资本、生产技术和先进的营销网络，而后者则仅仅能提供作为全球化所需要的廉价劳动力。著名的依附理论学者萨米尔·阿明将其归结为五大垄断力量，即技术垄断、对世界金融市场的金融控制、对全球自然资源开发的垄断、媒体和通信垄断、对大规模杀伤性武器的垄断，这五大垄断力量决定了外围国家产业沦落为转包者的地位，处于

---

① 关于生产全球化的起点问题，主要有三种争论，一是认为生产全球化源自20世纪50年代开始的跨国公司文化；二是认为生产全球化源自1974—1975经济危机以及后来的新自由主义兴起；三是认为生产全球化源自20世纪80年代中国和东欧国家融入世界经济格局。本书根据跨国公司理论之父斯蒂芬·赫伯特·海默在大量著作中描述的跨国公司在全球生产的景象，认为生产全球化起源于20世纪50年代。

从属地位①，即以资本逻辑为主导的生产的“中心—外围”模式。

三、流通全球化：不平等交换

在实行自由贸易政策的大环境中，每个国家都主动或者被动地参与到国际分工中，在世界市场上大量进口或者出口商品，不同商品交换的基础和比例是怎么样的？如何计算交换后的盈亏？对于这一问题的解释，大卫·李嘉图最早认识到了国际贸易中存在不平等交换的现象，以及支配一个国家商品相对价值的规律不能用来支配两个国家。李嘉图利用资本在本国内能自由流动，而在跨国之间存在资本转移的空间约束，解释了国家间的不平等交换。② 但是这并不是不平等交换的根本原因，马克思以劳动价值论学说对其进行了深刻的解释。存在国际贸易的情况下，具体劳动仍然创造商品的使用价值，而抽象劳动创造商品的国际价值，但是商品的国际价值并不是由某一个特定国家所消耗的劳动时间决定，而是由市场竞争形成的国际社会平均必要劳动量（世界劳动的平均单位）所决定。相应地，商品的价值规律转化为国际价值规律，即商品的国际价值是由生产商品的国际社会平均必要劳动时间决定，国际商品必须以国际价值量进行交换。

在现实的国际贸易中，发达资本主义国家和发展中国家存在着严重的不平等交换，这种不平等交换源自两个方面：一是不等价形式所引起的不平等交换，这种形式主要依托于发达资本主义国家自身的国际垄断地位。如前文所述，全球生产形成了“中心—外围”模式，因此在交换过程中也相应存在不平等，主要表现在要素市场上，发达资本主义国家以要素的可替代性强、需求弹性低等为理由极力压低初级产品的市场价格，人为制造垄断低价以节省成本，从而增加生产中的利润；在产品市场上，发达资本

① 〔法〕萨米尔·阿明：《全球化时代的资本主义：对当代社会的管理》，丁开杰等译，北京：中国人民大学出版社2013年版，第3—5页。

② 〔英〕大卫·李嘉图：《政治经济学及赋税原理》，郭大力、王亚南译，南京：译林出版社2011年版，第23页。

主义国家利用落后国家处于缺乏高端机器设备、化工产品等先进产业的弱势地位，在与落后国家的国际贸易往来中制定垄断高价销售此类产品以获得高额垄断利润，垄断低价和垄断高价都实现了富国对穷国的经济剥削。①二是以等价形式掩盖的不平等交换，这是更为普遍的一种形式。马克思在论述国内交换不平等时指出，资本家购买了劳动力这种特殊的商品，其能创造出比自身价值更大的新价值，即在生产过程能够产生价值增殖，劳资交换的不平等在资本主义制度下具有内在性、客观性、隐蔽性和长期性等特点。② 而在世界市场上，这种交换的不平等则表现为不同国家劳动生产率和劳动强度的差异。具体而言，发达资本主义国家由于社会经济发展水平较高、生产技术较前沿、工人受教育程度及其劳动熟练程度较高、管理水平也具有优势，因此发达资本主义国家的劳动生产率相对较高，生产的商品的国别价值低于世界价值，可以用含有较少国别价值的商品通过国际贸易换取发展中国家较多国别价值的商品，从而将大量的剩余价值转移到发达资本主义国家，更容易进行资本积累。但是，对于劳动生产率较低的发展中国家而言，这会导致其国际竞争力降低，难以经受世界市场价格的波动。若发展中国家想要破局，一般而言会采用低工资策略以降低生产成本提升国际竞争力，但是低工资在国内限制了劳动者的消费购买能力，而国内消费不足又加剧了经济对国外市场的依赖③，从而导致国内经济的严重失衡。伊曼纽尔在马克思国际不平等交换思想的基础上构建了工资差异理论，区分了“广义不平等交换”和“狭义不平等交换”，前者是指在一国范围内和国家之间由于资本有机构成不同而形成的差异性，后者是由于劳动者的工资具有一定的历史和道德因素所引起的外生差异性，因此在

---

① 张雷声：《等价交换中的不平等交换》，载《高校理论战线》，1995 年第 11 期，第 60—62 页。

② 宋树理：《马克思国际不平等交换思想的动态博弈新解》，载《当代经济研究》，2013 年第 5 期，第 7—13 页。

③ 白暴力、梁泳梅：《世界价值与国际价格的形成与效应——劳动价值理论基础上的分析》，载《福建论坛（人文社会科学版）》，2008 年第 2 期，第 9—13 页。

资本有机构成低或者工资低的情况下，可以实现发达资本主义国家对发展中国家的国际价值转移与国际剥削。这也是发达资本主义国家倾向于实行自由贸易政策和生产全球性导致以跨国公司为主的内部贸易增加的原因。

第四节　贸易政策的调整：公平贸易政策的弹性化

在资本主义生产方式下，自由主义贸易政策导致资本的扩张能力不断增强，资本对世界市场越发依赖，这必然造成商品充斥整个市场的生产过剩状态，一旦市场收缩则必然会导致资本主义经济危机的出现和蔓延，因此资本主义制度下的生产呈现出在繁荣、生产过剩、危机、停滞中不断转换的周期性特征。为了应对经济危机，发达资本主义国家交替运用不同类型的国际贸易政策，一方面消灭多余的生产力，另一方面更加充分地利用旧的市场，开拓新的市场。

具体到美国而言，20 世纪 70 年代，面对美苏军事争霸、欧洲国家一体化发展、日本等国家的经济争霸、美元危机、石油危机以及国内经济滞涨等复杂的经济环境，美国在国际贸易政策上更加具有弹性化。面对贸易逆差的扩大，美国的经济霸权受到挑战，有数据显示，在欧共体实行共同农业政策后，美国出口到联邦德国的农产品减少了一多半，美国的制造业出口占主要国家的出口比重也由 1960 年的 25.2% 下降到了 1970 年的 20.5%①，因此美国对抗自由贸易的势力迅速发展。1973 年《国际纺织品协定》标志着贸易保护主义的抬头，《1974 年贸易改革法》体现了美国国际贸易政策的摇摆性和矛盾性，即自由贸易政策和保护贸易政策交替使用，随后《1984 年贸易和关税法》明确了美国“向更自由和更公平的贸易方式迈进”，并在《1988 年贸易和竞争综合法案》中明确提出“公平贸

① 管传靖：《全球价值链与美国贸易政策的调适逻辑》，载《世界经济与政治》，2018 年第 11 期，第 118—155 页。

易政策”，从此“公平贸易政策”成为美国国际贸易政策制定的基石。“公平贸易政策”以“公平”作为掩盖，通过采取不公平的手段打开外国市场，实则是贸易政策的“双标”行为。面对发达资本主义国家对其他国家不公平的封闭市场的指控，根据国家经济实力存在两种不同的博弈结果，即当这些国家经济实力较弱（此处将其称为小国）时，发达国家的指控会威胁到小国的经济情况，因此一般而言，小国会作出让步的行为；而与此相反，当这些国家经济实力与发达国家经济实力相当，可以与之抗衡时，则可能引起贸易冲突。

一、世界经济的结构性失衡

随着自由主义贸易政策在全球范围内开拓市场，以美国为首的发达资本主义国家的对外贸易呈现大量的逆差和国际资本的流入。1971 年美国出现二战后的首次贸易逆差，1973—1975 年的结构性危机更是加剧了发达资本主义国家的经济衰退，如表 3-8 所示。劳动生产率急转而下，工资增长率超过了劳动生产率，与此同时，两次石油危机使得美国的消费者物价指数飞涨，出现了严重的经济“滞涨”，结束了其黄金时代（20 世纪 50 年代到 60 年代）高速增长的稳定态势。[①] 在经济结构方面，20 世纪 70 年代美国生产部门利润率持续低迷，1973 年美国制造业的实际利润率相比 1965 年下降了 43.5%，而 1978 年相比 1973 年又下降了 23%。[②] 制造业部门利润率下降导致美国经济结构发生变化，大量的剩余资本为了获得更高的利润率从制造业部门撤出，涌向服务业和金融部门。

这一时期以美国为主的发达资本主义国家最深刻的变化在三个方面：

---

① 在学术界中，一般以 1973—1975 年的结构性危机为断裂点，将发达资本主义国家划分为“黄金年代”和“新自由主义时代”两个阶段，关于 1973—1975 年的结构性危机的解释参见孟捷教授《战后“黄金年代”的终结和 1973—1975 年结构性危机：对西方马克思主义经济学各派解释的比较分析》。

② 〔美〕罗伯特·布伦纳：《繁荣与泡沫：全球视角中的美国经济》，王生升译，北京：经济科学出版社 2003 年版，第 51 页。

一是美国进入后工业时代，服务业取代制造业成为美国经济最主要的组成部分；二是资本在信息技术发展的条件下更具流动性，从而加速了资本进一步的全球扩张；三是金融资本成为资本获利的主要形式，资本二级市场的发展使得资本可以摆脱物质形态的束缚进行获利，约翰·贝拉米·福斯特（2007）将这个过程定义为金融化①；四是新自由主义思潮在经济政策上获得了统治地位②，从 1979 年开始，发达资本主义国家进入了新自由主义阶段，为虚拟资本和金融资本在全球获利提供了条件。伴随着资本形态的变化，美国相应的国际贸易产业结构也发生了改变，如主要出口服务业和金融业相关产品，而实物消费品则需要大量的进口。除此之外，新自由主义经济政策和垄断资本主义的发展使得全球的资源集中在少数发达资本主义国家的富人手中，导致了世界经济的结构性失衡，典型特征为富国的富人越来越富有，穷国的穷人越来越贫穷，这无疑加剧了资本主义社会资产阶级和世界无产阶级的矛盾。自此，资本主义从产业垄断开始向金融垄断过渡，而国家垄断向全球经济垄断过渡成为垄断资本主义发展的新特点。

表 3-8　1964—1973 年主要发达资本主义国家生产率与工资增长情况

主要经济体	时间/年	年均生产率增长/%	年均工资增长/%	差距
美国	1964—1968	2.4	2.5	-0.1
	1969—1973	1.0	2.0	-1.0
欧洲（法国、德国、英国、意大利）	1964—1968	4.5	4.3	+0.2
	1969—1973	4.2	5.0	-0.8

① 〔美〕约翰·贝拉米·福斯特：《资本主义的金融化》，王年永、陈嘉丽译，载《国外理论动态》，2007 年第 7 期，第 9—13、32 页。

② 蔡万焕：《经济金融化视角下的美国经济结构与中美经贸摩擦》，载《教学与研究》，2019 第 11 期，第 57—64 页。

（续表 3-8）

主要经济体	时间/年	年均生产率增长/%	年均工资增长/%	差距
日本	1964—1968	8.7	7.6	+1.1
	1969—1973	7.8	10.6	-2.8

资料来源：转引自孟捷：《战后“黄金年代”的终结和 1973—1975 年结构性危机：对西方马克思主义经济学各派解释的比较分析》，载《世界经济文汇》，2019 年第 10 期，第 6 页。①

第一，发达资本主义国家过度金融化。1971 年美元与黄金脱钩，美元在实质上成为信用货币，其导致的结果一是信用、货币和资本等日益虚拟化，实体经济部门被虚拟经济部门所挤占，造成世界经济脆弱性加强。金融部门在新自由主义政策的影响下快速膨胀，其所获得的利润在 20 世纪 70 年代是非金融部门的 1/5，可是到了 2000 年这一数值就达到了 70%左右②。除此之外，金融部门在海外获得的金融与非金融利润比率也一直处于攀升态势，到了 20 世纪 90 年代末期甚至超过了国内的比率。③ 然而，金融部门并不创造利润，其利润到底源于何处？马克思主义经济学对此产生了两种比较有代表性的观点，第一种观点是“剩余价值论”，即以邓肯·弗利（Duncan Foley）为首的马克思主义经济学者认为剩余价值是一切利润的来源，金融部门的利润来源于现有价值的再分配④、未来剩余价

① 表格中的“年均生产率增长”是指民营部门就业人口的人均 GDP 增长率，“年均工资增长”是指工商部门实际工资的增长率，因此差额仅仅代表工资份额下降的近似值。

② ［美］格莱塔·R. 克里普纳：《美国经济的金融化》（上），丁为民、常盛、李春红译，载《国外理论动态》，2008 年第 6 期，第 7—15 页。

③ ［美］格莱塔·R. 克里普纳：《美国经济的金融化》（下），丁为民、常盛、李春红译，载《国外理论动态》，2008 年第 7 期，第 32—37 页。

④ Duncan Foley, “Rethinking Financial Capitalism and the ‘Information’ Economy”, *Review of Radical Political Economics*, Vol. 45, No. 3, 2013, pp.257-268.

值的提前占有以及对其他经济体剩余价值的掠夺。① 第二种观点是“金融掠夺论”，即金融利润不仅来源于剩余价值，还有一部分让渡利润，即流通领域中对货币持有者的金融掠夺②。无论是何种观点，都蕴含着一个无可置辩的事实，就是利润来源于产业部门生产过程中活劳动所创造的新价值。③ 因此，脱离了实体经济而过渡的金融化会造成世界经济的脆弱性加强。

第二，发达资本主义国家巨大的贸易赤字和盈余。在美元与黄金挂钩终结的牙买加体系里④，美元、英镑、欧元、日元是最重要的国际货币，但是只有美元作为国际货币具有强权的特性，这得益于美元背后的美国经济、政治、金融、军事力量，使得美元成为主要的国际货币（也可以称之为世界货币）⑤。主要表现为美元拥有包括粮食、石油等大宗商品的定价权，美元是国际外汇储备的主要货币、国际贸易的主要结算货币、世界外汇市场主要交易货币及许多国家的货币锚。反过来，美元的国际地位又给美国带来特权，在国际贸易中表现为美国主要生产的是没有生产部门支撑的美元和其他金融产品以及高科技产品，而其他国家生产的则是消费性质

① Tony Norfield, *The City: London and the Global Power of Finance*, London: Verso, 2016.

② Costas Lapavitsas, *Profiting Without Producing: How Finance Exploits Us All*, London: Verso, 2013.

③ 谢福胜、匡晓璐：《金融部门的利润来源探究》，载《马克思主义研究》，2019 年第 6 期，第 58—70 页。

④ 牙买加体系也被称为后布雷顿森林体系。在布雷顿森林体系瓦解后，国际货币基金组织（IMF）成立了“国际货币制度临时委员会”推动国际货币制度改革，1976 年达成了“牙买加协议”，随后通过了《IMF 协定第二修正案》，以此确立了新的国际货币体系。牙买加体系和布雷顿森林体系的差别主要有三个方面，一是推动了黄金非货币化，结束了金汇兑制度。二是确定了浮动汇率制度的合法性，成员国可以自由选择本国实行固定汇率还是浮动汇率。三是增强了特别提款权的作用。

⑤ Devereux, M. and S. Shi, “Vehicle Currency”, *International Economic Review*, Vol.54, No.1, 2013, pp.97-133.

和生产性质的低端物质产品。美国大量进口消费品和制成品，却不出口高科技产品，最后造成了严重的贸易逆差，如图 3-2 所示。美国的贸易逆差一直呈现扩大的趋势。而与美国进行贸易的国家则用大量的实物产品换取了美元外汇及其以美元计价的国债、股票等，只要维持美元作为主导性国际货币的地位，美元的对外债务是不用偿还的。① 但是，一旦美国的经济实力衰减严重，就会加剧世界经济的脆弱性。而与之相对应的顺差大国都是同期经济高速增长的国家，一开始是德国等西欧国家，到了 20 世纪 80 年代则主要是日本和德国，80 年代末和 90 年代初主要是日本，2000 年之后，伴随着以中国为首的新兴工业化国家的崛起，中国取代了日本和德国成为对美贸易顺差国。虽然不同时期世界经济结构失衡的对象国家不同，但是至始至终美国都是世界经济失衡的逆差中心。

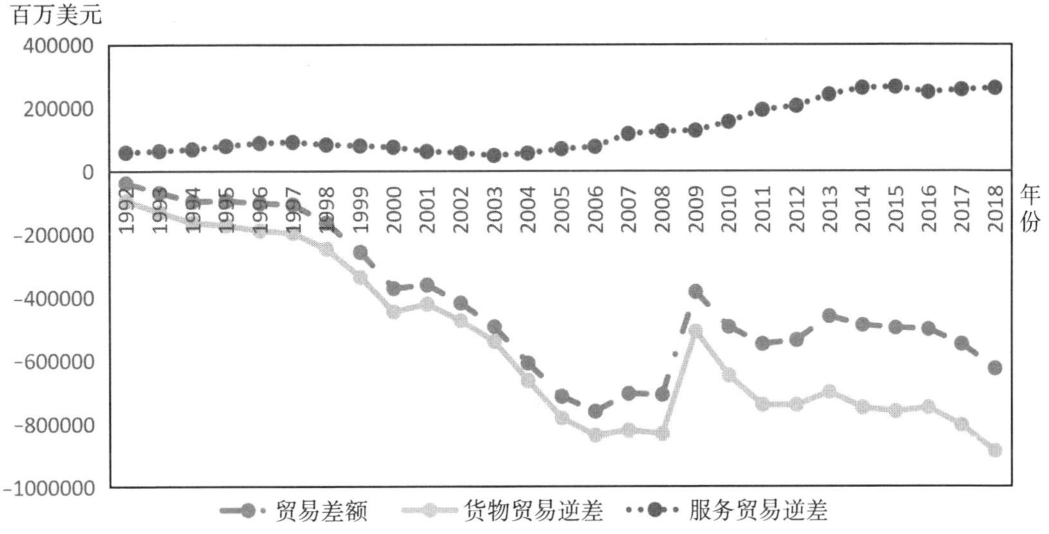

图 3-2　1992—2018 年美国贸易逆差情况走势图

资料来源：根据美国经济分析局官方网站数据绘制。

---

① 于春海：《贸易赤字、债务可持续性与美国的贸易政策行为》，载《政治经济学评论》，2019 年第 7 期，第 108—128 页。

二、贸易政策的调整：公平贸易政策

世界经济结构的变化加强了贸易保护主义的力量，20世纪70年代日本和一些新兴工业化国家因为制造业的发展登上了世界舞台，美国的国际贸易政策经历了历史上最艰难的时期。美国在进行产业调整时面临着新出口国家对传统劳动密集型产业的竞争，同时也面临着日本等较为发达工业国家对高新技术产业的挑战，双重挤压使得美国成为“逐渐缩小的巨人”。从1950年到1980年，美国在世界GDP的份额由原来的40.3%下降到21.8%，而日本则由原来的1.6%上升到8.8%，欧洲各国总计由原来的21.1%上升到29.8%。[①] 面对世界经济结构的失衡，美国在寻求解决贸易压力的过程中提出“公平贸易政策”，但是不同时期的“公平贸易政策”表现出完全相反的特征，如20世纪80年代美国国会试图将重点放在外国“不公平贸易政策”上，贸易鹰派指责其他国家采取不公平贸易行为，从而将一些压力转移给其他国家，但是到了20世纪90年代，美国则不断深化全球经济，其主要采取的贸易政策工具如下。[②]

第一，“自愿出口限制”[③] 和“市场导向的特定产业”政策。GATT使得关税壁垒得到了有效的控制，但是并没有减缓非关税壁垒在全球的蔓延，双边贸易的失衡引起贸易摩擦使得非关税措施成为此阶段贸易政策的核心。发达资本主义国家一是实行“自愿出口限制”政策，即在国内坚持

---

① 数据参见《1983年联合国贸易和发展会议报告》，联合国，1983年，第2、3、35页。

② 第一点、第二点、第三点为美国采取的主要国际贸易政策工具，带有明显的保护倾向；第四点、第五点所采取的国际贸易政策工具则带有明显的自由倾向。以此说明同是“公平贸易政策”，但是在不同的经济背景和环境下其具体内容有所不同，一般而言，发达资本主义国家使用“公平贸易政策”是为了实现在国际上主推自由贸易以打开其他国家的大门，在国内进行大规模政府干预以保护本国企业的双重目的。

③ 关于“自愿出口限制”的含义见本书中关于“国际贸易政策工具”的部分，此处不再赘述。

自由贸易政策的呼声，但是在国内产业受到巨大冲击时，使用经济威胁和政治威胁等手段迫使贸易交往国家实行“自愿出口限制”① 以达到贸易保护的效果。具体到美国，里根政府时期，规模和影响较大的产业一般受益于国家行政部门与国外达成的出口限定协议，例如汽车产业通过自愿出口限制、钢铁产业通过自愿限制协定、纺织产业通过《多种纤维协定》来避免外国竞争的影响。二是实行“市场导向的特定产业”政策。面对市场开放程度的不对等和非关税贸易壁垒，发达资本主义国家采取针对特定产业的市场准入谈判。具体到美国，面对日本复杂的海关手续、不充分的知识产权保护、歧视性政府采购政策、商业合谋等将外国货物拒之门外的非正式手段，里根政府对电信、电子、林业产业、医疗设备和药品四个产业与日方进行谈判，以使美国产品进入日本市场。除此之外，对于农产品，发达资本主义国家一般使用农产品价格支持制度确保农产品贸易免受世界商品价格波动的影响。

第二，干预外汇市场政策。二战后，日本在美国的扶持下获得了高速发展成为经济大国，并在众多领域与美国产生了直接竞争，美国对日本的贸易逆差持续扩大。美日先后发生了纺织品贸易战（1957—1974）、钢铁贸易战（1968—1992）、彩电贸易战（1968—1980）、汽车贸易战（1981—1995）、通信贸易战（1981—1995）、半导体贸易战（1978—1996），并在20世纪80年代后期上升到了经济战和金融战。美国认为美日之间的贸易逆差是源于日本通产省的产业政策及其由汇率管制和金融抑制导致的日元严重被低估，因此1985年由美国牵头与日本、英国、法国和德国签订

① 关于出口国家为什么倾向于接受自动出口限制，而不是接受进口关税，或者说在进口国家的进口关税威胁下愿意采用自动出口限制呢？这是因为两者所产生的分配效果并不一样，对于进口关税而言，关税给政府带来收入，因此关税将国内消费者的收入重新分配给国内厂商和政府；对于出口限制配额而言，出口限制能给出口企业带来配额租金，即出口限制将国内消费者的收入重新分配给国内和国外厂商。因此，外国厂商更倾向于自愿出口限制而非进口关税。

“广场协议”①，迫使美元对日元等主要货币进行贬值，美元对日元汇率由1985年的238.47下降到1988年的128.17，日元对美元升值1倍之多。日元升值给美国制造业以缓慢复苏的时机，其结果就是日本出口随之大幅度下降，1986年和1987年日本出口增速分别为-15.9%和-5.6%，以此抑制日本出口从而解决美国的贸易赤字问题。② 然而，日元大幅升值也导致了“日元升值破产现象”，钢铁和制造产业破产，随后日本房价和股市泡沫经济破灭，经济增速严重下滑，日本因出口立国模式的破灭导致一系列社会经济政治问题，从此陷入了长期的经济停滞状态中，即众所周知的“失去的二十年”③，而美国延续其世界政治、经济霸权地位。④ 值得一提的是，1995年美国、德国和日本又签署了反方向操作——使日元贬值的协议，因此也被学术界成为“反广场协议”，这主要是因美国利用金融化，通过美元升值实现金融掠夺，而这对日本的影响则是日元要承受被抛售的后果。因“附属金融化”⑤，日本的金融处于被动和不稳定的境遇。这种反差足以说明美国干预外汇市场为本国经济服务的本质。

第三，行政保护政策。发达资本主义国家抓住“公平贸易”条款，而“公平贸易”的概念本身就含糊不清，条款更是存在歧义，因此有利于作出随意的解释，美国正是根据“公平贸易”条款采用《1974年贸易法案》中的例外条款及其反补贴和反倾销的贸易保护手段打击国外供应商。但是在大多数例外条款中，由于例外条款需要满足国际贸易委员会认定的“造

---

① “广场协议”的签订标志着汇率成为美国解决与其他国家贸易收支失衡的重要工具。

② 任泽平、罗志恒：《全球贸易摩擦与大国兴衰》，北京：人民出版社2019年版，第38—59页。

③ 〔日〕池田信夫：《失去的二十年：日本经济长期停滞的真正原因》，胡文静译，北京：机械工业出版社2012年版，第25页。

④ 吕耀东：《美日贸易摩擦与日本的衰退》，载《人民论坛》，2018年第4期，第35—37页。

⑤ Lapavitsas, *Profiting without Producing: How Finance Exploits Us All*, London and New York City: Verso Books, 2013, pp.69-101.

成严重损害的实质原因”及其总统给予进口救济两个方面，因此例外条款很难成功，美国国内生产商转为采用反补贴和反倾销的行政保护措施。仅在1980—1985年期间，美国就实行了252项反补贴行动和280项反倾销行动，而采取这些贸易工具的真实原因更多的在于驱使国家间对“自愿”出口限制进行磋商，即合法的贸易工具被蓄意滥用，为不合法的贸易保护铺平道路。

表3-9　1980—1985年反补贴和反倾销行动国别对比表

反补贴行动	美国	澳大利亚	加拿大	欧共体	反倾销行动	美国	澳大利亚	加拿大	欧共体
1980年	8	0	3	0	1980年	22	62	25	25
1981年	10	0	0	1	1981年	14	50	19	47
1982年	123	2	1	3	1982年	61	78	72	55
1983年	21	7	3	2	1983年	47	87	36	36
1984年	51	6	2	1	1984年	71	56	31	49
1985年	39	3	3	0	1985年	65	60	36	42
合计	252	18	12	7	合计	280	393	219	254

数据来源：〔美〕贾格迪什·巴格沃蒂：《贸易保护主义》，王世华、常蕊、郑葵方译，北京：中国人民大学出版社2010年版，第42页。

第四，从全球化到区域化战略转移。在冷战时期，无论贸易扩张还是贸易保护，都是西方发达资本主义国家巩固内部经济关系、抵御共产主义威胁和维护国家安全的重要方式。但是随着1989年柏林墙倒塌、东欧剧变、1991年苏联解体，社会主义不再成为绝大多数国家采取的政治模式。此时，冷战结束深深影响了各国的经济政策，其中不少国家走上了政策改革的道路，包括贸易开放。在这样的背景下，发达资本主义国家在新自由主义思想的影响下主导了新一轮的贸易扩张。一是建立区域性贸易集团。美国、加拿大、墨西哥三国于1992年在《美加自由贸易协定》基础上签署了《北美自由贸易协定》，并于1994年正式启动北美自由贸易区，在贸易区内取消贸易壁垒，创造公平竞争环境。随后美国与约旦、智利、新加坡、澳大利亚、摩洛哥、巴林、阿曼、秘鲁、巴拿马、哥伦比亚、韩国等国家签署了区域或者双边贸易协定。二是创建世界贸易组织。以美国为首的117个国家代表于1993年完成了乌拉圭回合多边贸易谈判，重新塑造了全球贸易体系及贸易政策，不仅废除了《多种纤维协定》，发起农业贸易政策改革，还成立了世界贸易组织，从而更加有效地解决贸易争端，可以说乌拉圭回合一揽子协议是历史上规模最大、最为全面的贸易协定。三是与中国建立永久性正常贸易关系。1992年随着中国的改革开放，中国很快成为世界上最大的劳动密集型产品出口国，对全球的贸易往来产生了重人的影响。在这种背景下，以美国为首的发达资本主义国家认为中国是一个极其庞大的市场，而且未来规模将不断扩张，因此美国与中国建立了“永久性正常贸易关系”。

第五，推动弱势国家进行市场化改革。20世纪80年代新自由主义作为一种政治经济实践的理论开始占据主流地位①。在经济政策上，发达资本主义国家为了打开国外市场，一方面使用强大的意识形态影响企业、媒体和构成市民社会的众多机构（如大学、教堂和员工组织等），强烈鼓吹市场竞争的好处，传播新自由主义私有化、市场化、金融化，以“民主、自由”向各国宣传普世价值观。在这样的思潮影响下，弱势国阻碍资本自由运动的一切壁垒（如关税、惩罚性税制、计划和环境控制等）都要拆除。另一方面依靠传统上层阶级支持的军事政变，用武力镇压一切劳工内部创立的团体和城市社会运动，以此种非强力和强力的手段在弱势国家建立对新自由主义经济政策的认同。新自由主义政策在弱势国家的推行蔓延到以智利、阿根廷为主的主要拉美国家（古巴除外），在国际贸易政策上

① 关于新自由主义思想及其所主张的国际贸易政策见第一章第二节自由贸易政策观，此处不再赘述。

拉美国家依赖出口基础产品，而这正是发达资本主义国家所需要的①。拉丁美洲的弱势国家通过进行经济新自由主义改革与发达资本主义国家形成了紧密的依附关系，其实质是发达资本主义国家在弱势国家的“新殖民主义”。但是在社会层面上，普遍的社会贫困，收入分配的两极化加之生态环境问题凸显，使得这些新兴新自由主义国家也成为一个不稳定且矛盾随时可以爆发的政治国家②，随时有发生经济危机的可能性。

三、公平贸易政策的实质

目前已有的关于公平贸易政策的评论一般将其纳入保护主义贸易政策之中③，但是这样的结论具有一定的狭隘性。自世界贸易组织将“公平贸易”作为各国贸易的基本原则开始，公平贸易就有了广义和狭义的区分：从广义上看，公平贸易是指参与国际贸易的经济体从国家逻辑的角度出发，共同遵守贸易相关的国际规则，对外开放本国市场，在关税上相互提供对等和互惠的待遇，如果违反国际规则或者采取保护贸易措施对其他国家封闭本国市场，则属于不公平贸易行为；从狭义上看，公平贸易是指以本国为出发点，以市场逻辑为动力，从贸易结果衡量公平与否，如果存在大量的贸易逆差或者对国内产业造成严重冲击，则认为贸易交往国存在倾销或者补贴等形式的不公平行为。可以看出，“公平贸易”在现实的经济活动应用中具有明显的两面性，因此相应地可以将公平贸易政策分为“基于国际规则的公平贸易政策”和“基于单边规则的公平贸易政策”两类，当然不同类别的公平贸易政策其实质也不尽相同。

---

① 杨建民：《“新自由主义对拉美的影响”研讨会综述》，载《拉丁美洲研究》，2007 年第 12 期，第 73—75 页。

② 〔美〕大卫·哈维：《新自由主义简史》，王钦译，上海：上海译文出版社 2010 年版，第 74 页。

③ 关于公平贸易政策的问题争论见“国际贸易政策理论及述评”，此处不再赘述。

市场是国际贸易规则发展的原动力，虽然市场在经济发展中基本上是有效的，但是也存在严重的逐利性和盲目性，以市场为核心的资本主义制度使得生产和消费不断突破民族国家的界限，推动各种市场在全球扩张。然而，市场的矛盾也在世界市场上逐渐凸显，资本主导的经济全球化必然导致两极分化严重，加大国家间发展的不平衡，使得一些国家以剥削另外一些国家致富，并且循环下去。因此，国际规则的存在成为缓解这一矛盾的重要存在。现有的国际规则主要有三种类型，一是世界贸易组织所制定的参与国家一致同意的国际贸易规则；二是部分国家制定的多边贸易协定；三是《国际法》所制定的基本原则。《国际法》是不同国家间公认的调整国家关系的法律，具有普遍的约束力。因此“基于国际规则的公平贸易政策”实际上是在多边贸易体制中，各国以一定的政策原则遵守国际规则的要求，在贸易交往中实现多边自由贸易的政策。具体的政策原则包括：一是互惠原则，即通过国家间互惠互利的安排，实现大量减少关税和其他贸易壁垒，从而消除国际贸易关系中的歧视性待遇①。互惠思想一直是发达资本主义国家所推崇的贸易思想，但是在现实的贸易政策制定过程中又常常出现偏差。二是对等实行贸易自由原则，即一国想要获得他国的市场开放，本国也必须对等地对他国进行市场开放，但是这种对等性考虑到了发达资本主义国家与发展中国家在经济发展中出现的断层，允许给予不发达国家有差别和更优惠的待遇，这种制度安排在于尊重发展中国家的发展权，积极吸纳发展中国家参与，当发展中国家的经济发展扩大后，也为发达资本主义国家带来更多的市场和机会，因此是真正意义上的国际公平和对等。三是公平竞争原则，即不存在人为干扰贸易的行为，不存在倾销和补贴的贸易扭曲行为，维护自由市场。因此，这种性质的公平贸易政策有利于维护公平竞争秩序，有利于推动世界各国贸易自由化，有利于带来贸易的深刻变革，从这种意义上说，“基于国际规则的公平贸易政策”的实质属于自由贸易政策。

---

① 刘力：《重新认识公平贸易政策的性质与意义》，载《国际贸易问题》，1999年第3期，第6—11页。

然而，基于多边规则的公平贸易政策在贸易利益可以调和的时候勉强能够发挥作用，一旦利益的天平失衡，各国则以本国利益为出发点，对公平贸易政策赋予新的解释。“基于单边规则的公平贸易政策”一般情况下是为了保护本国产业，忽略本国经济结构所导致的贸易逆差，以本国的标准而非国际公认的标准指责贸易交往国实行不公平贸易政策。例如，美国常以“不公平贸易政策”指责中国采取倾销等手段在中美贸易过程中使美国产生了巨额的贸易逆差，屡屡违背世界贸易组织（WTO）的贸易规则。美国在2019年3月发布的《2019贸易政策议程和2018年年度报告》[①]和7月发布的《改革世界贸易组织发展中国家地位备忘录》[②]中明确提出要推动WTO废除发达国家和发展中国家的划分方法，拒绝给予发展中国家差别待遇。如果WTO接受了去除对国家划分的“二分法”，那么WTO将沦落为美国实行单边主义的政策工具，各国在国际贸易交往中将不顾世界经济发展不平衡的特性，而以强权国家和资本规则为主导受控于发达资本主义国家。因此，“基于单边规则的公平贸易政策”的实质属于保护主义贸易政策。可见，美国提出的公平贸易政策实质上是以“公平贸易政策”为托辞，当美国国家竞争力强的时候，倾向于自由贸易政策，向世界范围扩张以实现美国利益，但是这种自由贸易并非“单边贸易自由化”，而是追求全面互惠的自由贸易；当美国国家竞争力较弱的时候，倾向于新的贸易保护主义政策，以保护美国利益。

① 《2019贸易政策议程和2018年年度报告》，https://max.book118.com/html/2019/0411/5230324132002024.shtm。

② 《改革世界贸易组织发展中国家地位的总统备忘录》，http://www.sohu.com/a/329750765_825950。

第五节 金融危机后的贸易政策：新贸易保护主义政策阶段

一、世界性的经济危机：资本主义生产方式扩散到全球的结果

从人类进入资本主义制度社会开始，工厂制度跳跃式的扩张能力和它对世界市场的依赖，必然造成染病似的生产，并随之造成商品充斥市场，而当市场收缩时，就会出现瘫痪状态，由此经济危机就周期性地爆发，成为资本主义制度的固有顽疾，给资本主义国家原有的生产体系以沉重的打击。随着发达资本主义国家采取自由主义贸易政策在世界市场上进行生产和交换，经贸往来的频繁增加一方面促成了资本主义经济的短暂繁荣，另一方面经济危机突破民族国家界限，在关联经济体之间渗透和延伸，体现出强烈的互通性，形成了世界性的经济危机。美国贸易代表罗伯特·莱特西泽（Robert E. Lighthizer）曾经认为中美巨额的贸易逆差是导致2008年美国金融泡沫破灭的经济原因之一①，但是真的是这样吗？

2008年，因美国次贷经济危机从金融领域扩散到实体经济领域，从局部经济领域扩散至全球经济领域，从发达资本主义国家蔓延至新兴经济体，使全球经济陷入低迷，成为世界性的经济危机。虽然西方经济学从信息不对称、市场失灵、金融监管不力以及贪婪和恐慌心理等方面解释了此次经济危机，但是其各种解释都没有联系到资本主义经济制度本身。当代马克思主义学者使用政治经济学的理论和方法论就2008年经济危机的原因

---

① Robert E.Lighthizer, "Evaluating China's Role in the World Trade Organization Over the Past Decade", *Testimony Before the U.S.-China Economic and Security Review Commission*, June 9, 2010, p.15.

根植于资本主义经济制度本身进行了有力的解释，李慎明（2009）认为此次经济危机的直接原因是次贷问题，深层次原因是金融监管不力，而根本原因则在于资本主义制度自身深层次矛盾的积累。① 进一步，国内马克思主义学者对激发资本主义制度的矛盾做了不同的解释，其中张宇（2009）②、赵峰（2009）③、孟捷（2012）④ 等人认为经济危机最深刻的根源在于新自由主义经济政策的泛滥。新自由主义经济政策下的金融化使得虚拟经济脱离实体经济，使得全球资本积累的矛盾凸显。刘明远（2009）认为信用经济是商品经济发展的高级阶段，资本主义已经发展到了信用资本主义时期，生产的相对过剩伴随着信用过剩，相应地生产过剩的危机也表现为信用过剩的危机，即金融危机。⑤ 孙立冰（2009）⑥、谢富胜等（2010）运用资本主义国家利润率下降的规律与金融危机理论综合解释当前的经济危机，其中利润率下降意味着资本主义国家积累的恶化，同时金融市场的膨胀最终引发了金融经济危机。⑦

现有的研究虽然从不同角度解释了这次世界性的经济危机，但是有一点是当代马克思主义学者公认的，即世界性的经济危机与传统的经济危机在其根源上是一致的，都是由资本主义制度本身引起的，但是世界性经济

① 李慎明：《当前资本主义经济危机的成因、前景及应对建议》，载《国外社会科学》，2009 年第 7 期，第 4—9 页。

② 张宇：《金融危机、新自由主义与中国的道路》，载《经济学动态》，2009 年第 4 期，第 17—21 页。

③ 赵峰：《新自由主义与当前的经济危机：一个政治经济学分析》，载《教学与研究》，2009 年第 12 期，第 39—45 页。

④ 孟捷：《新自由主义积累体制的矛盾与 2008 年经济—金融危机》，载《学术月刊》，2012 年第 9 期，第 65—77 页。

⑤ 刘明远：《现代信用资本主义与周期性金融危机》，载《教学与研究》，2009 年第 6 期，第 69—74 页。

⑥ 孙立冰：《论利润率趋向下降的规律及与资本主义经济危机的内在联系》，载《当代经济研究》，2009 年第 12 期，第 35—38 页。

⑦ 谢富胜、李安、朱安东：《马克思主义危机理论和 1975—2008 美国经济的利润率》，载《中国社会科学》，2010 年第 5 期，第 65—82 页。

危机与传统经济危机也有明显的区别，世界性经济危机的实质是资本主义生产方式扩散到全球的结果。世界性经济危机仍然是生产相对过剩产生的危机，不仅具有一般经济危机所具有的商品堆积、生产锐减、信用关系遭到破坏、工人失业、经济停滞等表现形式，而且具有几个典型的特征。一是世界性经济危机的爆发领域由实体经济领域转向以金融为主的虚拟经济领域。20 世纪 90 年代之前的经济危机主要源自生产相对过剩，进而传导到为实体经济部门提供资金支持的虚拟经济部门；自 20 世纪 90 年代以后，分析 1994 年的墨西哥金融危机、1997 年亚洲金融危机、2001 年阿根廷债务危机及最近的 2008 年次贷危机，金融危机首先爆发于虚拟经济部门，进而扩展到实体经济部门，究其原因则在于世界部分国家金融的过渡虚拟化，虚拟经济的发展严重脱离了实体经济的发展。二是世界性的经济危机具有波及范围广的特征。一般而言，世界性的经济危机首先在发达资本主义国家产生，这些国家往往是国际贸易、国际金融和先进技术的中心，随着资本主义生产方式通过资本的纽带将危机从一个部门扩散到多个部门，从一个经济体扩散，甚至是转嫁到全球多个经济体中，使经济危机具有世界性的普遍意义。三是世界性的经济危机具有不规则的周期性和规则的同期性特征，即自从 1857 年美国爆发的第一次世界性经济危机开始，资本主义国家每隔几年都要经历一次经济的复苏、繁荣、萧条、衰退的再生产周期。除此之外，每次世界性经济危机爆发都会危及主要的发达资本主义国家。四是世界性的经济危机具有累积性和破坏力强的特征。世界性的经济危机一般都是局部经济危机的累积，在集中的时间爆发出来，并且像瘟疫一样蔓延至全球，因此其对经济的破坏力极大。①

① 黄茂兴、叶琪：《近代以来世界经济危机爆发的主要特点及成因分析》，载《当代经济研究》，2010 年第 3 期，第 42—47 页。

二、金融危机后的贸易政策

世界性的经济危机造成了全球经济的衰退，国际贸易量急剧下降。2009 年全球贸易量下降了 12%，是自二战以来最大降幅，美国的进出口贸易数据也达到历史新低，如图 3-3 和图 3-4 所示。美国 2009 年货物贸易和服务贸易出口分别为 1070331 百万美元、512722 百万美元，环比分别下降了 18.22%、3.77%；货物贸易和服务贸易进口分别为 1580025 百万美元、386801 百万美元，环比分别下降了 26.21%、5.44%；除此之外，失业率在 2009 年 10 月也高达 10%以上。彼得·古勒维奇教授在《艰难时世下的政治：五国应对世界经济危机的政策比较》著作中详细地分析了英、法、德、美和瑞典五个国家应对经济危机的政策，得出不同国家在应对经济危机时主要采取重回重商主义政策、增加投资以刺激本国的总需求政策、实行开放的自由主义政策、限制外来竞争和保护本国产业的保护主义政策、政府控制和计划的社会主义政策①，如果经济危机和国际收支恶化同时出现，则国家更倾向于调整国际贸易政策，不同国家对经济危机的反应被区分为限制型的保护贸易政策和为了增加出口而实行的自由贸易政策。具体到美国而言，在世界性的经济危机重创了美国和一些发达资本主义国家经济的同时，以“金砖国家”（巴西、俄罗斯、印度、中国、南非）为代表的新兴大国的经济实力开始增强，新兴大国在改变世界贸易格局的同时给以美国为代表的发达资本主义国家带来了前所未有的冲击，开放还是保护成为每个国家重新考虑的重大议题。② 在这样的经济背景下，美国传承了以往应对经济危机的方法，即一方面不得不消灭大量生产力，另一方面夺取新的市场，更加彻底地利用旧的市场。③ 美国“嵌入式自由主义”

---

① 〔美〕彼得·古勒维奇：《艰难时世下的政治：五国应对世界经济危机的政策比较》，袁朋旭、朱天飚译，长春：吉林出版集团有限责任公司 2009 年版。

② 郑宇：《开放还是保护——国家如何应对经济危机》，载《世界经济与政治》，2018 年第 12 期，第 134—155、160 页。

③ 《马克思恩格斯选集》第 1 卷，北京：人民出版社 1995 年版，第 257 页。

的框架难以维持下去，在国际贸易政策上美国抛弃了原本的自由贸易政策，而广泛采用贸易保护政策。

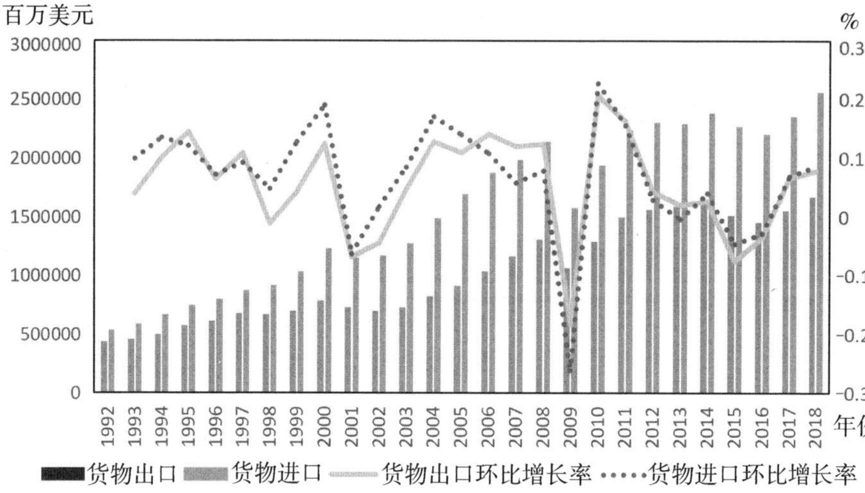

图 3-3 1992—2018 年美国货物进出口与增长情况图

资料来源：作者根据美国经济分析局官方网站数据绘制。

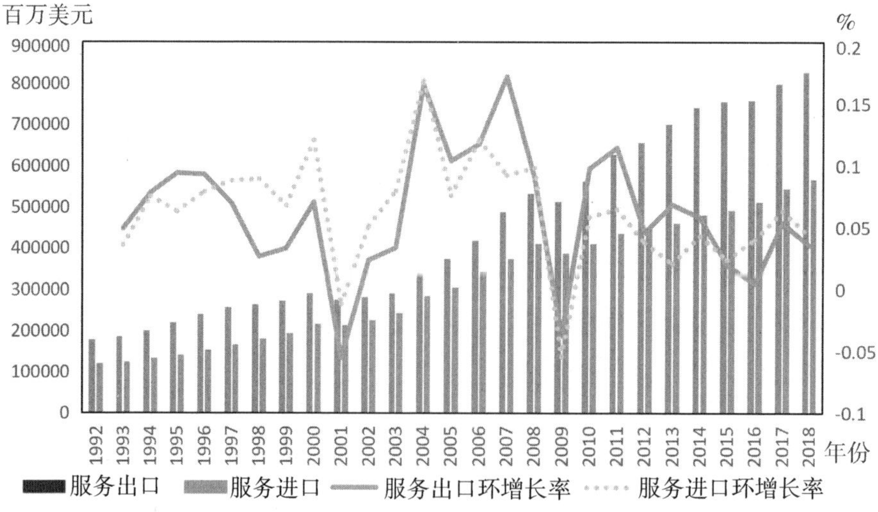

图 3-4 1992—2018 年美国服务进出口与增长情况图（单位：百万美元）

资料来源：根据美国经济分析局官方网站数据绘制。

奥巴马政府国际贸易政策的制定呈现了很明显的不确定性，体现了其在自由贸易和保护贸易中寻找一种政策平衡，其实质是一种隐性的贸易保护主义。[①] 在具体的政策实施过程中，奥巴马政府提出“国家振兴计划”“重返亚太地区”“再工业化”“购买美国货”等与贸易保护政策相关的战略。具体措施有：一是对不同国家和地区采取不同的国际贸易政策。例如，对欧盟采取自由贸易政策，以达到共同掌握世界贸易规则的目的；对新兴经济体采取隐性的贸易保护主义，以保护国内的劳动阶级。二是建立区域贸易合作，重构美国的贸易权力。奥巴马政府以经济发展最快的亚洲为轴心，与智利、新西兰、秘鲁、马来西亚、越南和日本等12个国家签订了《跨太平洋贸易伙伴关系协定》（TPP）落实美国“亚太自由贸易区”的战略构想，强化美国贸易权力，扩大美国出口的同时遏制潜在竞争对手，强化美国的经济利益。[②] 三是加强人民币升值并且实行以“两反一保”[③] 的贸易保护政策，输出弱势美元，迫使其他国家货币升值从而有利于本国出口。2009年美国的《汇率改革促进公平贸易法案》将贸易逆差归因于人民币被低估所造成的不公平贸易，因此加大了反倾销、反补贴及其保障措施和特别保障措施的认定程序和调查[④]，如表3-10所示。2011年更是通过了《2011年货币汇率监督改革法案》明确对美国认为的“汇率被低估”的主要贸易伙伴征收惩罚性关税。四是完善新型非关税壁垒的作用。奥巴马政府创造了更加隐蔽和适用范围更加广泛的新型非关税壁垒，如新能源壁垒、碳关税壁垒、知识产权壁垒、SA8000壁垒等。

---

① 黄梅波、范修礼：《奥巴马政府的贸易政策探析》，载《现代经济探讨》，2010年第8期，第88—92页。

② 舒建中：《美国与“跨太平洋伙伴关系协定”：贸易权力的重构》，载《世界经济与政治论坛》，2014年第6期，第30—44页。

③ “两反一保”是一种法律制度，“两反”即倾销与反倾销、补贴与反补贴，“一保”即保障措施和特别保障措施，是世界贸易组织允许成员国为保护国内产业免受进口产品的损害而采取限制进口的政府行为。

④ 唐全民：《人民币汇率补贴论：美国贸易堡垒的新借口——以美国〈汇率改革促进公平贸易法案〉为视角》，载《湖南人文科技学院学报》，2012年第8期，第36—39页。

表 3-10 美国对中国发起的“两反一保”调查情况表①

年份	“两反一保”所针对的主要领域和范围	调查次数	制裁次数
2006 年	钢铁、化工	2	1
2007 年	食品、钢铁、化工、	3	1
2008 年	食品、钢铁、化工、家居用品、有色金属、零部件	67	26
2009 年	食品、钢铁、化工、机械、轮胎、纺织品、石油管材	73	51
2010 年	食品、钢铁、化工、机械、有色金属、家居、纺织	83	88
2011 年	钢铁、化工、有色金属、机械、家居、纺织、光伏	27	15
2012 年	钢铁、化工、有色金属、木制品、光伏、风电塔	24	37
2013 年	食品、钢铁、化工、有色金属、木制品、风点塔、纺织	87	64
2014 年	食品、钢铁、化工、有色金属、零部件、轮胎、光伏	112	78
2015 年	钢铁、化工、有色金属、家居、轮胎、光伏、家居	101	97
2016 年	钢铁、化工、有色金属、家电、轮胎、光伏、家居、非晶硅织物、电动平衡车	172	131
2017 年	食品、化工、有色金属、机械、光伏、纸制品、纺织品、非晶硅织物、家居、家电、轮胎	76	66
2018 年	钢铁、化工、有色金属、机械、风电塔、纺织品、塑料制品、纸制品、家居、轮胎	74	64

资料来源：根据中国贸易救济信息网数据整理。

① 2006—2007 年是布什政府时期，其偏向自由贸易政策。2008—2016 年是奥巴马政府时期，金融危机后，对中国“两反一保”的调查增多，主要表现有两个明显的特点：第一，钢铁、化工、有色金属、机械等劳动密集型、低附加值的传统制造业是对美国冲击最严重的产业，而中国恰恰在这些产业中存在过剩产能。第二，近年来，随着中国高新技术产品出口增多，光伏、太阳能电池等高科技产品也成为美国调查的对象之一。

特朗普在2016年竞选美国总统过程中就表现出强烈的民族主义色彩，其为了迎合美国大湖区“铁锈地带”① 的利益诉求，抨击自由贸易政策给美国带来工人失业的现状，以此分裂原本稳定的支持民主党的东北部政治联盟（新英格兰+中大西洋+大湖区“铁锈地带”），最终将“铁锈地带”的白领和蓝领工人从民主党那边吸引过来。值得一提的是，特朗普当选美国总统并非学术界所谓的“黑天鹅”事件，而是美国自“新镀金时代”（20世纪70年代）以来经济日益不平等和政治极化的结果。特朗普当选美国总统后，根据美国的经济社会结构提倡“美国优先”的贸易政策以使美国“再次强大”。② 特朗普政府在“美国优先”的口号下，以美国人的就业为主线，屡屡违背自由贸易政策的原则，不顾经济发展规律，开始实行单边主义、保护主义和经济霸权主义。③

在具体的国家贸易交往过程中，一是掀起全球贸易摩擦和贸易战。美国高调宣布退出《跨太平洋伙伴关系协定》（TPP），反对《北美自由贸易协定》现有谈判的内容，反对美国与中国曾经建立的“永久性正常贸易关系”，对中国、欧盟、韩国、加拿大、俄罗斯等众多贸易伙伴采取多种形式的贸易调查和加征关税，造成全球贸易争端升级。二是以单边方式强化

---

① 铁锈地带，原特指美国在经济结构变化过程中逐渐衰退的东北部重工业地区，主要是五大湖附近的传统工业区，这些地区曾经是美国的“钢铁带”和“工厂带”，也是美国的经济中心和心脏，后来由于产业结构调整被荒废，因此被称为铁锈地带。进入新世纪，铁锈地带地区为了谋求发展，少数城市开始产业转型，如匹兹堡发展生物信息和机器人制造产业、底特律发展无人机产业等，但是绝大多数地区经济仍然颓废。铁锈地带现泛指美国工业衰退的所有地区。

② 对于美国优先的理解应该遵从美国加州大学胡永泰教授的观点，即美国优先应该从更加广义的层面进行理解，一方面要将美国的利益凌驾于其他国家利益之上，另一方面美国要继续维持对全球事务管理的霸权权力，也就是美利坚主义，而不是全球主义。See Wing Thye Woo, *A US Perspective on China's External Economic Disputes in the Past 40 Years and in the Coming 40 Years*, Canberra: ANU Pres, 2018, pp.1-50。

③ 《关于中美经贸摩擦的事实与中方立场》，中华人民共和国国务院新闻办公室，2018年9月。

贸易保护政策。单边主义是指在国际交往中某个国家不与其他国家协商，甚至不顾牺牲其他国家利益，按照自身意愿和方式开展外交活动。特朗普政府在国际贸易中的单边行为主要表现在使用“301 条款”“201 条款”等单边贸易调查行为；单方面大幅度提高关税壁垒和非关税壁垒；单方面掀起对华贸易摩擦及其争端，对华实行技术禁售令；单方面消极抵制以世界贸易组织为主的多边国际规则。① 三是在国内实行自由主义政策。美国在国内实行具有自由主义倾向的“解构行政国”政策②，即削减和废除政府机构制定的妨碍美国经济增长的机制，具体的措施为对政府进行大规模人事调整。

退出《巴黎气候协定》，放松、削减和废除给美国能源产业带来负担的规制；放松对金融行业的监管；加强基础设施的建设，提出“万亿美元基金建设”计划；推动《减税与就业法》，大幅度削减公司和个人税率；鼓励制造业重回美国，对于高端制造业回迁给予重大奖励等。国际上的贸易保护主义政策和国内的自由主义政策相协调和配合，增强本国企业的国际竞争力。

三、金融危机后贸易政策的特点

国际金融危机之后，全球经济在艰难中复苏，贸易保护主义思想成为各国保护本国利益的重要选择。在这样的背景下，新型的贸易保护措施大行其道，发达资本主义国家使用的关税壁垒和非关税壁垒数量呈不断上升态势，且在传统非关税壁垒并未过时的情况下，新兴的非关税壁垒层出不

① 王玉主、蒋芳菲：《特朗普政府的经济单边主义及其影响》，载《国际问题研究》，2019 年第 7 期，第 110—122 页。

② 张业亮：《“解构行政国”：特朗普保守主义国内政策的目标》，载《美国研究》，2018 年第 6 期，第 48—82 页。“解构行政国”的概念是史蒂夫·班农（特朗普政府前首席战略顾问）于 2017 年在保护主义政治行动大会上首次提出，当时班农将特朗普政府的议程概括为经济民族主义、保护国家主权和安全、解构行政国三大部分。

穷，表现出更加的不对等性、双标性、隐蔽性、欺骗性。除此之外，发达资本主义国家对发展潜力巨大的亚洲地区的不同经济体采取不同的贸易保护政策。亚洲地区各国经济发展水平差异较大，既有以日本为代表的发达经济体，又有以中国为代表的后来崛起之大国，也有以东盟十国为代表的具有发展潜力的小微国家和资源型国家，这样有利于发达资本主义国家对亚洲各国进行战略渗透，可以分割和平衡各方势力①，加速逆全球化和区域经济一体化倒转倾向。具体而言，国际金融危机之后贸易政策的主要特点为：

第一，关税壁垒的灵活性和多变性。发达资本主义国家因自身竞争力的强大，一直信奉自由贸易政策能够增进世界总体经济福利，因此关税壁垒有下降和减少的总趋势。如美国从 1934 年《互惠贸易协定法》开始，世界范围内的关税下降成为全球贸易的大趋势，但是当发达资本主义国家内部矛盾激化和自身竞争力受到威胁时，关税壁垒重新被推上国际贸易政策的主舞台。国际金融危机之后关税壁垒的特征有：一是针对性强且短时期内效果显著，具有明显保护本国具体产业的功能，如美国针对中国的钢铁和铝产品分别征收 25%和 10%的关税，虽然对中国出口的影响较小，但是对于保护本国钢铁企业起到了一定的作用。二是灵活多变，关税可以随着本国经济情况的变化而更改，但是征收关税也可以导致贸易伙伴的报复，因此关税壁垒的使用增加了世界经济的不确定性。

第二，非关税壁垒的不对等性和双标性。以碳关税贸易壁垒为例，2009 年美国众议院通过了《美国清洁能源与安全法案》，其中的碳关税条款（第 766—768 条）规定了“国际保留额度项目”，即对出口到美国的高耗能产品要提交专门的碳排放配额，没有配额的产品如果想出口到美国则需要向美国购买所谓的“国际保留额度”，碳关税在具体的实施过程中构成了对国际贸易的限制，属于新型的绿色贸易壁垒。但是，碳关税壁垒在国际贸易中具有两点明显的不对等性：一是从纵向来看，每个国家发展阶

---

① 符磊、强永昌：《世界非关税壁垒形式与我国的策略选择》，载《理论探索》，2018 年第 4 期，第 98—106 页。

段不同，发达资本主义国家已经经过了工业化过程，但是后起国家正在经历工业化过程，必然会产生更多的碳排放；二是从横向来看，在美国要求其他国家进行碳减排的过程中，美国却是世界上最大的碳排放国之一，甚至公然拒绝承担碳减排任务。可以看出，以碳关税贸易壁垒为主的非关税壁垒的主要设置者为发达资本主义国家，其明显有利于保护发达资本主义国家的利益，因此成为发达国家和发展中国家争取贸易发展权的贸易政策工具。

第三，非关税壁垒的隐蔽性和欺骗性。21 世纪之前，世界贸易组织曾将非关税壁垒划分为技术标准类壁垒、贸易防御类壁垒、农业壁垒和其他壁垒四种，但是随着时间的变迁，传统的出口补贴和进口数量限制等非关税壁垒逐渐减少，而非关税壁垒的变形方式越来越丰富，其隐蔽性和欺骗性越来越强，非关税壁垒披着合法的外衣大肆地活跃在国际贸易政策中。以社会责任标准（SA8000 ）贸易壁垒为例，SA800 贸易壁垒又被称为蓝色贸易壁垒，是全球首个道德规范国际标准，其在企业雇佣童工、强迫性劳工、健康与安全、给予工人组织工会和集体谈判的权利、工作时间、工资标准、惩戒措施等方面进行了严格的规定，因此发达资本主义国家经常性地利用劳工标准与贸易中的普惠优惠制度挂钩，以此提高新兴国家产品的出口成本，扭转发达资本主义国家在国际贸易竞争中的不利地位。

第四，“灰色地带”的难以确定性和多变性。众多发达资本主义国家采取了很多微妙的监管歧视性措施，如采取监管协调、制定产品标准、保护知识产权等保护手段支持本国企业，而这些手段不同于传统和新型的关税壁垒和非关税壁垒，不仅处于国际贸易的“灰色地带”，而且更加难以通过国家间的协议谈判等消除。与此同时，世界贸易组织与以美国为首的发达资本主义国家的国内贸易法存在冲突，且 WTO 规则演进缓慢①，无法及时根据新出现的情况解决贸易争端，因此国际贸易政策前景的不确定性增强，给国际贸易秩序带来了巨大的冲击。

---

① 陈鼎庄：《从中美贸易摩擦看国际贸易法发展及中国的对策》，载《中国流通经济》，2019 年第 10 期，第 107—116 页。

本章小结

通过对发达资本主义国家的国际贸易政策变迁进行梳理，可以看出，发达资本主义国家国际贸易政策变迁是随着其综合竞争实力变化的，服务于发达资本主义国家的国家利益。具体分阶段来看，保护关税制度是短时间内将弱势国家转变为工业强国的最佳选择，一旦国家由弱变强，资本主义生产方式的内在动力就推动其在世界市场上销售商品获得最大利润，这样的经济增长方式反过来要求发达国家放弃贸易保护主义政策，实行自由贸易主义政策，在世界范围内扩张资本主义的生产方式，而资本主义生产方式的内在矛盾注定了这种增长模式的内在矛盾性，并以周期性经济危机的形式爆发出来。发达资本主义国家为了实现在世界市场上获得垄断利润，不得不对危机进行调节和缓和，其忽略了自身内在制度和经济结构的劣势，而将棒子打在了其他国家，如日本、中国身上。当然，发达资本主义国家也会为了遏制其他国家的崛起而采取贸易政策制裁，国际贸易政策正是通过国家与国家之间激烈的斗争而不断变化。与此同时，国家与国家之间也会为了本国的利益通过谈判达成某种妥协，但这种妥协不具有稳定性。综上所述，发达资本主义国家的增长模式需要国际贸易政策由保护转向自由，而自由贸易政策的实施将资本主义制度带到全球其他国家，促进了发达资本主义国家的经济增长和危机的周期性发生。从此，国际贸易政策的转变随着经济实力和经济危机的发生而呈现周期变化。

第四章 发达资本主义国家国际贸易政策的政治过程

贸易政策一直是痛苦的政治冲突的源头。这一冲突向来激烈，因为事关金钱和就业岗位：根据政策选项，某些类型的产业、农民和工人将受损，而其他人会得利。

——麦迪逊

研究发达资本主义国家国际贸易政策的变迁不能忽视制定政策的政治过程①，这是因为国际贸易属于经济系统，其运行必须受到由统治阶层的“政治—行政”系统所决定的国际贸易政策上层建筑的影响。政治过程是从动态的视角出发，研究不同的政治结构下各利益集团之间如何进行相互合作或者博弈，从而通过各自的行为影响公共政策制定的过程。古希腊伟大的思想家亚里士多德曾经说，“人是天生的政治动物”。这说明人与其他人是联系在一起的，鲁滨逊的离群索居并不能让他成为真正的人。这句话受到马克思的关注，其从历史唯物主义的方法论出发，认为政治现象是人类生产和生活发展到一定阶段的产物，因此在阶级存在的社会，人是最名

---

① 关于美国国际贸易政策的政治过程，西方主流经济学主要采用的是模型的方法，具体参见第一章相关内容，本书以政治经济学的视角进行分析。关于政治过程最早的研究出现在政治学领域中，是指利益集团通过政府机构获得利益实现的综合过程，在这个意义上可以等同于“政府过程”。但是随之发展，政治过程也成为经济学所研究的领域，这也是本书可以使用的原因。

副其实的政治动物。① 正因如此，人类需要不断开展对政治问题的研究和探讨。发达资本主义国家的国际贸易政策在政坛上是非常重要的政治问题，通常引发激烈的争议，分散在全国各地的本国资产阶级内部集团以及外国资本集团，通过不同政党和选举议员体现自身的利益所在。美国第 11 任总统詹姆斯·诺克斯·波尔克曾经说，"资本家与垄断厂商不愿意交出他们拥有的庞大好处以及关税法案带来的高额利润，直到经过激烈而强有力的战斗。他们大量涌入华盛顿市达数周之久，毫不吝惜其所有力量来动摇和控制国会"。② 资本集团要么努力扩大进口，要么竭力限制进口，而且每个资本集团所崇尚的国际贸易政策并不是一成不变的，随着资本集团政治经济实力的变化，国际贸易政策也将改变。因此，本章以美国为例，就参与国际贸易政策的主要参与者——公共权力机构、以企业实体或者行业协会组成的资本集团，以及劳工组织进行分析，说明资本集团和劳工组织是如何出现的；在国际贸易政策方面，资本集团和劳工组织是如何通过公共权力机构提出自己的要求；在多大程度上影响着国际贸易政策的制定；等等。从而揭示发达资本主义国家国际贸易政策制定过程中的多变性和其为资本服务的本性。

第一节　公共权力机构：美国政党政治博弈

一切共同的规章都是以国家为中介的，都获得了政治形式。马克思在"六册计划"的前三册"资本""土地""雇佣劳动"中将经济范畴限制在国家的界限之内对资产阶级社会进行考察，后三册"国家""对外贸易""世界市场"则是从国家层面概括资产阶级关系，跃出国界形成国际经贸

① 《马克思恩格斯文集》第 8 卷，北京：人民出版社 2009 年版，第 6 页。

② 〔美〕道格拉斯·欧文：《贸易的冲突：美国贸易政策 20 年》，余江、刁琳琳、陆殷莉译，北京：中信出版社 2019 年版，第 180 页。

关系，因此国家的作用是国际贸易政策的节点和中枢环节。国家运用其公共权力和执行机构通过“法律—制度研究范式”实现政治和经济两种职能，因此国际贸易政策变迁的过程中公共权力机构起着至关重要的作用。美国在建国之初就在民主政治设计上选择了代议民主制度，即人民是国家主权的拥有者①，通过选举少数贤能之人组成联邦政府来实施治理权。代议民主制适用于现代大型民主国家，能将国家主权和政府分离，即“分权”才能维持政府的代议制和自主制的有效统一，实现良好的治理。② 从沃伦·米莱尔和唐讷德·斯托克斯（1963）研究了政策制定者和公众偏好之间的关系开始，政党回应的议题成为理解政策制定与公众选择之间的重要议题③。在国际贸易层面上，美国对国际贸易政策起作用的公共权力机构有国会、总统与贸易相关的行政部门。在不同的历史时期，不同行政部门的贸易权也会随其地位的变化而发生改变。

一、国际贸易政策决策体制

发达资本主义国家国际贸易政策的决策主要由代表总资本家利益的国家所决定。资本主义国家作为管理整个资产阶级的共同事务委员会，是本国上层建筑的制定者和执行者，发挥着政治的和经济的双重职能。在这一双重职能中，马克思认为国家的政治性质是随着社会经济的变化而变化的④，其从资本主义经济史的角度分析了不同时期国家经济职能形式的变化：在资本主义发展初期，资本主义处于向工业社会转变的重要机遇期，

---

① “主权”一词是现代政治学中最为关键的概念，霍布斯从社会契约论出发，认为君主制是维护国家内部秩序的最优政治类型；而洛克也从社会契约论出发，认为人民主权的政治类型适合国家发展，美国社会精英接受了洛克的思想。

② 刘晓洲：《从政府—主权者关系看代议民主性的正当性危机——以美国为例》，载《江汉论坛》，2018 年第 6 期，第 30—37 页。

③ Waren E. Miler and Donald E. Stokes, “Constituency Influence in Congres”, *American Political Science Review*, Vol.57, No.3, 1963, pp.45-56.

④ 《马克思恩格斯文集》第 16 卷，北京：人民出版社 1964 年版，第 355 页。

因此国家要放弃让国民资本逐渐地、缓慢地转变为产业资本的自然道路，要通过保护关税制度等强制手段加速资本主义的积累和积聚；而随着国家实力和国家优势的增长，国家经济职能的形式进一步拓展到了资本主义的生产过程，通过国家对私人的补贴和促进某些工商部门的垄断经营使私人资本壮大，甚至使用国家资本的形式对整个社会资本运动进行调节和控制。在国际贸易政策方面，发达资本主义国家主要通过立法和执法对经济活动进行有意识和有计划的干预。

具体到美国而言，美国为了经济关系的顺利进行，建立了各种立法和执法机构，其中和贸易政策决策体制有关系的有国会、总统、行政机构。(1) 国会。国会由参议院和众议院组成，其成员由选举产生。参议院共有100个席位，每个洲无论大小与人口多寡均平均分配2个席位，任期为6年，较为稳定；众议院共有435个席位，依据各州人口给予席位，但是每洲至少1人，任期为2年。因此国会成员均受到选民的制约，国会成为国家政治系统中重要的权力中心，同时也是美国国际贸易政策的主导者和控制者。根据美国《联邦宪法》第1条第1款规定："本宪法赋予的全部立法权，属于由参议院和众议院组成的合众国国会"①。宪法赋予美国国会是国际贸易政策的立法者、监督者和贸易政策政治化的主要推动者，因此国会成为各资本集团影响贸易政策的重要舞台之一。② 需要说明的是，国会议员并不属于政府官员，其要反映选民的意愿，选民又因为地区和不同资本所代表的厂商不同而意见不同，下文将会重点论述。(2) 总统。总统由选举人团制度产生，脱离了单个或者部分资本集团的利益诉求，而是从整个国家利益考虑国际贸易政策的制定，更多的时候将国际贸易政策与外交政策相联系。在以总统为代表的政府机构中，国务院主要负责制定外交战略，贸易代表办公室负责制定国际贸易政策目标，商务部和国际贸易委员

① 参见《美国宪法》，http://ishare.iask.sina.com.cn/f/23119988.html（访问日期：2019年9月9日）。

② 金灿荣：《国会与美国贸易政策的制定——历史和现实的考察》，载《美国研究》，2000年第6期，第7—30页。

会负责完成国际贸易政策的实施和贸易救济，除此之外，还有一些与国际贸易政策利益相关的部门。(3) 司法部门。该部门不经选举产生，其主要职责是对政策执行中的争议进行仲裁，参见表 4-1。

表 4-1　美国联邦政府贸易决策机构及其相关部门

三权分立	国际贸易政策决策机构及相关的具体部门
国会 (制定政策)	众议院筹款委员会
	参议院财政委员会
行政部门 (执行政策)	美国贸易代表办公室
	农业部（对外农业服务署）
	商务部（产业安全局+国际贸易管理局+美国商务服务局）
	能源部（政策与国际事务署）
	国土安全部（海边和边境保护局）
	劳工部（贸易调整协助署）
	国务院（双边贸易事务部+国防贸易管制局+多边贸易和农业事务局+知识产权执法协调员办公室）
	财政部（外国资产管制局）
	环境保护署
	进出口银行
	食品药品管理局
	海外私人投资公司
	小企业局
	美国国际开发署
	美国国际贸易委员会
	美国贸易和开发署

（续表 4-1）

三权分立	国际贸易政策决策机构及相关的具体部门
司法部门（对政策执行中的争议仲裁）	美国国际贸易法院
	美国联邦巡回上诉法院
	美国最高法院

资料来源：Office of the United States Trade Representative，http://www.ustr.gov.

在此基础上，美国国际贸易政策决策体制随着国会和行政机构在外交政策中主导地位的变化，其作用也发生了变化，具体可以分为三个阶段：第一阶段为美国建国到 1934 年。此时期是美国国会主导国际贸易政策，主张实行保护主义贸易政策，以实现国库收入和保护幼稚产业，最终建立起强大的工业体系。第二阶段为 1934 年到 20 世纪 70 年代。1934 年《互惠贸易协定法》开始，美国进入以总统主导国际贸易政策的“1934 年体制”，为了加速资本对外扩张，国会授予总统可以在对外谈判中自行决定将关税税率降低到 50%的范围之内而不需要国会批准。第三阶段为 20 世纪 70 年代至今。20 世纪 70 年代，美国因日本和欧洲的崛起而出现了贸易逆差的现象，不断冲击着美国的钢铁、纺织和家电等行业，国会对总统长期轻视产业政策调整感到不满，最后国会在弹劾尼克松总统之后，重新确立了在国际贸易政策中的地位，此时总统虽然仍然具有较大的决策权，但是总统否决国会通过的法案，国会可再否决，最终形成了两者均衡的多元化国际贸易政策制定格局。①

二、国际贸易政策决策特点

第一，国际贸易政策的制定具有鲜明的党派特色。国会、总统和行政机构的党派属性在很大程度上决定了国际贸易政策的类型。从历史上看，

① 任泽平、罗志恒：《全球贸易摩擦与大国兴衰》，北京：人民大出版社 2019 年版，第 128 页。

发达资本主义国家的资本主义集团围绕获取政府职务竞争，不同党派当选决定了对内对外的经济政策。① 具体到美国而言，政党最重要的功能之一是对美国总统的选择，而美国总统的选举正如恩格斯在《美国总统的选举》一文中指出的，其意义对世界市场来说是一件头等重要的事件②，因为美国总统的选举会更改原本的国际贸易政策路线。在美国的国际贸易政策历史上，无论是共和党还是民主党都做过贸易保护主义的先锋，也都做过自由贸易政策的旗手。③ 美国不同党派在国际贸易立法上的分化与合作，具体而言，从1890年到1934年《互惠贸易协定法》，美国民主党和共和党对贸易自由政策持完全相反的态度，体现的是党派之间的政治分治；1934年到1950年，共和党对国际贸易政策的选择出现变动，直到20世纪50年代，国际贸易政策才由党派之间的分歧转向了党内分歧。例如，此时期的美国共和党人分裂为以德怀特·艾森豪威尔总统为首支持扩大世界贸易的国际主义者和为担忧国内产业因自由贸易政策受到损害的经济民族主义者。但是，因美国经济实力的强大需要开拓其他国家的市场，所以自美国以贸易协定的方式打开外国市场后，两党最终忽略了党内分歧而走向了合作，这种合作一直持续到1989年冷战结束。民主党因丧失了自己在南方的大本营，从而转向“铁锈地带”获得政治投票的支持。此时两党对国际贸易政策呈现出两个特点：一是新一轮的分化，自《北美自由贸易协定》签订后，民主党对贸易政策法案的支持大大减弱，共和党则是持支持态度；二是两党都背离了原有的国际贸易政策立场，即共和党由支持保护贸易政策转向支持自由贸易政策，而民主党则正好与之相反。

第二，国际贸易政策制定过程中的合作、制衡和妥协。国际贸易政策

① 李扬、孙俊成：《特朗普政府的贸易保护主义政策——基于政党政治的研究视角》，载《美国研究》，2019年第3期，第43—59页。

② 《马克思恩格斯全集》第22卷，北京：人民出版社1975年版，第388页。

③ 屠新泉：《党派政治与美国贸易政策的变迁》，载《美国研究》，2007年第12期，第67—80页。此处仅考虑了美国的两大党派，这并不是说其他小党派没有国际贸易政策的主张，而是由于在投票过程中小党派的影响力很小，一般情况下小党派都被大党所吸收。

法律化一直是发达资本主义国家国际贸易政策的核心，国会与行政机构之间存在一种“战略竞合”关系。一般情况下，在国家利益面前，“合作”成为一种策略，尤其在遭遇经济危机和对外宣战时，这种合作将达到高度的一致。除此之外，发达资本主义国家一般实行三权分立制度，以此防止权利的集中和滥用，以实现权力制衡的效果，如图 4-1 所示。在国际贸易政策中也相应体现了制衡的特点。另外，这种制衡也体现在授予权力的对等性上，如《1974 年贸易法案》中设计了“快车道程序”，1979 和 1988 年的贸易法案扩大了其适用范围和使用时间，尤其是《1988 年综合贸易法案》不仅设立了贸易代表的职位来分散总统的权力，而且通过重新授予“快车道程序”加强了总统和贸易代表在多边谈判中的力度，将立法部门的辩论规定在实施贸易协定的范围内，禁止提出修正案，并且要求国会在该法案生效后的 60 天内完成相应的立法程序。与此同时，法律也规定了国会可以实施“反快车道程序”，即对美国贸易代表事先未就贸易谈判与国会进行恰当磋商的事项，国会有权否决该程序。值得注意的是，贸易法律也具有很强的灵活性和伸缩性，这主要体现在对法律条文的含糊性上，从而可以对其进行有利于自我利益的解释。例如，美国反倾销中的“实质性

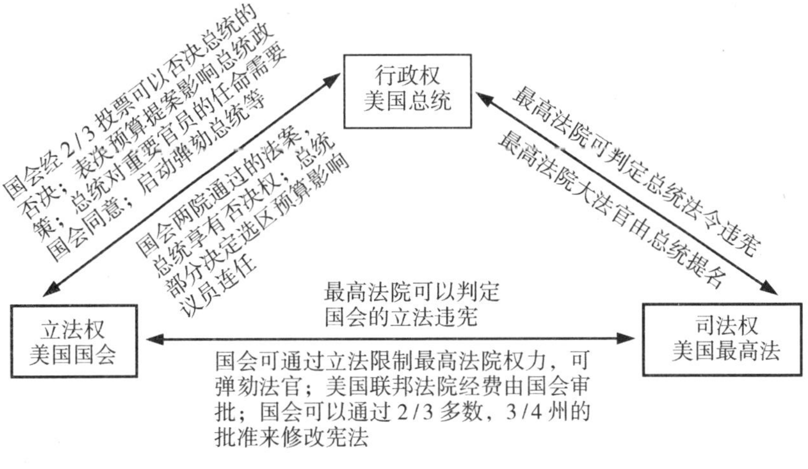

图 4-1　美国的立法、行政、司法三权分离和相互制衡关系

资料来源：恒大研究院

损害”一词被定义为“这种损害不是无关紧要的、不重要或者非实质性的”①。这种定义加大判断是否存在倾销问题的随意性，为国际贸易政策的自由选择留下了空隙。其伸缩性体现了美国对国家利益、社会利益、阶级利益和个体利益最大利益协调的导向机制。

第三，国际贸易政策制定从精英主义模式转变为多元主义模式。发达资本主义国家国际贸易政策的制定模式随着国家的经济发展及其在全球经济地位中的变化发生了根本性的转变，权力结构出现了重新配置和转移的过程。以美国为例，在 1934 年《互惠贸易协定法》出台前，国会掌控着国际贸易政策的制定，而在 1934 之后，美国为了开拓世界市场，授予总统与外国政府进行贸易谈判的权力；国会主要是对总统的行为实行监督，具体表现为国际贸易政策主要集中在行政部门手中，而行政部门会受到资本集团的影响，表现为经济和政治的精英到对手领域就职。这些少数精英阶层操纵着美国国际贸易政策走向，并且通过电视和报刊等媒体争取民众对政策的支持，在国际贸易政策制定中表现为一种以精英为核心的政策制定模式。但是冷战结束后，随着全球化的深入发展，移民问题、环境问题、知识产权等“软”问题使得美国国会内在的一致性减弱，行政部门机构增多，商业、财政、农业及其贸易部门的利益出现分化，对贸易政策制定的非政府组织和资本利益集团游说增多，等等。这使得国际贸易政策制定模式向多元主义模式发展，与此相适应的决策过程也更具有弹性化。

三、决策中的冲突根源：资本主义国家和代议民主的矛盾

发达资本主义国家的国际贸易政策是由代表国家的公共权力机构在一定的制度条件约束下产生的。国家作为上层建筑，是建立在一定的经济基础之上的，即一定的“社会经济结构”构成了国家及其相关的上层建筑的“现实基础”。也就是马克思曾经所说的物质生活的生产方式制约着整个社

① 付荣：《美国实质性阻碍损害标准的立法演进与背景》，载《财经问题研究》，2006 年第 3 期，第 63—68 页。

会生活、政治生活和精神生活的过程。① 反过来，上层建筑也会反作用于现实的经济基础。恩格斯根据马克思的著作《路易斯·亨·摩尔根〈古代社会〉一书摘要》，结合自身的研究撰写了《家庭、私有制和国家起源》一书，论述了国家的历史起源、组织的特征、统治形式及其本质和发展趋势②，给本书以重要指导。现代发达资本主义国家的经济职能是最大限度地保护私有产权③，通过国家强制、国家税收、国家货币等手段调节国家的经济活动，但是资本主义国家要得以维系就不得不在一定程度上保护工人的利益，即实行资本主义民主，这意味着资本主义国家在内容和实质上要求实现剩余价值的最大化，而在形式上则依赖民主合法性的支持。这种民主不过是更间接、更隐蔽地实行资产阶级的统治④，因此国家在本质和形式上存在一定的内在矛盾性，导致了国际贸易政策决策中的冲突。

一是国家职能的内在矛盾性。资本主义国家作为上层建筑，具有经济和政治的双重职能，然而随着资本主义大工业的发展，这两种职能常常往矛盾的方向发展，从政治职能来讲，资本主义国家对社会经济运行的调控功能越来越重要；从经济职能来讲，“只有在它们是管理和处理生产者的资产者的共同利益的委员会这个情况下，才是正当的”。⑤，因此作为总资本家职能的国家在国际贸易政策决策中，更加倾向于实行自由贸易政策。另一方面，国家作为民族国家而存在，不得不考虑政权的连续性和存在性，因此其对社会阶层矛盾与冲突的协调作用也至关重要。在全球化深入发展的当代，全球资本主义使得物质生产资料和劳动力能实现跨地域自由流动，全球秩序对国家的内部冲击凸显，使得以资本为主导的经济活动与

---

① 《马克思恩格斯选集》第2卷，北京：人民出版社1995年版，第32页。

② 《马克思恩格斯文集》第4卷，北京：人民出版社2009年版，第13—198页。

③ ［美］保罗·斯威齐：《资本主义发展论》，北京：商务印书馆2016年版，第302—303页。持这种观点的主要为最早研究国家产权的学者，如霍布斯、洛克、罗梭等。

④ 明翼：《理解国家起源与消亡的经典著作——〈家庭、私有制和国家的起源〉导读》，载《红旗文稿》，2020年第4期，第45—56页。

⑤ 《马克思恩格斯全集》第26卷（上册），北京：人民出版社1972年版，第314—315页。

国家政治出现了“脱钩”现象，传统的国家职能被打破，造成了“超级阶层”和“下沉阶层”[①]。正如孙立平教授在《断裂》中所描绘的，在如今的发达资本主义社会中，社会结构犹如一场马拉松比赛，坚持跑下去的仅仅是少数被纳入国际经济秩序中的劳动者，而有些人是被抛弃到社会经济结构之外的失业者。[②] 在这种情况下，国家出现了大量的失业工人，民粹主义盛行，国家为了维护社会安定，不得不考虑全体公民的整体利益，在矛盾尚可调和的情况下，国家通过在国际贸易经济系统内实施调节措施，或者通过社会救助等福利政策恢复劳动力商品化，或者给予基本消费需求的满足，从而缓解了社会矛盾。然而，这些方式扩大了非市场组织的规模和占比，不仅会造成对资本积累的压制，也会给国家财政系统造成巨大的负担，这就造成了国家职能在经济和政治上的矛盾与冲突。

二是国家形式的内在矛盾性。发达资本主义国家的代议民主制度决定了无论是资产阶级还是工人阶级的利益都需要通过代表和相应的机构表现出来，即间接民主的形式。然而，发达资本主义国家三权分立制度看似完美，却注定了“分裂政府”存在的合理性，国会和联邦政府常常存在冲突和矛盾，国会议员通过各州选举产生，代议民主制下的代表者与被代表者往往存在利益不一致的情况，甚至存在互相疏远的情况[③]。因此，选票往往成为决策的掣肘，国会议员往往受国内资本利益集团的影响主要考虑国内政治问题，而联邦政府往往从宏观经济层面思考本国的国内经济指标和国际体系影响，所以更加倾向于站在全球的角度进行整体考量。加之，联邦政府各部门之间也会因利益不同产生矛盾和分歧，经常性地导致目标与行动不一致。除此之外，国会、总统及其行政部门、司法机构也会发生国家公共权利配置的不确定性和重叠性。例如，在权力授予上宪法授予了联邦政府贸易政策和外交政策、健康、环境保护和消费者权益保护等权力，

---

① 梁雪村：《全球化张力下的激进政治：资本、国家与人的内在冲突》，载《外交评论》，2019 年第 6 期，第 91—120 页。

② 孙立平：《断裂》，北京：社会科学文献出版社 2003 年版，第 1 页。

③ 周石峰、冉凌宇：《资本主义代议制民主政治制度的元批判——马克思〈路易·波拿巴的雾月十八日〉新释》，载《理论与改革》，2020 年第 1 期，第 22—32 页。

州政府也享有部分权力，即存在“重合管辖权”问题；在人事任命上行政部门的官员可以是国会的议员，即存在一人跨越三权分立中的两权。因此，美国国际贸易政策的形成和实施包含了复杂的过程，国家职能和形式上的内在矛盾是国际贸易决策过程中产生冲突的根源。

三是代议民主制度的内在危机。从政府—主权者的关系来看，随着互联网新媒体的发展，以精英掌握的报纸、电视、广播等传统主流媒体不再是人民群众与政府互动的主要方式，而新媒体成为公众表达对公共政策意见的重要渠道。由此在代议民主制度下，政府和主权者的关系正在发生深刻变化，表现为国家规模虽没有发生变化，而主权者却增加了“随时在场”的场景，即由代议民主形式的间接民主开始向共同参与形式的直接民主转变，公众可以通过互联网展开“无形的公民大会”对公共政策的制定施加影响，从而使选民的意愿变得更加重要，民粹主义色彩日益浓厚。但是，政府与公民的频繁互动有利有弊，公民和资本集团的言论虽然能在一定程度上反映民意，但是不同群体基于自身利益出发，在公共政策上很难达到一致的意见。因此科学技术的进步加大了民主和发展、经济短期与长期之间的矛盾。

第二节　资本集团之间的博弈

公共权利机构的研究是必要的，但是并不能全面且准确地反映国际贸易政策制定的实际图景，因为政府的存在不过是在具有不同目的的资本集团或者劳工集团等利益集团之间建立和维护一种秩序。1908 年，阿瑟·本特利的《政治过程：一项关于社会压力集团的研究》一书开启了不同集团对政治过程影响的相关研究①，使得人们认识到不同的集团组织存在的持久性和广泛性，不同的集团组织通过竞争或者合作以谋求从公共权力机构

① Arthur F Bentley, *The Process of Government: A Study of Social Pressures*, Chicago: The University of Chicago Press, 1908. 转引自〔美〕戴维·杜鲁门:《政治过程：政治利益与公共舆论》，陈尧译，天津：天津人民出版社 2003 年版，第 6 页。

获得利益，个人也因此受到不同集团组织的影响。二战后，关于政治过程中各个集团的研究凸显，其中资本集团①是指属于同一资本的人群，按照一定形式组织起来的试图影响公共政策的有组织的实体。发达资本主义国家国际贸易政策的制定要受其背后资本集团的主导和影响，这是因为一方面个人不可能属于多个集团，另一方面个人在社会中的地位决定了其只属于某个经济组织或者资本集团。值得一提的是，不能因为不同的个人同属于一个资本集团就认为他们在所有问题上都具有相同的态度，在各种资本集团内部也时常存在利益冲突和矛盾，但是社会学家已经认可同属于同一集团内部的不同人在特定问题上，如国际贸易政策问题上是行动一致和相对稳定的。这是因为不同的资本集团往往通过大型会议选举的形式选举出管理者和专职人员，而这些人可以运用资本集团的内部权力掌握资本内部的战略方向，往往能达成一致的结果，即民主形式下的资本集团的集中控制。本节正是基于这样的一致性和研究目的对资本集团之间的博弈过程进行研究。此外，本书重点并不是研究资本集团之间的内部博弈问题，而是研究其如何导致国际贸易政策的变化，因此对资本之间的内部博弈研究不是很深入，当然这也可能是未来研究的一个重点方向。

基于以上原因，本书认为一项国际贸易政策的制定要受到国内生产商、出口商、进口商、消费者多方相关者的影响，其中最重要的是由资本连接起来的具有共同利益的资本集团。资本集团因成员间的相互交往而具有特定的行为模式，一般情况下，随着全球化的发展，全球价值链作为一种组织形式和资本积累模式不断发展，相应的资本也跨出国界，资本集团间的博弈表现为国内资本集团—国内资本集团的竞争和博弈，以及国内资

① 西方政治学中经常将其称为利益集团或者压力集团。利益集团的提法最早可以追溯到亚历山大·汉密尔顿、约翰·杰伊和詹姆斯·麦迪逊的《联邦党人文集》。麦迪逊使用“党派”“宗派”描述不同集团产生的原因及其对政府施加的影响。利益集团具体指在一种或几种共同态度的基础上，通过交往建立、维护或提升具有共同态度行为方式的集团。但是杜鲁门认为压力集团带有部分感情色彩，不能与利益集团等同。参见〔美〕戴维·杜鲁门：《政治过程：政治利益与公共舆论》，陈尧译，天津：天津人民出版社 2003 年版，第 43 页。

本—外国资本的竞争和博弈两个方面。在此过程中，国家仍然是国际贸易政策决策的中心，但是国家并非是“中性”的，如图 4-2 所示。国内资本集团和外国资本集团的政治影响渗透到美国经济、政治的许多方面，资本集团能够影响国家的国际贸易政策决策。

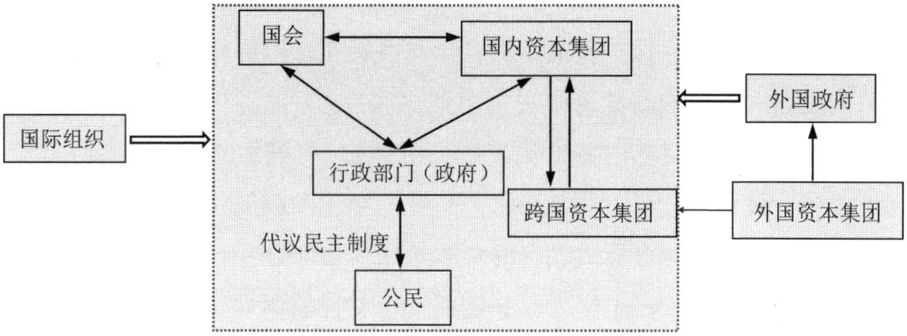

图 4-2　资本集团博弈视角下国际贸易政策的决定：资本—资本

一、本国资本集团—本国资本集团的博弈

在经济发展的不同阶段，资本集团的相对重要性会随着技术和文化等因素的变化而发生完全的改变，个人的态度和利益也会发生改变，个人将重新选择加入或者重新组建某个资本集团，从而直接影响了资本集团的力量对比。除此之外，当经济危机或者经济萧条使得资本—资本集团发生严重失衡时，资本集团就会发生结构性的变化，甚至出现新的资本集团，即资本集团参与政治过程的最重要的特点是动态过程。一个国家的企业从国际贸易利益分享的角度来讲是具有异质性的，随着全球化的发展和发达资本主义国家的去工业化进程加速，生产碎片化成为当代发达资本主义国家的特点之一。所谓生产碎片化（production fragmentation）有时也被称为“生产分割”，是指在新的世界生产体系中，可以在全球范围内组织生产，原本完整单一的生产因集成技术和模块化生产技术被划分成不同的阶段或者不同的组件，由分布在全球不同地理范围的厂商完成，然后组装形成最

终产品①。因此，各个国家的经济因生产碎片化而高度紧密地连接在一起，提高了贸易保护政策的经济成本。在这样的背景下，跨国公司的生产主要依靠进口中间商品，这改变了跨国公司国际贸易政策的偏好，使其更加倾向于自由贸易政策，因此跨国资本集团游说降低中间商品关税并成为全球价值链中的重要环节。与此同时，本土企业面对外来企业的竞争压力加大，更加倾向于贸易保护政策。两类异质性企业在国际贸易政策上的分化使其在游说政府机构的竞争中更加激烈。② 在这一过程中，大企业在实现自身资本利益最大化的内在驱动下，成为游说政府机构的最重要的力量。③除此之外，随着社会分工的复杂化，高度差异化和制度化的资本集团数量增多，就出现了以协会形式联合的资本集团。协会是一种从两个或两个以上集团的相关关系中产生出来，并定期进行交往的制度化集团，其作用是维持内部成员之间的稳定性，以一定的形式补充并完成公共权力机构的活动，同时也使得公共权力机构的活动更加复杂化。

具体到美国而言，早在二战之前，美国的资本集团主要以农业资本集团和工业资本集团为主，此时期关于不同资本集团对国际贸易政策的制定问题体现为美国建国之初两条道路的争论，其背后体现的是农业资本集团和工业资本集团对自身利益的保护和争夺④。以棉花产业和棉纺织产业为例，1793 年扎棉机的发明使得全球对棉花的需求提高，在整个 19 世纪，棉花都作为美国最大的单一出口产品，因此种植棉花的地区强烈反对高关税，支持出口导向型的自由贸易政策。与此形成鲜明对比的则是棉纺织产

---

① 刘明权.《世界生产体系的剧变与发展中国家的机遇》，载《探索与争鸣》，2018 年第 7 页，第 4—11 页。

② Erica Owen，"Exposure to Offshoring and the Politics of Trade Liberalization：Debate and Votes on Free Trade Agreements in the US House of Representatives，2001-2006"，*International Studies Quarterly*，Vol. 61，No.2，2017，pp.297-311.

③ Mary Anne Madeira，"New Trade，New Politics：Intra-industry Trade and Domestic Political Coalitions"，*Review of International Political Economy*，Vol.23，No.4，2016，p.677.

④ 张少华：《美国早期现代化的两条道路之争》，北京：北京大学出版社 1996 年版。

业，纺织技术是在英国禁止出口纺织机械的背景下被人为剽窃进入美国的，随后在美国产生了众多小型棉纺织厂，但是很难与规模更大和技术更先进的英国廉价纺织产品相竞争，因此产业资本集团为了保护新兴产业更加倾向于实行贸易保护政策。此时期不同资本集团通过选举国会议员达到维护自己利益的目的，但是当时的美国政府成员主要以精英主义人群为主，因此不同资本集团对政府决策体系的影响较小。

二战后，随着美国经济产业结构的变化，美国由原本的农业资本占主导地位转变成工业资本占主导地位，而随着工业资本的发展，商业资本成为支撑工业资本发展的重要资本，由此美国形成了以工商业资本为主发展的新模式；直到20世纪70年代，金融资本成为主导美国经济发展的主要模式。与此同时，新科学技术的发展使得通信革命得以发生，电话、电报、报纸等促使人们可以不通过面对面而交往；到了21世纪，互联网及其相关技术的使用真正地改变了资本主义的生产方式和生活方式①，不仅可以实现基于网络的跨空间协作，而且可以将分散在不同地区和不同产业的人们联合起来。由此，新、老资本主义集团开始介入国际贸易政策的制定过程中。美国典型的资本集团如表4-2所示。资本集团影响国际贸易政策主要有两种路径：第一，直接游说。资本集团通过选举“理想的院外分子”② 影响国际贸易政策的方向，但是直接游说伴随着腐败被曝光的风险，因此资本集团游说的手段发生了变化，转向间接游说方式。第二，间接游说。资本集团通过资助选举、操纵媒体等方式说服其他成员对符合资本集团利益的人员进行投票，从而影响候选人提名和选举过程。除此之外，资本集团也可以通过提出立法创议、抵制某种立法以及示威等方式造成某种声势和压力，吸引公众的关注和支持，尤其在计算机联络高度发展的今天，交流和传递信息的低成本和方便性将具有相同利益的群体连接在一

---

① 王金秋：《互联网时代资本主义生产方式新变化研究》，北京：中国人民大学博士学位论文，2018年。

② 谭融：《美国利益集团政治研究》，北京：中国社会科学出版社2002年版，第137页。

起，形成巨大的公共舆论效应，以此通过渗透权力影响政府的贸易政策决定。间接游说因更加具有隐蔽性和有效性而成为近年来资本集团影响国际贸易政策的最主要形式。最有影响力的资本集团是美国商会（US Chamber of Commerce）①，其作为代表美国的商业组织，是国际贸易组织的重要成员，从建立之初就开始参与政府的事务②。美国商会每年进行游说支出的资金巨大，如图 4-3 所示，2010 年游说支出高达 1.57 亿美元。此外，还有大型跨国公司自己成立或者进行资金支持的行业协会，不同的行业不同时期对国际贸易政策的倾向不尽相同。

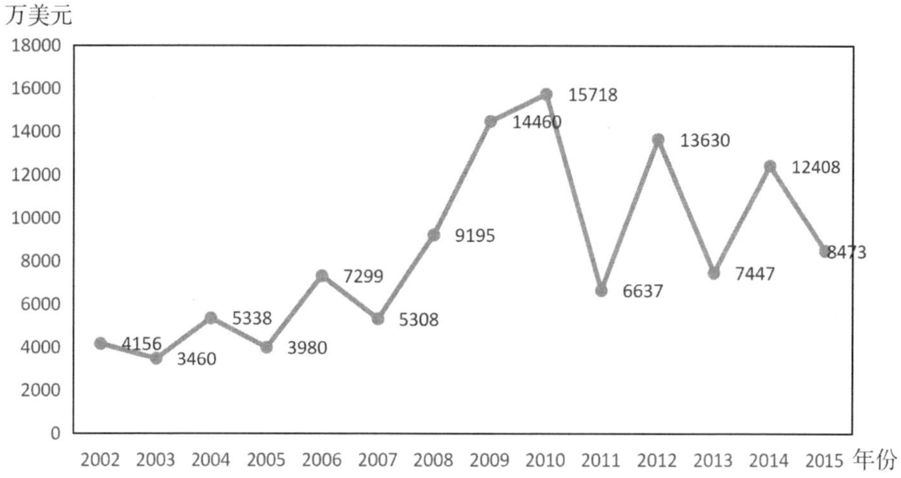

图 4-3　2002—2015 年美国商会游说政府支出情况图

数据资料来源：US Senate：Center for Responsive Politic。

---

① 美国商会创立于 1912 年，是一个同业协会组织，拥有 300 万会员企业，遍布世界 103 个国家，拥有 11 个海外分支机构，是全球最大的商会组织，对国际贸易政策的影响十分巨大。

② 〔美〕戴维·杜鲁门：《政治过程：政治利益与公共舆论》，陈尧译，天津：天津人民出版社 2003 年版，第 93 页。

表 4-2　美国典型的资本集团概况

资本集团类型	具体资本集团	代表企业/协会组织	资本集团影响贸易政策的方式及其目标
农业资本集团（二战之前）	农业资本集团（特别指出的是，美国的农业并非传统的家庭农业，而是机械化程度极高的产业）	农民协进会，根据农牧产品分类划分的大豆、小麦等协会以及根据农业大州划分的各种协会	美国对农产品出口依存度较高，在国际农产品市场未完全开放的背景下，美国农产品的竞争力有赖于政府补贴，因此保持农业补贴成为农业资本集团游说政府的重要目标
产业及商业资本集团（二战之后—20 世纪 70 年代新自由主义经济之前）	科技资本集团	谷歌、苹果、微软、亚马逊等科技巨头以及半导体工业协会	将公司机构迁往华盛顿，以公司迁往海外经营为威胁，力促降低公司税率、加强网络安全立法和增加科技投入
	采矿业资本集团	煤炭企业、美国全国采矿业协会、采矿冶金和勘探协会	花费巨资，已取得国会立法者在劳工法、劳工安全和环境规则上的政治支持
	国防工业资本集团	波音、通用动力公司、洛克希德·马丁	国防产业一直是政府的长期供货商，具有“军工企业—立法者—游说集团”铁三角之称
	农商资本集团	食品生产加工企业、农业公司、生物燃料生产企业	通过游说改变食品标签，气候变化、生物燃料立法，农药使用等规则
	石油资本集团	石油企业及美国石油学会	争取政府给予的长期补贴，对抗环保组织
	金融资本集团	银行和投资机构	让市场最大限度地自由化，阻止金融机构相关立法的出台
	制药业资本集团	制药公司和健康保险公司	避免医疗改革影响其切身利益

（续表 4-2）

资本集团类型	具体资本集团	代表企业/协会组织	资本集团影响贸易政策的方式及其目标
金融资本集团（新自由主义—2008 年金融危机）	金融资本集团（十大财团）	摩根、洛克菲勒、花旗、梅隆、杜邦、波士顿、克利夫兰、加利福尼亚、得克萨斯、芝加哥财团	金融资本集团服务于产业资本集团，因此对国际贸易政策的倾向以产业倾向为主，是比较温和的、支持自由贸易政策的一方，以此能够通过全球化获得更多利益

资料来源：作者根据张丽娟《美国贸易政策的政治经济学》① 相关内容绘制。

发达资本主义国家国内资本集团—资本集团的竞争根源于美国国际贸易政策的经济地理特点。一般而言，由于一国各地区的自然资源、要素禀赋和技术水平不同，因此农业、矿场、工厂、金融业一般具有明显的地理集中特性。例如，钢铁产业对应俄亥俄州和宾夕法尼亚州、烟草产业对应弗吉尼亚州、汽车产业对应密歇根州、农业生产对应北达科他州和堪萨斯州等、金融业对应纽约州、高科技技术产业对应加利福尼亚州，等等。地理上的分工一般可以持续十多年，但并不是永恒不变的，由于技术创新或者劳动力成本因素会形成新的地理集中，因此仍然表现为生产上稳定的资本集团。这些企业的进出口性质决定了企业希望什么样的国际贸易政策，对于嵌入全球价值链较高的地区更加倾向支持自由贸易政策；相反，传统制造业因嵌入全球价值链较低，所以更加倾向贸易保护政策。② 从这种意义来说，美国是实行“生产商”导向的国际贸易政策。如图 4-4 所示，各资本集团的地理布局和相应稳定的贸易构成产生了稳定的地区经济利益，

① 张丽娟：《美国贸易政策的政治经济学》，北京：经济科学出版社 2017 年版，第 150—165 页。

② 管传靖：《全球价值链与美国贸易政策的调适逻辑》，载《世界经济与政治》，2018 年第 11 期，第 118—155 页。

然后通过各地区的议员影响国家公共机构的投票，最终影响发达资本主义国家国际贸易政策的结果。①

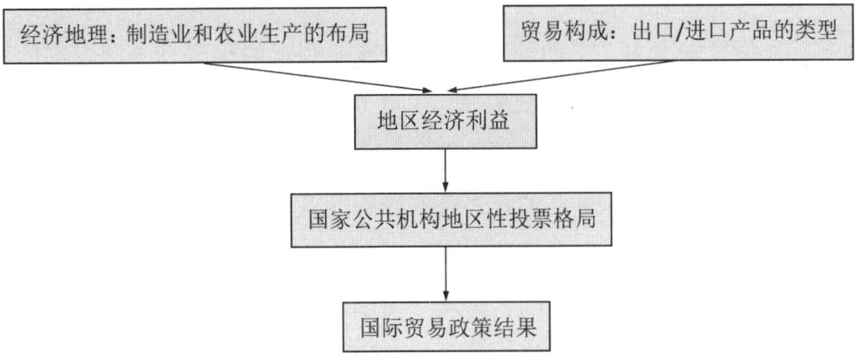

图 4-4 发达资本主义国家国际贸易政策制定的逻辑

资料来源：〔美〕道格拉斯·欧文：《贸易的冲突：美国贸易政策 200 年》，余江、刁琳琳、陆殷莉译，北京：中信出版社 2019 年版，第 10 页。

二、国家间资本及其跨国资本集团的博弈

国家资本的竞争在资本循环中 G—W…P …W′—G′表现为生产环节在民族国家范围内进行。流通环节则是（G—W 购买过程和 W′— G′销售过程）通过国际贸易在国际进行竞争。② 以汽车工业为例，美国、欧洲和日本生产汽车的企业在全球采购零部件或者在本土生产零部件，然后在本土组装生产一辆汽车在本国销售或者出口到国外，剩余价值实现后以利润的形式回到生产国家。在这种以民族国家为中心的分析范式中，国家资本的竞争成为国际贸易政策的决定性影响因素，当国内资本的力量大于国外资本的力量时，资本集团倾向采取自由贸易政策；相反，则容易采取保护贸

① 〔美〕戴斯勒：《美国贸易政治》，王恩冕、于少蔚译，北京：中国市场出版社 2006 年版，第 111 页。

② 〔美〕威廉·罗宾森：《全球资本主义：跨国世界中的生产、阶级与国家》，高明秀译，北京：社会科学文献出版社 2009 年版，第 171 页。

易政策以保护自己国家的产业。国际贸易政策的变化体现了国内资本集团与外国资本集团的国际实力发生变化的结果。

2008年金融危机之后，美国在对待中美贸易关系中掀起了一场指责中国实行“国家资本主义”的思潮①，支持这一观点的主要有美国商界的索罗斯和时任美国商会主席的狄安华（Ted Dean）、学术界代表伊恩·布雷默（Ian Bremmer），以及政界代表罗伯特·霍马茨（Robert Hormats）。他们认为中国的国家资本主义主要表现在国有企业上，威胁了公平的国际贸易环境。因此，在国际贸易政策实践上，对中国国有企业参与国际贸易进行准入限制并制定相应的规则，高筑“美国玻璃墙”对进入美国投资的中国企业采取严格的审查措施等。但是，美国的反国家资本主义覆盖了中国的大型国有企业、私营龙头企业及其主权财富基金等领域，其真正的意图在于遏制中国的产业结构升级，使得中国在国家资本较量中处于不利地位。

然而随着全球化的发展，出现了另一种跨国资本集团的竞争，收购不再是跨国资本扩大的方式，而主要通过并购、购买股份和联合投资等方式进行相互渗透和整合，形成了巨额的资本积聚和资本集中。而此时期的资本循环方式与马克思将资本划分为产业资本、商业资本、银行资本有着形式上的区别。在当代，商业资本通过世界贸易首先形成了跨国资本，随后生产也开始了跨国化进程。生产的跨国化不仅包括跨国公司在全球的活动扩展，生产过程在世界范围的重组、分工，也包括通过金融体系进入全球生产体系相应的资本循环 G — W…P…W′— G′中。仍然以汽车工业为例，现有的信息科技技术可以通过与生产现场连接的计算机终端实现管理与协调，与企业管理、控制和决策的集权化相对应，汽车零部件的生产和组装

① 陈志恒、马学礼：《美国“反国家资本主义”思潮：缘起、政策实践和战略意图》，载《国外社会科学》，2015年第9期，第77—85页。国家资本主义原是在国际共产主义运动中产生的术语，后被美国学术界和媒体用于说明非自由竞争的市场经济模式，即指政府控制市场对内垄断和对外扩张的经济体系。

可以在多个国家进行，从而使生产过程变得更加分散和碎片化。① 昔日的美国经济中心，如以制造业闻名的匹兹堡地区因制造工厂的荒废而变成了“铁锈地带”②。跨国资本集团可以通过全球生产链体系获取最大的垄断利润，与此同时，跨国资本集团可以通过改造民族国家、改造联合国有关组织和建立跨国资本家的组织③，制定生产相关的技术标准和社会标准从而获得更多的利润。然而，跨国资本是不稳定的，资本追求即刻的资本积累和剩余价值的实现，导致跨国资本集团的内部分裂较为严重。④

但是应该认识到，国际贸易政策中无论是国家资本—外国资本的竞争还是跨国资本的竞争，都隐藏着资本主义国家的作用，这并不像新自由主义经济学所说的资本不再以国家为中心⑤，国家的边界消失⑥，国家的作用被跨国资本集团和跨国机构所替代，存在真正的无国家跨国公司等⑦。所以国际贸易政策的制定和影响还是至关重要的，这主要因为：一是在跨国资本竞争时代，也可以说是全球资本主义时代，全球资本并不是抽象存在的，而是存在于由国家构成的全球经济中，正如本书第三章第三节所论述的，发达资本主义国家的“中心—外围”模式的积累方式并没有改变，

---

① 〔美〕威廉·罗宾森：《全球资本主义：跨国世界中的生产、阶级与国家》，高明秀译，北京：社会科学文献出版社 2009 年版，第 13—14 页。

② 李刚：《发达国家“铁锈地带”的转型治理实践与我国复兴路径》，载《上海城市管理》，2017 年第 1 期，第 33—39 页。

③ 马拥军：《跨国资本统治下的世界竞争新格局》，载《天津社会科学》，2016 年第 3 期，第 4—10 页。

④ 〔美〕威廉·罗宾森、高静宇：《关于新全球资本主义的争论：跨国资本家阶级、跨国政府机构与全球危机》，载《国外理论动态》，2018 年第 8 期，第 44—54 页。

⑤ Robert Went, “Globalization in the Pespective of Imperialism”, *Science & Society*, Vol.66, No.4, 2002, pp.473-497.

⑥ Michael Hardta and Antonio Negri, *Empire*, Cambridge, Massachusetts: Harvard University Press, 2002, pp.4-6, 332.

⑦ 〔美〕厄尔·怀松、罗伯特·佩卢奇、大卫·赖特：《新阶级社会：美国梦的终结?》，张海东等译，北京：社会科学文献出版社 2019 年版，第 62 页。

国家在全球经济中的地位决定了跨国资本的分工和剩余价值索取的比重。二是中心资本对外围资本的控制取决于国家对外的霸权关系①。国家的强权政治成为跨国资本和本国资本在国际贸易中与其他资本竞争的有力保证，自由贸易政策还是保护贸易政策均随强权改变。三是跨国机构并非是超国家机构，而是受国家控制和影响的多国协调平台，在一定程度上也可以说是霸权关系的产物。② 因此，当代国际贸易政策的变化仍然体现的是国家和国家资本力量的对抗结果。

第三节　劳工对贸易政策的影响和束缚

资本主义生产方式的建立，使得劳工仅仅是在资本控制下消费产品的生产者，而不是消费产品平等的购买者和拥有者。相应地，国际贸易政策的制定对劳工会产生消费和生产两个层面的影响。从消费层面来讲，劳动力商品的价值由补偿自己和子女生存繁衍所必须的生活资料的费用和接受教育和技能培训的费用组成，因此自由贸易政策能够提供更加便宜和多样化的商品以供劳工消费。但是，从生产层面来讲，全球劳工也同企业一样具有异质性，从劳动力市场的角度看，参与全球价值链的高技术工人因自由贸易政策获利较大，而承受流动性的成本较低，因此更加支持自由贸易政策。而低技术工人和从事传统制造业行业的工人则更倾向于保护贸易政策以保障自己的利益，这就造成了差异化的劳工对国际贸易政策的影响和束缚。

劳工相对于在政府机构有代理人的大资本集团，前者属于政府政策决定的“外部人”，而后者为“内部人”。劳工组织相较于大资本集团对公共

---

① 赵敏：《资本全球化趋势下国家的作用会越来越小吗?》，载《经济学家》，2019年第1期，第35—42页。

② Stephen Krasner, “Compromising Westphalia”, *International Security*, Vol.20, No.3, 1995, pp.115-151.

政策的影响更加间接，这主要因为劳工组织难以接近政府制定政策的关键性组织和“合适人物”。威廉・富特・怀特在《街角社会》一书中，用街区少年与公园管理者的例子说明了社会地位问题与接触“合适人物”影响政策的过程。[①] 因此，劳工主要通过两种间接的集体行动方式影响国际贸易政策的制定：第一种是选举。工人受到消费和生产双重属性的影响，各自利益不同导致对国际贸易政策的倾向产生分化。在马克思的分析中，以生产为中心将阶级划分为资产阶级和无产阶级，是典型的阶级分析二分法。但随着工业化进程，尤其是过去 40 年，全球性的生产布局和外包活动使得分工更加精细化，工人和资本家也因社会经济结构的变化开始了分化。在中产阶级占主要比重的“橄榄型”社会结构中，这种分化并不明显，因此更能维护社会的稳定。然而，金融危机后美国的中产阶级不断衰落，穷人越穷，社会贫富分化差异较大，粗略地看为“金字塔”型的社会结构，但是如果根据个人占有“生成资本”[②] 的多寡进行细分，社会结构就可以发展为“双钻石阶级”结构，如图 4-5 所示。美国总体上分为特权阶级和新工人阶级两种，是典型的“二八型”社会，而在两大阶级的基础上又可以分为超级阶级、文凭阶级、安逸阶级、不稳定就业阶级和受排斥阶级五个层次，其中特权阶级通过组织的控制和规则的制定掌控着资本及其剩余价值，同时能利用资本进行权力的转化。自由贸易政策协定加剧了超级阶级剥削工人阶级的状况，最终的结果是资源分配不平等的合法化，导致阶级分化和固化，即图 4-5 中双钻石中间流通通道的狭窄地带，下层社会人员没有广阔的空间和渠道向上层流动。[③]

在这种情况下，民众就会通过选举改变现状。具体到美国，美国劳工组织是根据大多数成员对“民主”的期望产生的。2016 年，特朗普因为白

---

① 〔美〕威廉・富特・怀特：《街角社会》，黄育馥译，北京：商务印书馆 1994 年版。

② 生成资本即稀缺的资源，是指消费资本、社会资本、投资资本和技能资本等能够转化成经济权力和社会权力的资本形式，其能使钱生钱。

③ 袁博、张海东：《中产陷落：美国新阶级社会的兴起与启示——评〈新阶级社会：美国梦的终结?〉》，载《社会发展研究》，2019 年第 4 期，第 221—237 页。

人工人阶层的支持当选美国总统就是最好的例证，选举背后的实质是工人阶层对抗精英阶层的一场政治起义。①

第二种是社会运动。当工人的就业机会和收入被自由贸易大规模冲击时，社会运动就会作为一种更加激烈的表达劳工愿望的方式出现，但是社会运动仅仅表现了一种社会思潮，一般情况下产生的效果较小。例如，1999 年的“西雅图运动”以及 2011 年的“占领华尔街运动”，虽然产生了轰动的影响，但是并没有改变当时的国际贸易政策和全球化趋势。只有在社会运动达到了一定程度能够影响现有政治体制的情况下，社会运动才会产生应有的效果。

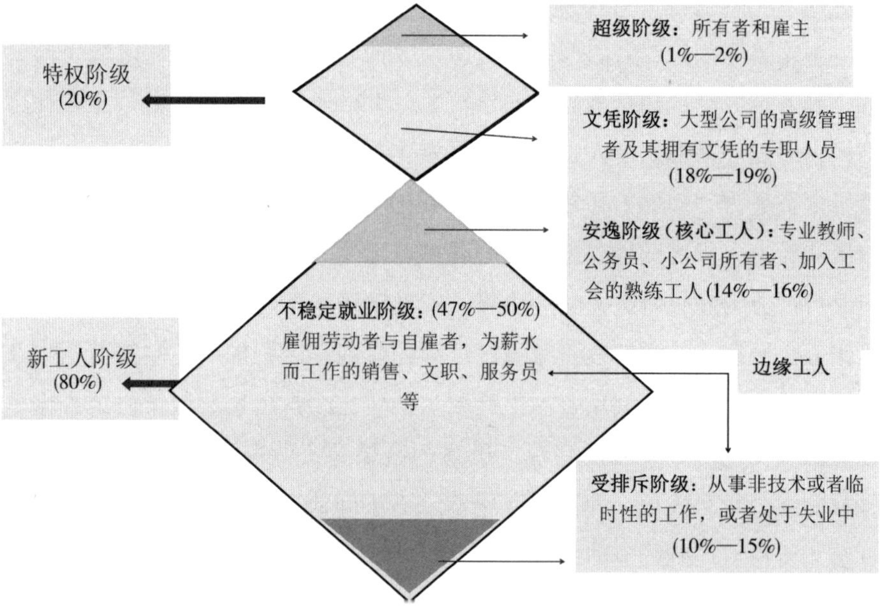

图 4-5　美国“双钻石阶级”结构图式

资料来源：厄尔·怀松、罗伯特·佩卢奇、大卫·赖特《中产陷落：美国新阶级社会的兴起与启示》一文。②

---

① 尹霞：《美国总统选举结局实质是社会阶层对立和博弈的结果》，载《红旗文稿》，2016 年第 12 期，第 8—10 页。

② 转引自〔美〕厄尔·怀松、罗伯特·佩卢奇、大卫·赖特：《新阶级社会：美国梦的终结?》，张海东等译，北京：社会科学文献出版社 2019 年版，第 30—31 页。

但是，劳工对国际贸易政策的决策只起到影响的作用，起决定性作用的仍然是资本的力量，只有当劳工的利益与资本的利益相一致时，才会形成可供参考的真实力量。这可以从美国的工会作用中得到实证。美国于1935年通过了《全国劳工关系法》给予了工人可以组织、集体谈判和罢工的权力，之后产生了众多的劳工组织，与资本行业协会追求资本集团利润最大化不同，劳工组织一般主张人权最大化。其中，美国劳工联合会—产业组织联合会（AFL—CIO）① 是美国最大的劳工组织，它关注美国的社会、经济、政治等各方面的问题，包括国际贸易政策对劳工的影响。此外，当全国性质的工会内部由于组成成员的差异对采取何种国际贸易政策产生分歧时，全国工会往往拒绝对国际贸易政策表达立场，而是以各个产业协会组成的劳工组织的形式关注国际贸易政策的制定情况，例如联合钢铁工会、联合矿业工会、联合服装与纺织业工会、联合汽车工会等。二战后，主要工会意识到出口带来的就业机会要大于进口贸易对就业的威胁，因此美国劳工联合会—产业组织联合会宣布支持逐渐降低关税，但是前提条件是需要对受到不利影响的工人予以援助，并通过协商建立起国际公平劳工标准。20世纪60年代，主要工会组织为了保护国内市场，转而支持特定产品进口配额制度。② 20世纪80年代，新自由主义政策的推行导致产业资本家有了替代性的选择，即将公司经常迁移到劳动力成本较低的国家，因此当地的工人受到严重的失业威胁③，相应地劳工组织转向支持保护贸易政策，要求国家将临时性的保护和调整援助相结合。

---

① 美国劳工联合会—产业组织联合会成立于1995年，是美国最大的劳工组织，拥有56个工会组织，1250万会员，在美国50个州都有分支机构，并且设立了包括金属、海上、建筑等众多贸易部门。

② Robert E. Baldwin, "The Changing Nature of U.S.Trade Policy Since World War II", in Robert E. Baldwin and Anne O. Krueger (eds.), *The Structure and Evolution of Recent U.S.Trade Policy*, Chicago: University of Chicago Press, 1984, pp.12-14.

③ Martin Gilens and Benjamin I. Page, "Testing Theories of American Politics: Elites, Interest Groups and Average Citizens", *Perspectives on Politics*, Vol. 12, No. 3, 2014, pp.564-581.

本章小结

综上所述，可以看出发达资本主义国家国际贸易政策的制定过程是公共权力的政治博弈的结果，而政治博弈背后显现的是发达资本主义国家经济关系，这和经典作家所描绘的国家的作用并无差异，作为“一般性”的国家是对物质生产关系和物质交往关系的概括；作为“特殊性”的国家是管理整个资产阶级共同事务的委员会；作为“个别性”的国家是理想的总资本家，即为了缓解资本主义生产的社会性和资本主义私人占有的矛盾，国家作为资产阶级的工具服务于资本。① 具体到国际贸易政策的决策过程中，发达资本主义国家受到本国、外国军工资本集团、产业资本集团、商业资本集团、金融资本集团等多方面的影响，而这些资本集团在一定时期对国际贸易政策的选择存在差异，相应的劳工对国际贸易政策的看法也存在差异，其结果就是国际贸易政策的长期政治失衡。对于受益于当前国际贸易政策的资本集团来说不同资本家之间通常形如一盘散沙，因自身利益不受影响而难以联合；相反，对于受到当前国际贸易政策威胁的资本集团和劳工往往会聚集在一起，组织起来影响政界以改变相应的国际贸易政策，因此国际贸易政策本身具有复杂性和脆弱性等特点。

---

① 《马克思恩格斯选集》第3卷，北京：人民出版社1995年版，第629页。

第五章　国际贸易政策所产生的经济影响

过剩的工人和资本在任何地方都用不上，因为同一过程也发生在其他一切部门。于是，从国内贸易向出口贸易过渡便成为各有关工业部门的生死存亡的问题了，但是，另外一些人的既定的权利和既得的利益却同它们发生矛盾，因为对于这些人，保护关税制度在目前比自由贸易更可靠、更有利。

——马克思

第三、第四章阐述了发达资本主义国家国际贸易政策的变迁过程及其政治过程中的决策过程，并以此说明发达资本主义国家国际贸易政策决策的本质、变化及其特征。反过来说，国际贸易政策一旦制定也会直接影响其社会经济生活。资本积累和充足的劳动力是发达资本主义国家经济增长的基本条件，但是在马克思资本积累的经典论述中，他撇开了对外贸易而研究资本积累及其规模扩大的再生产。① 二战后，随着生产力的发展和经济全球化的发展，国际贸易成为经济增长的重要引擎，促进了资本积累的形成和全球劳工的形成。在这样的情况下，自由贸易政策和保护贸易政策通过什么样的机制对本国资本积累和全球劳工产生影响，以及产生何种经济影响成为本章要研究的重点问题。

① 《马克思恩格斯文集》第 6 卷，北京，人民出版社 2009 年版，第 114 页。

第一节　国际贸易政策对资本积累的经济影响

一、自由贸易政策对资本积累的经济影响

将实现的剩余价值转化为资本，即资本积累的过程。马克思在《资本论》第一卷中讲述了资本积累理论，但是他并没有将作为生产媒介的货币流通考虑在内，卢森堡对其进行了补充。卢森堡以资本主义生产为出发点，梳理了关于再生产问题的论战和历史发展情况，认为资本积累须满足两个前提条件：第一，必须要有充足的劳动力。在资本主义国家，这个过程是通过将中产阶级无产化或者使用机器替代工人来实现的。第二，必须要将工人生产的商品出售出去。由于资本积累的第一个前提条件造成的结果是工资仅能维持工人的生存，因此工人对商品的购买能力有限，仅能购买生活所需的必需品；而资本主义生产方式中资本家的消费与奴隶主和封建君主不同，资本家通过限制消费进行资本积累，以便在扩大再生产中获得更多的剩余价值，因此为了实现商品出售，即马克思所说的完成商品的“惊险的跳跃”①，卢森堡提出了资本主义同非资本主义交换的方式以增加“社会需要”②，即寻找充足的消费市场。在手段上则采取对外贸易和殖民扩张等形式实现对非资本主义环境的控制③，从而进行资本积累，这说明资本主义经济就是帝国主义经济，也就是全球资本主义。具体而言，自由贸易政策使得资本主义国家与非资本主义环境产生关系，从而增加资本积累的途径如下。

① 《马克思恩格斯文集》第5卷，北京：人民出版社2009年版，第127页。

② 〔德〕罗莎·卢森堡、尼·布哈林：《帝国主义与资本积累》，紫金如、梁丙添、戴永保译，哈尔滨：黑龙江人民出版社1982年版，第57—70页。

③ 张建：《资本积累理论：罗莎·卢森堡对历史唯物主义的新发展》，载《湖北社会科学》，2017年第9期，第5—9页。

1. 自由贸易政策—世界市场/流通范围—资本积累增加—经济增长

资本主义生产方式的内在必然性要求不断扩大市场，而自由贸易政策有助于开拓世界市场。在劳动过程不发生变化的情况下，也就是剩余价值率不变的情况下，对外贸易能够促使利润率增加，从而增加资本的积累。首先，发达资本主义国家可以在全球范围以低价采购到原材料，从而使得不变资本（c）的要素变得便宜，如果原材料降低价格为 d>0，则利润率会由原来的 m/（c+v）变成 m/（c+v-d），即利润率提高，因此废除和减轻关税对于工业资本积累具有重要的意义。① 与此同时，可变资本（v）转化的生产资料也变得便宜，从而可以在剩余价值量不变的情况下，因原材料价格的变动而降低资本主义企业的生产成本，进而提高利润率，有利于资本主义企业进行资本积累。其次，发达资本主义国家在全球范围销售产品，因其劳动生产率较高，其通过贸易与生产力不足的国家进行商品竞争，即使价格较便宜也会高于商品的个别价值，从而获得超额利润。最后，发达资本主义国家因对殖民地地区的奴隶和苦力的剥削程度高，也会提高利润率，从而增加资本积累。

具体到美国而言，其主要通过推动自由贸易政策在全球的发展以占有原材料市场和销售市场。在全球销售方面，美国从二战开始布局全球战略，主要通过关税与贸易总协定推动贸易自由化。② 而在全球原材料采购上，最典型的例子是 2009 年 6 月美、欧、墨要求 WTO 审理中国限制原材料出口的问题。中国出于对本国环境和不可再生资源保护的角度对铝土矿、镁、焦炭、金属硅、黄磷、碳化硅等原材料进行出口限制，然而这种措施增加了美、欧、墨国家生厂商和加工商的生产成本，削弱了相关产品在国际上的竞争力③，美、欧等国家以此投石问路，随后则是针对中国具

---

① 《马克思恩格斯文集》第 7 卷，北京：人民出版社 2009 年版，第 120—122 页。

② 熊玠：《美国全球布局的由来与演变》，载《人民论坛·学术前沿》，2016 年第 6 期，第 6—17 页。

③ 冯思然：《论 WTO 出口限制措施——以“中—美欧墨原材料出口限制措施案”为例》，北京：首都经济贸易大学硕士学位论文，2012 年。

有战略性地位的稀土资源，这无疑是美国对世界稀缺资源的争夺战，以此服务于本国的资本积累。

2. 自由贸易政策—产业转移/流通范围及生产范围—资本积累增加—经济增长

资本家内在的获利本性和外在的竞争压力驱使资本家不断采取最先进的生产技术，即改变劳动过程，从而获得超额剩余价值，而每个资本家竞相采取先进的生产技术最终会导致他们获得相对剩余价值。与这个过程相伴随的则是技术持续不断地创新，相应的社会劳动生产率水平提高，资本有机构成提高，而这样会使平均利润率有下降的趋势。为了抵抗这种趋势，增加利润和资本积累，发达资本主义国家采取新自由主义政策重构资本积累，强调在国际贸易中的自由化及其金融化，使资本尽量逃避利润率较低的制造业，转向服务业和金融业。

具体到美国来说，二战之后，美国制造业的资本有机构成数量呈现上升趋势，这和马克思以机器大工业为背景论述的趋势相吻合，因机器大工业中最具有代表性的即制造业。生产能力过剩导致了美国制造业的实际利润率从 1965 年到 1973 年下降了 43.5%①，与之相伴随的是国内消费需求的收缩，国内的掠夺已经无法满足本国的资本积累。因此，发达资本主义国家推动了新一轮的经济全球化，在国际贸易上则表现为对自由贸易政策的推动。随着国家贸易发展和产业转移，制造业不再是美国的核心产业。二战后到 20 世纪 70 年代，美国工会组织兴盛，为了避免危机出现的促进消费增长的政策使得工人阶级收入可观，而以石油为主的相关产品的不变资本价格则较低，因此可变资本较不变资本增长较快，资本有机构成呈下降趋势。20 世纪 80 年代，伴随着跨国公司向外转移，美国产业结构迅速调整②，跨国公司在资本和技术上具有垄断性的优势，因此占据着研发、

---

① ［美］罗伯特·布伦纳：《繁荣与泡沫：全球视角中的美国经济》，王生升译，北京：经济科学出版社 2003 年版，第 12 页。

② 李翀：《在新的历史条件下对资本有机构成趋向提高规律的再认识》，载《当代经济研究》，2020 年第 1 期，第 11—21、112 页。

设计、销售及其高端服务业等环节，而将制造业、原材料等初级和低端的产业转移出去，通过国际贸易的形式再流入本国。1990 年，由美国经济研究所牵头制定的“华盛顿共识”加速了贸易经济的自由化，美国的产业结构升级和制造业的萎缩抑制了利润率下降的趋势，同时国际产业垄断资本和国际金融垄断资本凭借技术垄断地位、“多供应商相互竞争与制衡策略”进行价格垄断和市场垄断，从而实现资本积累，促进本国经济增长。

二、保护贸易政策对资本积累的经济影响

自由贸易政策在促进资本积累的同时，资本主义的矛盾也在全球范围展现出来，自由贸易政策下资本积累方式的核心是以全球大商业资本家和跨国资本家为核心的制度设置，正如卢森堡所论述的，自由贸易有利于商人资本和农业消费者的利益，但是在炼钢工业中的情况正好相反。① 自由贸易政策最终导致了美国国内产业的空心化，以牺牲劳动者的利益维持着垄断利润。② 因此，资本主义生产方式的自由贸易政策不能维持资本积累，根据法国调节学派的看法③，资本积累的长期稳定性需要调节模式起作用，不同时期积累的增长会被危机中断，必须使用货币信贷关系、劳资关系、竞争形式、国家作用及其国际体系进行调节，而国际体系中最重要的则是国际贸易及其相应的国际贸易政策。

① 〔德〕罗莎·卢森堡：《资本积累论》，彭尘舜、吴纪先译，北京：生活·读书·新知三联书店 1959 年版，第 361 页。

② 杨慧玲、甘路有：《国际垄断资本积累逻辑中的美国对华“贸易争端”》，载《政治经济学评论》，2019 年第 3 期，第 142—161 页。

③ 法国调节学派以米歇尔·阿格利埃塔、阿兰·利比茨、罗贝尔·布瓦耶等人为代表，提出了三种资本积累模式，第一种为 19 世纪的“外延性积累体制”，即在劳动过程不发生变化时，以增加劳动力人数和延长劳动时间来增加绝对剩余价值的生产模式；第二种为 20 世纪以后的“内生性积累体制”，即在劳动过程发生变化时，通过提高劳动生产率获得相对剩余价值的生产模式，但是此时期因缺乏资本主义生产所需要的消费市场而使生产和消费不能持续；第三种为二战后的“大规模消费的内生性积累体制”，也被称为“福特主义模式”，主要在增加劳动生产率的同时，增加工人工资，以此扩大消费。

保护贸易政策对资本积累产生影响的途径为制定产业政策，发展新兴制造业。因为新兴制造业是市场领导的核心，具有较高的利润，从而可以通过保护关键幼稚性产业和战略性产业进行资本积累。具体到美国而言，美国历来信奉自由市场的作用，在理论上宣传没有产业政策即最好的产业政策。① 但是，通过考察美国产业政策的历史实践发现，美国政府不但在市场中充当“修理者”，其也是“塑造者”。② 美国在建国之初使用的保护贸易政策支持了制造业的发展，从而促进资本积累和经济增长，而2008年金融危机之后美国重新拾起贸易保护主义政策，制定“再工业化”战略，如表5-1所示。美国制订了若干创新产业和新兴制造业支持计划，以发展利润较高的先进制造业占据产业制高点，与此同时，使用创新技术改造传统产业，重新获得竞争优势。③

表5-1　金融危机后美国制造业振兴计划表

时间	美国制造业振兴计划名称	主要内容
2009年9月	美国创新战略：推动可持续增长和高质量就业④	投资创新要素、推动竞争性市场和有效就业、关键性领域创新突破
2009年12月	重振美国制造业框架	构建研发、投资、劳动力、基础设施、创新等制造业发展框架
2010年8月	制造业促进法案	实施税收优惠政策等措施

① 〔美〕加里·贝克尔、吉蒂·贝克尔：《生活中的经济学》，章爱民、徐佩文译，北京：机械工业出版社2013年版，第100页。

② 周建军：《美国产业政策的政治经济学：从产业技术政策到产业组织政策》，载《经济社会体制比较》，2017年第1期，第80—94页。

③ 贾根良、楚珊珊：《中国制造愿景与美国制造业创新中的政府干预》，载《政治经济学评论》，2019年第7期，第88—107页。

④ Office of Science and Technology Policy, “A Strategy for American Innovation: Driving Towards Sustainable Growth and Quality Jobs”, 2009.

（续表 5-1）

时间	美国制造业振兴计划名称	主要内容
2011 年 2 月	美国创新战略：确保国内经济增长和高质量就业	确定未来在先进制造业、清洁能源和生物技术等领域优先突破
2011 年 6 月	确保美国先进制造业的领导地位①	建议成立先进制造业合作伙伴 1.0，支持尖端技术战略性和新兴产业
2012 年 2 月	先进制造业国家战略计划	加快对中小企业投资，加大研发投资
2012 年 7 月	获取先进制造业国内竞争优势	加快创新、改善商业环境和保证人才培养作为获取先进制造业的支柱
2013 年 9 月	奥巴马修改制造业计划	成立先进制造业合作伙伴 2.0
2014 年 10 月	加速美国先进制造业②	重视跨部门合作，增强美国企业全球竞争力
2015 年 10 月	美国国家创新战略	重视私人部门、基础研发、创新人才、高质量劳动力、创新领域、创新政府
2016 年 4 月	先进制造：联邦政府优先技术领域速揽	提出五大新兴制造领域：先进材料制造、生物工程、生物制造、药品制造、药物生产工艺集成
2017 年 12 月	特朗普税改方案	鼓励制造业回流美国
2018 年 4 月	特朗普掀起贸易战	保护本国高端制造业

① President's Council of Advisors on Science and Technology (PCAST), "Ensuring American Leadership in Advanced Manufacturing", 2011.

② Bonvillian, W. B, "Advanced Manufacturing: A New Policy Challenge", *Annals of Science and Technology Policy*, Vol. 1, No. 1, 2017, pp.1–130.

第二节 国际贸易政策对劳工的经济影响

一、自由贸易政策对劳工的分化

全球化和逆全球在历史上交替发展，在发达资本主义国家中由技术推动的资本主义工业体系不断经历“创造性毁灭”的过程，即资本主义靠先进的生产力和技术生产了巨大的社会财富，但是技术使得资本—劳动的矛盾更加尖锐。在这种不利于劳工的大趋势下，自由贸易政策加速了生产在全球范围内进行重组，其实质是一种空间调整策略，使全球资本扩张到不同的地理范围，相应地也将资本—劳工、劳工—劳工的冲突带到了新的空间，在这一过程中最显著的特点是本地化劳工被全球劳工所取代。从这种意义来讲，全球性的工人阶级已经存在。根据世界银行数据显示，1990 年全球劳工为 23.39 亿人，2017 年全球劳工为 34.53 亿人，增长率为 47.63%。除此之外，1980 年后，中国、印度、东南亚的多数国家、土耳其、埃及和一些南美洲等发展中国家的农民融入全球劳动力市场，使得中等收入国家的劳动力在全球劳工的增长数量中占有很大的比重，具体表现为 1990 年中等收入国家劳工为 11.94 亿人，2017 年则为 18.17 亿人，增长率为 52.18%。[①] 在全球劳工形成的基础上，自由贸易政策从根本上改变了资本主义的雇佣关系，本节从核心工人与边缘工人、资本对劳工的收入分化和劳工壁垒联合的加大三个方面说明自由贸易政策加剧了本国工人之间、本国工人与外国工人之间的竞争。

---

① 世界银行:《世界发展指数（WDI）》（2017）。世界银行统计的劳动力为 15 周岁以上通过劳动提供商品和服务的人，包括正在工作岗位上的人和摩擦性失业者。

1. 核心工人与边缘工人

发达资本主义国家在自由贸易政策的意识形态引导下，放弃了“垂直一体化”的生产体系，转而建立了多层次的“购买体系”“分包体系”，前者表现为一般贸易，后者表现为加工贸易。在这个过程中，不仅使得生产链条越来越长，建立了跨越多个国界的全球生产价值链，而且全球产业资本在全球的布局越来越体现出不平衡的等级特点，具体表现为发达资本主义国家一般处于“U 型产业微笑曲线”[①] 的两端，即高技术、精密机械制造工艺的制造业，而发展中国家则为技术含量低、附加值较低的加工型制造业，两者通过国际贸易形成了跨国资本和商品的循环。此外，还有自由贸易工业区，即在能够为核心劳动力提供就业安全保证基础上建立的合作关系，以达到从次级供应网络那里获得低成本和灵活雇佣[②]，促使资本在全球范围内获得控制劳动的权利。[③] 以中国和美国的高新技术出口为例，虽然中国在 2008 年高新技术出口在数字核算上超过了美国，但是根据林登（Linden）等人（2009）对中国组装、生产苹果公司 iPod（2017）产品的核算，中国获得的产品增加值仅仅是出厂价格的 8%。[④] 林登（2010）等人又对联想和惠普计算机的生产、组装进行测算，结果显示这一数值仅为

---

① “U 型产业微笑曲线”属于产业经济学的范围，对应在产业链上，微笑曲线的两端附加值更多，其中微笑曲线的左端代表研发、技术、专利等，微笑曲线的右端代表市场、品牌、服务等；微笑曲线的中间环节附加值较少，代表组装和制造业等。

② 〔美〕贝弗里·J. 西尔弗：《劳工的力量：1870 年以来的工人运动与全球化》，张璐译，北京：社会科学文献出版社 2012 年版，第 88 页。

③ 黄瑾：《新自由主义的三大悖论》，载《当代经济研究》，2013 年第 7 期，第 45—51 页。

④ Linden G., Dedrick J., Kraemer K. L, “Innovation and Job Creation in A Global Economy: The Case of Apple's Ipod”, *Personal Computing Industry Center*, UC Irvine, 2009.

3%，这说明中国处于全球产业链的低端。① 虽然近年来中国不断向全球产业链高端迈进，但是根据蒋雪梅等人（2018）以电子信息产业为例进行测算的结果显示，美国获得了85%的出口经济效益，中国仅获得了61%，而两国所受到的污染程度用隐性碳排放量衡量却分别是60%和80%。② 综上，现有研究表明，中国在高新技术出口中仅仅是参与了全球劳动密集型的环节而已。

与资本主义产业资本在全球分布的不平衡相适应，全球劳工在世界范围内也被分成核心工人和边缘工人两大类。这一过程被现代科学技术的发展所强化，随着人工智能（AI）的应用、数字化制造体系的构建及其智能工厂在生产体系的普及，劳工产生了明显的两极分化，一方面是资本所需要的高端技术和管理人才，另一方面是被机器和智能体系所强化的去技能化工人，这也加大了资本对劳动力的弹性需求。处于核心地位的工人一般是高级技术人才，其跟随着跨国公司的发展在世界各个国家担任重要的管理或者技术岗位，处于公司控制权和利润集中的顶层，如华尔街金融业从业者、跨国公司高级管理人员、掌握技术的少数精英等，形成了所谓的国际经理阶层。威廉·罗宾逊称其为“跨国精英”③，其相应的收入也伴随着全球资本的获利而增加。处于边缘地位的工人一般是没有专业技术的普通劳动者，大量的非熟练工人、女工和童工，他们不仅受地域和国界的限制，而且也受国际贸易政策及其环境的影响，处于低工资和生产性缺乏的底端。对于发达国家的边缘工人而言，自由贸易政策使得工人因工厂关闭或转移到海外而失业。根据美国国会委托的调查显示，在20世纪末到21世纪80年代中期，有超过1100万就职于制造业的人失业，而根据美国劳

① Dedrick J., Kraemer K. L., Linden G, “Who Profits from Innovation in Global Value Chains: A Study of the Ipod and Notebook Pcs”, *Industrial and Corporate Change*, Vol.19, No.1, 2010, pp.81-116.

② 蒋雪梅、刘轶芳：《全球价值链视角下的中、美高新技术产业出口效益及环境效应分析》，载《管理评论》，2018年第5期，第58—63页。

③ 〔美〕威廉·罗宾逊：《全球资本主义理论与跨国精英的出现》，罗理章译，载《理论与评论》，2018年第3期，第88—96页。

工部统计局委托对解雇工人进行的调查显示，在 1986—1991 年，有大约 1200 万从事于服务业的人被解雇。[①] 然而，当国家间实行自由贸易政策且贸易量增多时，其他国家因承接外贸产业，促使这些国家的边缘工人充斥在劳动力市场，从事着低生产率和低工资部门的工作，例如洪都拉斯的童工可以替代美国南卡罗莱纳州的工人。[②] 然而，这种工作是极其不稳定的，一旦有更加便宜的要素市场，自由市场的力量就会使边缘工人首当其冲受到影响，阿迪达斯的工厂从美国转移到中国，最近又转移到越南等国即可说明此问题。因此，可以说边缘工人处于脆弱性的就业状态，一些经济学家将其定位于“不稳定无产阶级”（precariat）。[③] 除此之外，还有充当“内部劳动后备军”和“外部劳动后备军“的失业工人，其境遇比边缘工人的还要低，挣扎在生活的贫困线上，但是这些工人起到“劳动力蓄水池”的作用：一方面，根据全球生产网络的扩大或者缩小以供应或退出劳动力市场；另一方面失业工人给在业工人造成压力，使得现有工人的竞争更加剧烈，迫使在业工人不断提升自我素质以供资本进行剥削。

2. 资本对劳工收入的影响

主流经济学宣称自由贸易政策能带来平等的机会和消除世界贫困，但是在现实的经济活动中，发达资本主义国家资本对劳工收入的分化已经从本国扩展到全世界，这主要体现在资本家—劳工之间、劳工—劳工之间的收入差距不断扩大。自由贸易政策加速了生产模式的碎片化，削弱了传统工人的议价能力。在发达资本主义国家倾向于自由贸易政策阶段，市场力

---

① 〔美〕厄尔·怀松、罗伯特·佩卢奇、大卫·赖特：《新阶级社会：美国梦的终结?》，张海东等译，北京：社会科学文献出版社 2019 年版，第 60—61 页。

② 〔美〕丹尼·罗德瑞克：《全球化走得太远了吗?》，熊贤良、何蓉译，北京：北京出版社 2000 年版，第 6 页。

③ “Precariat”一词由“precarious”（不稳定的）和“proletariat”（无产阶级）构造而来，用来描述全球就业的临时性和非正式性等特征。英国广播公司（2013）将英国社会划分为七大阶级（精英阶层、世家中产阶级、技术型中产阶级、新型富有工作者、传统型工人阶级、新型服务业工作者、不稳定无产阶级），“不稳定无产阶级”处于最底层，不受劳动法律的保护，被称为“最危难的工人”。

量加剧了资本的积聚和集中，使得资本越来越集中在少数的、大的全球资本家手中，使全球资本家与劳工阶级之间的收入差距越来越大。就国内资本家和国内劳工而言，根据世界银行统计数据显示，美国2013年收入最高群体的10%与收入最低群体的10%的收入差距约18倍之多①，收入差距不仅影响着正在经历的一代，而且也具有明显的代际效应。美国科学院院士罗伯特·帕特南在《我们的孩子》一书中，感性地描述了街道两边严重的贫富差距。同一条街道一边是天堂，另一边则是地狱。② 就全球资本家和全球劳工而言，美国硅谷的亿万富翁是以中国、印度等国家的临时工以及合同工的低工资为代价的，可以说硅谷是全球劳工"富人和穷人之谷"的现代写照。

除此之外，全球性的劳工竞争削弱了底层工人的工资水平，这不仅表现在技能工人和去技能工人上，还表现在发达资本主义国家从事替代性工作（包括合同工、临时工、独立承办商以及自由职业者）的人数逐渐增多。具体而言，一是发达资本主义国家内部替代性工人人数增多。有数据显示，美国2015年较2005年从事替代性工作的人数增加了5.1%。③ 二是发达资本主义国家外部替代性工人人数的增加。由于自由市场的力量，美国可以将其工作外包给墨西哥和亚洲的工人，奥巴马在2008年的竞选活动中声称《北美自由贸易协定》造成美国失去了100万个工作岗位。总之，发达资本主义国家工人的工作不仅被计算机控制的机器、自动化设备所取代，而且因"离岸外包"的发展被其他国家的工人所取代。但是，因为替代工人所需要的工资较少，所以产生了国内和全球范围内的劳工工资不平等。以美国为例，就国内劳工的不平等而言，美国属于高度不平等的国家。根据托马斯·皮凯蒂（2014）的研究，2010年最上层的10%人口的劳

---

① World bank, World Development Indicators 2017. from www.openknowledge.worldbank.org.

② 〔美〕罗伯特·帕特南：《我们的孩子》，田雷译，北京：中国政法大学出版社2017年版，第26页。

③ 〔法〕托马斯·皮凯蒂：《21世纪资本论》，巴曙松等译，北京：中信出版社2014年版，第308页。

动收入占全国劳动收入总份额的35%，最下层的50%人口的劳动收入占劳动收入总份额的25%，预计到2030年会进一步加大收入差距。当这两个数值分别为45%和20%时，美国便成为劳动收入极度不平等的国家。① 就全球劳动收入而言，其劳工收入差距扩大化的趋势更为明显，表现为同工不同酬，如2008年中国制造业工人的工资仅仅为欧盟地区的3%，美国地区的4%。②

3. 劳工联合壁垒的加大

资本的逐利性要求资本挣脱地方时空的约束，在全球范围内进行财富增殖，尤其是21世纪随着信息技术的发展，资本搭载跨国公司在全球进行扩张。国际贸易可以通过超级计算机的协助迅速盈利，促进了产业资本的联合、商业资本的联合，以及金融资本的联合，在一定意义上形成了全球资本的联合。然而，在全球资本联合的同时，现阶段全球劳工越来越松散和分化，这与马克思所设想的"工人没有祖国"③ 从而形成国际劳工联合的革命理论不同。虽然在2008年经济危机后，全球工人为了抗议生活成本的上涨、实际工资和保险等收入的下降、反对失业工人的增加等，出现了法国"黄马甲"罢工、美国汽车工人罢工、加拿大铁路罢工等标志性事件，但是大多都以薪资暂时性上涨，在本国增加工厂缓解失业而暂时性告终。虽然存在国际工会联合会（ITUC）、世界工会联合会（WFTU）、国际网络工会（UNI Global Union）等国际性工会组织，但是这些组织在劳工治理问题上的作用集中在价值引领、议程设定和劳工标准制定等方面，很难达到全球范围内的劳工联合，这说明现实情况中全球资本和全球劳工的发展使得劳工联合越来越难，具体而言：

---

① 〔法〕托马斯·皮凯蒂：《21世纪资本论》，巴曙松等译，北京：中信出版社2014年版，第251页。

② 〔美〕J. B. 福斯特、R. W. 麦克切斯尼、R. J. 约恩纳：《全球劳动后备军与新帝国主义》，张慧鹏译，载《国外理论动态》，2012年第6期，第38—48页。

③ 《马克思恩格斯选集》第1卷，北京：人民出版社1995年版，第419页。马克思所说的"工人没有祖国"并不是指工人不属于一定的民族国家，而是指工人的经济状况、对立面及其解放条件是国际性质的，因此其国际团结比民族团结更重要。

从“生产—市场”的角度来看，马克思曾在描绘英国工人阶级的状况时，指出资本家由于要对抗自己的工人，不是把外国工人运进来，就是把活交到劳动最便宜的国家去。[①] 这一显著特点仍然适用于现在的情况，但是由于发达资本主义国家采取市场经济体制，使得资本可以在国家间自由流动，劳动则没有这样便利的条件[②]，因此发达资本主义国家普遍采用空间调整策略，将生产转移至低成本国家。除此之外，当代资本主义国家的新特点在于使用模块化生产进行分而治之，即把复杂的产品生产体系按照统一规则细分为独立且标准化的不同模块，以便可以将不同的模块交给不同的低工资国家进行生产，促使企业能够灵活对接低工资国家的转变和市场需求，降低了企业风险和产品成本。而对于劳动者来说，因劳工人数众多、分布广泛、行业各异，很难达成集体行动，并且劳工群体受限于自身语言、家庭、文化及其社会关系的限制，劳动较资本更难在全球范围内流动，即使存在全球劳工，也受限于一定的地区或是民族国家，因此全球资本的联合优先于劳工的联合。

从“政治—社会”的角度来看，一是劳工群体来源于不同的民族国家，虽然在经济全球化时代民族国家的概念逐渐被弱化，但是民族国家仍然是国际交往和国家关系的重要行为体，劳工从小接受的爱国主义教育使其对民族国家的认同一般高于对全球阶级的认同，劳工在国际劳工团结和民族国家之间往往选择后者，因此地方劳工的分散减弱了劳工的反抗能力。[③] 美国工人认为中国工人抢夺了其就业机会就是很好的证明。二是全球资本在国际贸易中往往采取外包的形式，造成特定行业中劳工群体的内部分化，有人属于中上层技术劳动者，有人属于管理劳动者，有人属于边缘地带的普通劳动者，这不仅造成了熟练工人和非熟练工人之间的分化，

---

① 《马克思恩格斯全集》第16卷，北京：人民出版社1964年版，第607—608页。

② 〔英〕苏珊·斯特兰奇：《国家与市场》，杨宇光译，上海：上海人民出版社2012年版，第81页。

③ 汪仕凯：《在国际团结与民族国家之间——现代世界体系中的劳工阶级》，载《世界经济与政治》，2017年第11期，第4—34页。

而且呈现出本国劳工—本国劳工之间、本国劳工—外国劳工之间的较量，使得劳工联合更加不易。① 三是非正式就业的存在，非正式就业可以给资本主义企业节省用工成本，实现灵活用工，例如全球零售巨头沃尔玛，食品巨头肯德基、麦当劳等企业就倾向于使用非正式工人，其缺乏相应的工会组织，因此劳工联合成了更加困难的事。

二、保护贸易政策对劳工的影响

1. 保护贸易政策真的能缓解失业吗?

保护贸易政策是在发达资本主义国家经济衰落或者出现危机时，用于保护大资产阶级利益集团的主要手段，因此具有明显的周期性。关于保护贸易政策是否能促进劳工的利益问题，传统研究认为进口通过替代国内生产而降低就业水平②，因此保护贸易政策具有促进就业的作用。③ 如特朗普提倡的“购买美国货、雇佣美国人”的美国优先策略。此外，特朗普政府掀起的中美贸易摩擦也是基于这样的观点，认为提高进口关税能够限制进口，从而促进美国的就业。然而，如前文所述，全球化的发展促使全球产业链的形成，贸易增加值的创造发生在不同国家，因此在计算进出口时不有忽视中间产品的作用。新贸易理论认为国内进口对就业的影响具有不确定性，这主要取决于所在行业的性质。④ 除此之外，占华等人（2016）

① 刘震、许弘智：《全球“社会断裂带”：联合的全球资本与分裂的地方劳工》，载《马克思主义与现实》，2019 年第 5 期，第 141—148 页。

② Pierce, Justin, R. and Peter K. Schot, “The Surprisingly Swift Decline of US Manufacturing Employment”, *American Economic Review*, July 2016, Vol.106, No.7, pp. 1632-1662.

③ Revenga A., “Exporting Jobs: The Impact of Import Competition on Employment and Wages in U.S. Manufacturing”, *Quarterly Journal of Economics*, Vol.107, No.3, 1992, pp.255-284.

④ Andre Barbe and David Riker, “The Effects of Tarifs on Employment in Global Value Chains”, *USITC Office of Economics Working Paper*, 2017.

的研究显示，没有发现发展中国家的出口将恶化发达国家就业的证据。①

具体到美国而言，2008 年金融危机之后，受到常规扩张性财政政策和非常规货币政策的刺激，美国投资和新创公司大幅度增长，个人消费支出稳步扩大②，促进了美国经济恢复。美国 GDP 增速由 2008 年和 2009 年的-0.3%和-2.8%提高到 2018 年的 2%③，对劳动力的需求也随之加大。此外，在金融危机后，世界上大部分国家都采取了不同程度的贸易保护手段，其中以美国的保护贸易主义更为突出。需要指出的是，保护贸易政策并不能消除失业现象，如图 5-1 所示。美国失业率虽然在 2008 年后有所下降，但是在最好的情况下也未低于过 3.8%，而 2018 年美国的失业率较低则是因为美国经济处于从复苏期进入繁荣期的阶段。

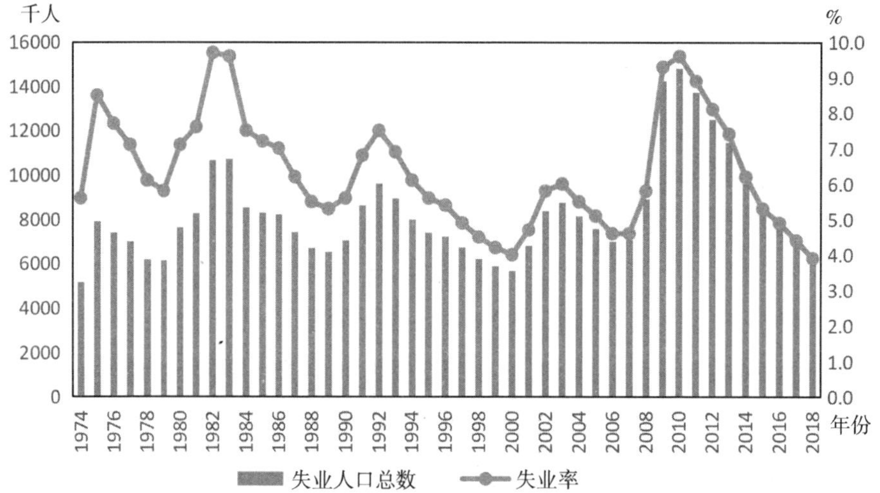

图 5-1　美国 1974—2018 年失业人口总数和失业率

资料来源：作者根据美国劳工部官方网站数据绘制。

① 占华、于津平：《贸易政策、扩大进口与失业》，载《世界经济文汇》，2016 年第 2 期，第 52—67 页。

② 曾绍龙、曾凯霖：《特朗普经济政策评述及其效应》，载《亚太经济》，2018 年第 1 期，第 12—20 页。

③ 数据参见美国总统经济报告（2019 年）。

2. 原因：资本对劳动的替代和控制过程

资本主义的制度环境是发达资本主义国家所有生产关系的基础，资本的内在逐利性和外在竞争压力要求技术需不断创新，新技术替代旧技术的过程中资本主义有机构成（c/v）不断提高，使得资本替代劳动的过程不断深化。资本家不断革新生产资料不仅给其带来更高的利润，而且相应地改变了资本主义国家的产业结构。二战后，发达资本主义国家制造业的发展提升了人均收入水平，从而使得人们对产品和服务的需求呈现出多样化特点，并衍生出研发、咨询、设计、金融等服务于制造业的服务行业，形成了制造业与服务业的良性互动趋势。但是20世纪70年代，发达资本主义国家通过“去工业化”进程使资本主义国家的制造业转移到生产成本较低的国家。通过构建全球产业链，发达资本主义国家中的机器制造业、采矿业、纺织业等制造业在产业结构中的比重下降，而金融业、广告业、娱乐业、咨询业、通信业等服务业在产业结构中的比重逐渐上升并转变为主导产业。产业结构变迁导致制造业衰退，其结果就是随着产业结构的变迁，大批从事制造业的劳动力不断被排斥到生产之外。一旦爆发经济危机，丧失了强大物质生产能力的经济结构就使得经济更加脆弱，失业人口剧增。图5-2呈现了1980—2018年美国制造业吸收劳动力就业的情况，从2000年开始，美国制造业吸收劳动力就业的能力呈现第一次断崖式下降，2008年金融危机时期呈现第二次断崖式下降，虽然美国一直采取措施增加就业，但是如图5-2所示制造业就业人数仅呈现小幅度上升。除此之外，产业空心化导致产业工人的技能趋于下降，操作技能失传，工匠精神得不到延续和发展，因此产业工人的断代必然反过来造成制造业的衰退。

制造业劳动力的释放有多少能被高新技术产业吸收，决定了发达资本主义国家的失业情况。发达资本主义国家的技术进步仅仅服务于少数大垄断资本，根据马克思的劳动价值论，只有物质生产劳动才能创造价值，服务并不创造价值。因此，服务业需要依附于制造业的发展，服务业的发展会因制造业的萎缩而陷入停滞状态中，即制造业释放的劳动力不能被高新技术产业所吸收。此外，发达资本主义国家之间在高新技术产业领域同质化严重，形成了激烈的竞争，零和博弈的结果必然使一部分发达国家丧失竞争优势，导致经济衰退，并成为失业的根源。可以说，失业成为发达资本主义国家的常态，而伴随着经济全球化的深入发展，资本主义生产方式在全球建立，从而使得失业成为全球所有国家的常态。① 根据国际劳工组织《2019 年世界就业与社会展望趋势》报告显示，2018 年全球失业率为 5%，但是地区性失业率差异较大，东南亚和太平洋地区失业率为 2. 9%，南亚地区失业率为 3. 1%，东亚地区失业率为 4. 2%，欧洲西、北、南部地区失业率为 7. 6%，欧洲东部地区失业率为 5. 2%，拉丁美洲和加勒比海地区失业率为 8. 0%，阿拉伯地区失业率为 7. 32%，中亚和西亚地区失业率为 8. 2%。②

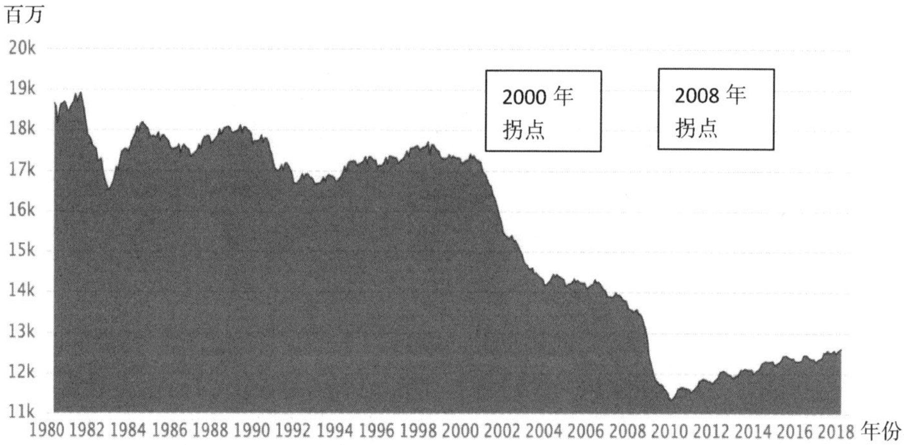

图 5-2　1980—2018 年美国制造业就业水平及其变动趋势

资料来源：根据 CEIC 数据库就业数据进行绘制③。

① 何自力：《产业变迁与资本主义的衰落》，载《政治经济学评论》，2012 年第 10 期，第 33—46 页。

② See *World Employment Social Outlook Trends 2019*, https://ilostat.ilo.org.

③ 访问网址 https://www.ceicdata.com/zh-hans/united-states/current-employment-statistics-survey-employment-non-farm/employment-nf-manufacturing（访问时间：2019 年 11 月 21 日）。

同时，技术的革新体现在对劳动过程和劳动者控制的加强。机械工具的创新成为规训劳动者的方法，在资本主义社会先后出现的工场制度、泰勒主义、自动化、机器人化以及现在流行的人工智能，都是将工人的操作概念化，从而使工人和机械的运动相一致，这无疑提高了劳动过程的精准性和劳动的生产效率，这种方式无疑是马克思所说的生产相对剩余价值的新方法。另外，资本家借由技术应用于制造业使得工人成为“去技能化”的工人，尤其在21世纪的今天，互联网大数据使得原本的基于人工的制造业转变为机器制造（machine to machine）及其智能制造（plan to plan），使用极少数的管理工人管理操作工人，这样有利于资本家调控工资，寻求越来越便宜的商品以维持劳动者的生存，借此使低薪变得可以接受。[①] 所以，从资产阶级和劳动阶级的关系来说，技术的革新无疑是阶级斗争的关键武器，但是这种控制过程在摧毁社会必要劳动和价值生产的同时，也摧毁了资本盈利能力的基础，给资本主义社会带来了内在的矛盾。

本章小结

从以上分析中可以看出，国际贸易是实现价值的手段，国际贸易虽然属于流通领域，但是贸易越顺畅越有助于生产，越有利于资本积累。自由贸易政策和保护贸易政策是否有利于资本积累要做具体的分析，这跟发达资本主义国家的经济实力和产业竞争力有关系。具体而言，当发达资本主义国家的产业竞争力强大时，自由贸易政策能够促进资本积累；当发达资本主义国家产业竞争力较弱时，保护贸易政策能够保护本国产业的资本积累。

此外，在资本主义制度下，资本要求不断增殖的内在动力促使劳动者永远处于贫困状态之中。雇佣劳动制度使资本不仅可以夺走劳动者创造的部分剩余价值，而且可以使劳动者处于朝不保夕的状态中，只能以低廉的

---

① 〔英〕大卫·哈维：《资本社会的17个矛盾》，许瑞宋译，北京：中信出版社2016年版，第90—98页。

价格出卖自己的劳动力。在有大量失业人员存在的情况下，更是加剧了劳工与劳工之间的竞争，这为资本主义制度的存在提供了可供剥削的劳动力基础。但是，劳动者同样也是产品消费市场的主力军，劳动者缺乏相应的购买力就会使资本循环过程中的 W′—G′的“惊现跳跃”无法完成，封闭经济条件下资本积累到一定程度时，经济危机必然发生。因此，为了缓解生产相对过剩造成的经济危机，经济全球化成为一种发展趋势，其中国际贸易是最为典型的形式，不同的国际贸易政策改变了资本与劳工、劳工与劳工的关系，具体表现为自由贸易政策将全球劳工划分为核心工人和边缘工人，加剧了资本与劳工、劳工与劳工之间的收入分配差距，也加剧了劳工联合的壁垒。保护贸易政策虽然在短时期内能够保护部分产业，但是这并不能缓解发达资本主义国家的失业情况，因为在资本主义制度下，资本对劳动的替代过程是资本内在追求剩余价值的要求和外在竞争共同导致的结果。

第六章　思考：发达资本主义国家国际贸易政策的趋势

构建人类命运共同体是世界各国人民前途所在。万物并育而不相害，道并行而不相悖。只有各国行天下之大道，和睦相处，合作共赢，繁荣才能持久，安全才有保障。中国提出了全球发展倡议，全球安全倡议，愿同国际社会一道努力落实。

——习近平

第一节　发达资本主义国家国际贸易政策的本质

关于发达资本主义国家国际贸易政策的本质问题，国内外的学者鲜有研究，从已得到的文献中，雷蒙德·阿赫恩（2003）[①]、朱颖（2007）[②] 认为美国国际贸易政策的本质是实现美国国内外经济利益和政治利益的工具或手段，而自由贸易政策和保护贸易政策都是美国利益的实现方式。但是美国利益的根本是什么？并没有进一步地作出解释，此种观点仅仅停留在

① Raymond J.Ahearn, "U.S.Trade Policy and Changing Domestic and Foreign Priorities: A Historical Overview", *CRS Report*, 2003, p.1.

② 朱颖：《从历史视角看美国贸易政策的本质》，载《国际商务（对外经济贸易大学学报）》，2007 年第 1 期，第 10—15 页。

国际关系的层面上，并没有从经济制度的根本层面进行分析。本书认为国际贸易政策服务于资本的要求，可以说无论国际贸易政策如何变换和发展，至今都没有跳出马克思对资本主义国际贸易政策的批判和预见，具体来讲：

第一，自由贸易政策的本质是促进资本的自由。在发达资本主义国家中，自由贸易与生俱来与“互通互惠”“公平竞争”“平等共赢”的自由贸易不一致。在马克思所处的时代，自由贸易政策不过是实现资本无边界扩张的一种手段。如英国废除《谷物法》实行自由贸易，最终证明了自由贸易政策不仅人为地改变了国际分工，将别国利益转移到英国，而且由于自由贸易竞争将商品的价格压低，使劳动力商品的价格也随之下降，加之资本家集团使用克扣工资等手段降低工资，使得资本家和工人阶级拥有天壤之别的生活境遇。在当代，虽然2008年国际金融危机后，贸易保护主义抬头，但是自由贸易仍然是发达资本主义国家争夺世界话语权的重要一环，是用来构建“中心—外围”帝国版图的手段，也是将经济危机转嫁给全球的方式。总之，发达资本主义国家的自由贸易政策作为国家的上层建筑，无疑是排除阻碍资本自由发展的国家界限，使不同资本集团在全球范围内进行生产调节和自由活动，即自由贸易政策的本质是实现资本霸权、资本增殖以及促进资本自由流动的自由。①

第二，保护主义贸易政策的本质是国际资本的力量对比。二战以后，发达资本主义国家进入垄断资本主义阶段，资本积累使得生产进一步集中，从而使得生产社会化程度越来越高。然而，生产资料仍然归少数大资本集团占有，因此加剧了资本主义的基本矛盾，导致商品和资本过剩增多。在这样的背景下，发达资本主义国家往往采取保护主义贸易政策，这样的好处是一方面通过关税等贸易政策限制外国资本流入本国，从而保护本国的产业免遭外国竞争的打击，避免大规模的企业倒闭和劳工失业；另一方面，发起以“301条款”为首的各种形式的贸易调查和贸易制裁，以

① 刘顺、周泽红：《马克思对资本主义自由贸易的本质批判及当代价值》，载《马克思主义研究》，2019年第6期，第144—152页。

此扩大国外市场，将国内过剩的资本转移至国外。因此，在发达资本主义国家中，保护主义贸易政策代表的是被武装的大资本集团与国外资本集团的力量对比，从而实现对内保护国内产业和国内市场，对外通过贸易战帮助垄断资本占领国外市场的双重目的。①

第二节　发达资本主义国家国际贸易政策进一步发展趋势

在世界范围来看，科技革命和市场经济的趋势必然是经济全球化，因此自由贸易才是经济发展的主旋律。但是就发达资本主义国家而言，其国际贸易政策根据资本的利益变动，无论发达资本主义国家采取自由贸易政策还是保护贸易政策，其只能在一定范围内缓解资本主义制度的危机和矛盾。自由贸易政策是将资本主义的危机转嫁到全球其他国家，保护贸易政策是帮助资本主义企业避免外国资本的竞争，因此都是在资本主义范围内兜圈子，未来发达资本主义国家的国际贸易政策必将爆发出很多新的矛盾和冲突，掌握其发展趋势有利于中国在国际贸易中采取适当措施，应对贸易保护政策和贸易自由政策的挑战。本书认为发达资本主义国家的国际贸易政策进一步发展的趋势为：

第一，发达资本主义国家的国际贸易政策的变迁充满着辩证发展的过程。自由贸易政策和保护贸易政策在发达资本主义国家从来不是非此即彼的选择，而是资本主义制度体系内的自我循环，交替使用，适时切换，简言之“合则用，不合则弃”。从第三章美国国际贸易变迁的发展过程可以看出，当代发达资本主义国家的国际贸易政策随本国经济由“弱—强—更强—衰落”的过程发生变化，先后经历了从单一的保护关税制度到复杂多

① 白暴力、傅辉煌：《美国政府发动世界贸易战的实质与根源》，载《红旗文稿》，2019 年第 6 期，第 9—11 页。

变的关税和非关税贸易政策，从自由贸易与保护贸易直接对立到以互惠贸易、公平贸易政策为表现形式的间接对立过程。在这一过程中，国际贸易政策的实现机制也明显变得更为隐蔽，手段更加多样化和合法化。总之，发达资本主义国家的国际贸易政策体现了国际贸易政策失衡与平衡、对立与统一的发展历史，但是无论发达资本主义国家的国际贸易政策如何改变，都是在当代资本主义制度的范围内兜圈子，其复杂多变的背后不变的是其采取“利己实用”的法则，通过变通使用不同类型的国际贸易政策为本国大资本集团服务的贸易思想。

第二，发达资本主义国家的国际贸易政策含有对资本主义制度的自我否定。其中，发达资本主义国家通过自由贸易政策的实施，将各民族的界限模糊化，加速了资本主义生活方式在全世界的传播，从而使得“各国人民日益被卷进世界市场网”①。虽然现阶段劳工联合的壁垒加大，但是从长时间看在深化资产阶级和无产阶级矛盾的基础上有可能扩大工人阶级联合，具有加速社会革命的作用。正如马克思所说的：“贸易自由必然造成垄断的恢复，另一方面造成私有制的消灭。”② 而保护贸易政策的结果是工业的衰落，人为创造更多的无产阶级③，这是因为保护贸易政策保护本国工业、抵挡外国产品竞争，也将先进的科学技术抵挡在国门之外。在这种情况下，就会有逻辑上的难以自洽之处，即如果继续对本国工业实行保护，则当本国经济发展足够强大，资本逐利的本性必然要求对外实行扩张，因此一旦打开本国市场，本国受保护的工业因技术落后就会倒闭，也会因技术落后无法建立新的大工业；但是如果本国不实行开放，随着资本有机构成的不断提高，则有平均利润率下降的趋势，资本无法满足获得最大剩余价值的本质，本国也会随之发生经济危机而使得企业倒闭，失业严重。因此无论哪种情况，保护主义贸易政策都会促使社会革命的爆发。

---

① 《马克思恩格斯全集》第23卷，北京：人民出版社1972年版，第831页。

② 《马克思恩格斯文集》第1卷，北京：人民出版社2009年版，第59页。

③ 《马克思恩格斯全集》第2卷，北京：人民出版社1957年版，第621—622页。

第三节　中国的国际贸易政策选择及引领的新型经济全球化

一、中国是美国的假想敌吗？

改革开放以来，中国创造了发展奇迹，根据胡乐明（2012）等人的研究，随着经济全球化的发展，对外贸易可以解决中国产品短缺或者过剩的问题；吸引的直接投资、技术支持以及承包、外包业务可以促进我国产业结构升级。① 进一步地，谢富胜（2019）等人的研究显示，中国经济于20世纪90年代高速发展，进入21世纪开始爆发式增长，此种经济发展阶段与经济全球化发展相耦合，这是因为20世纪90年代全球制造业第四次大规模转移，生产碎片化成为全球生产的重要特点。生产碎片化给中国工业化过程提供了条件：② 一方面，从企业层面来看，生产碎片化导致的离岸外包，可以使得中国的中小企业参与到发达资本主义国家跨国公司的全球生产过程中。这是因为当生产过程划分得更加精细时，中小企业比大企业更容易完成生产模块的加工贸易，且中小企业的成本优势和攀向全球价值

---

① 胡乐明、王杰：《经济全球化与我国经济结构优化关系研究》，载《经济纵横》，2012年第3期，第49—53页。

② 谢富胜、高岭、谢佩瑜：《全球生产网络视角的供给侧结构性改革——基于政治经济学的理论逻辑和经验证据》，载《管理世界》，2019年第11期，第89—101、118页。全球制造业四次大规模转移分别为：第一次是英国于20世纪初将部分过剩产业转移到美国；第二次是20世纪50年代美国将纺织、钢铁等产业转移到崛起的德国、日本；第三次是发达资本主义国家于20世纪60—70年代将纺织和轻工业等产业转移到拉美地区和亚洲四小龙地区；第四次为发达资本主义国家及新兴工业化国家于20世纪80年代将劳动密集型产业转移到以中国为主的发展中国家。

链上游的强烈愿望也是跨国企业可以寻求合作的重要契机。另一方面，从国家的角度来看，中国于2001年加入WTO以来，已经具备了较为齐全配套的工业体系，同时劳动力素质得到提升、对外开放政策进一步优化，以“市场换技术”的对外开放政策促使中国承接了发达资本主义国家的产业转移，中国也因“世界工厂”得到了迅速发展，以加工贸易为主的出口模式使得中国劳动力涌进城市，加快了中国城镇化进程及其房地产市场的繁荣，通过上、下游产业链的联动作用促进了各个产业的扩张。在内外需求共同作用下，中国的经济高速增长。

然而，中国经济在世界经济中的地位稳步提升的同时，2008年的金融危机结束了发达资本主义国家的黄金增长期，资本主义的基本矛盾随着国内经济危机的爆发跃出国界，最终全球化的生产方式导致了霸权主义世界经济格局的形成。霸权主义国家为了维护自身的扩张，在国际产业链上控制着微笑曲线的两端，在国际贸易政策中占据最优位置，不断根据世界各国经济发展情况将其分裂成为“同盟国家”“非同盟国家”，甚至是“假想敌”。如美国自冷战结束后就在世界各地“制造敌人”，对“敌人”进行经济制裁，有时甚至动用武力手段对“敌人”进行打击，以此维护自身的霸权地位。

国际金融危机发生之后，发达资本主义国家对中国的国际地位和影响力进行了重新审视和反思。这是因为国际经济危机带来了世界经济格局的新变化，中国成为“一超多强”中的发展强国，按照4个5%的衡量标准，即国家GDP占世界经济总量、国际贸易的数额超过世界贸易总数额的比例、本国500强企业占世界500强企业的数量及其国家货币占世界储备货币的比例是否均超过5%，中国未来有很大可能成为世界强国。① 因此，美国以“美国优先”的外交政策为核心，分别于2017年、2018年公布了《美国国家安全战略报告（2017）》和《2018国防战略报告》。在《美国

① 韩保江：《世界经济格局新变化与中国经济发展方式的转变》，载《世界海运》，2014年第5期，第5—11页。

国家安全战略报告（2017）》中，美国将中国定位为“战略性竞争对手”①；在《2018 国防战略报告》中，美国将中国的军事现代化定位为短时间内取得印太地区的霸权，而在未来则是取代美国获得全球主导权。②除此之外，美国将《中国制造 2025》计划看作中国在高科技领域对美国的挑战，认为中国将通过自主创新的方式在全球市场上使用中国的技术、产品和服务替代美国的技术、产品和服务，最终实现中国公司主导全球市场。美国对此非常顾虑和忌惮，从 2018 年 4 月美国对华征收关税的目录清单，如图 6-1 所示，即可看出其对《中国制造 2025》计划的遏制。虽然特朗普政府将美国的战略目标概括为维护美国的国家安全、促进美国的繁荣、使用军事力量维护世界和平、推动美国在世界上的影响力四个方面，但是从其发布的内容来看，通篇充满了中国对美国构成威胁的言辞，带有明显的孤立主义倾向，美国的所作所为其实质上是维护霸权地位，遏制中国发展。③

根据美国给中国的定位，美国对中国的国际贸易政策经历了四个主要的阶段，每个阶段对应美国的国际贸易政策，其实质均是服从美国的阶段性利益，具体为：第一阶段，美国对中国友好阶段（1979—1989），其目的在于在美苏争霸中获得中国的支持；第二阶段，合作与施压并存阶段（1989—2001），其目的在于占领中国市场；第三阶段，歧视性阶段（2001—2016），此阶段美国将中国看成潜在的竞争对象；第四阶段，特朗普政府—拜登政府时期，大卫·奥拓（2016）等人认为中国出口的增加造成了美国的失业问题④，美国政治领袖也以此转移本国经济的内在矛盾，将棒子打在中国身上，中美因此发生贸易摩擦甚至是全面升级的贸

---

① 《美国国家安全战略报告（2017）》，http://ishare.iask.sina.com.cn/f/RhNczGP0T8.html。

② 《2018 国防战略报告》，http://www.daguoce.org/article/83/215.html。

③ 何自力：《美国发动贸易战凸显其霸权主义的本质》，载《红旗文稿》，2018 年第 9 期，第 18—21 页。

④ David H.Autor, David Dorn and Gordon H. Hanson, “The China Shock: Learning From Labor Market Adjustment to Large Changes In Trade”, *Annual Review of Economics*, Vol.8, No.1, 2016, pp.82-93.

易争端①，“中国威胁论”甚嚣尘上，“修昔底德陷阱”②和“金德尔伯格陷阱”③都是新一轮“中国威胁论”的典型理论。在国际贸易政策方面，

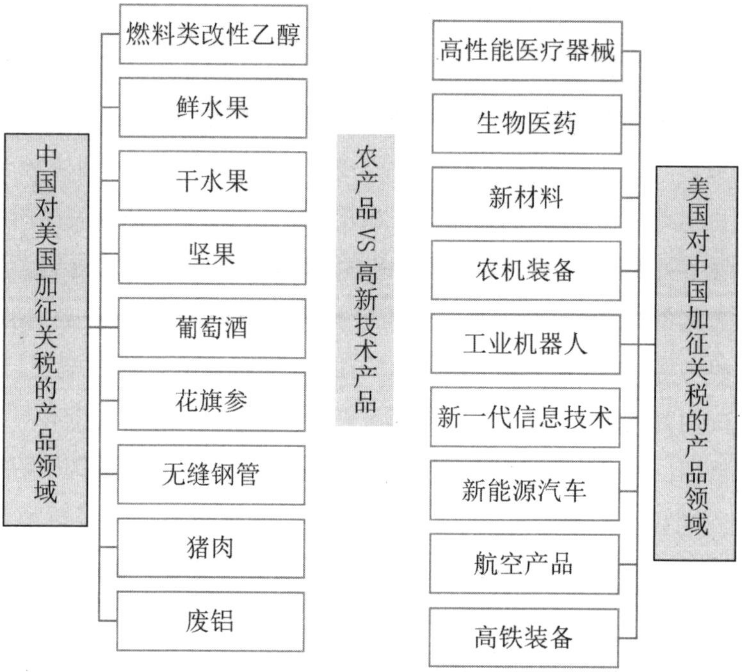

图 6-1　2018 年 4 月，美国和中国贸易战中加征关税涉及领域对比

资料来源：恒大研究院。

---

① 谢地、张巩：《中美贸易摩擦的政治经济学分析》，载《政治经济学评论》，2018 年第 9 期，第 121—143 页。

② 修昔底德陷阱，指由古希腊历史学家修昔底德提出的国际关系铁律，即新崛起大国必然要挑战现有的统治霸主，而现有的霸主国家也必然作出相应的回应，这样由竞争导致的战争也不可避免。

③ 金德尔伯格陷阱，是由美国霸权稳定理论奠基者查尔斯·P. 金德尔伯格在《1929—1939 年：世界经济萧条》一书中提出的。其认为 20 世纪 30 年代的经济大衰退和其后的世界大战是由于美国超越英国成为世界最大的经济体，但与此同时，美国并未像英国一样及时提供足够的全球公共产品，维护世界经济秩序。2017 年美国哈佛大学约瑟夫·奈教授在《特朗普与新陷阱》一文中重新提出，与“修昔底德陷阱”认为中国将在世界“示强”，引起美国的恐慌不同，中国崛起后很有可能“示弱”，即中国不愿意承担全球公共产品的供给，使世界经济重新陷入危机四伏的险境。

美国以中美巨额贸易逆差为借口，重拾保护主义大棒。特朗普在竞选总统时声称中国窃取美国知识产权、非法倾销以及汇率操纵，在成功当选总统后对中国出口到美国的商品征收高额关税。据美方统计，美国对从中国进口的平均关税水平在达成第一阶段协议之时达到21%，是中美贸易战之前平均关税的7倍。① 除此之外，美国污蔑中国强迫美国企业向在华企业转让高科技技术，对中国发起“301调查”，中美贸易摩擦向投资限制、技术封锁、人才交流等多方面升级，“跨域施压”严重。中美贸易摩擦演变概括如表6-1所示。更为严重的是，美国甚至不顾经济发展规律，屡屡破坏政府边界直接对市场主体进行干预，使用社交媒体威胁美国驻外企业重新将生产业务迁回美国，以此种方式打压中国。但是，中美的国际贸易逆差真的反映出中国的经济实力超过美国吗？中国真的是美国的敌人，还是仅仅是美国的假想敌？

表6-1　中美贸易摩擦演变概况

时间	事件
2017年8月	美国贸易代表办公室（简称USRTR）对中国发起“301调查”
2018年2月—3月	中美第一轮高级磋商
2018年3月	美国贸易代表办公室发布《301报告》指控中国存在窃取美国知识产权、强迫技术转让问题，特朗普政府据此对华加征关税
2018年5月—6月	中美第二、第三轮高级磋商
2018年6月11日	美国收紧中国留学生签证发放，阻挠中国赴美交流学者
2018年6月15日	美国拟对中国500亿美元商品征收25%的关税，分两批实行
2018年6月18日	特朗普指示美国贸易代表办公室确定拟加征关税2000亿美元中国产品清单

① 倪峰：《2019年中美关系回顾》，载《现代国际关系》，2020年第1期，第10—14页。

（续表 6-1）

时间	事件
2018 年 6 月 27 日	特朗普表示将限制中国投资美国关键科技产业
2018 年 7 月 6 日	美国对中国 340 亿美元商品加征 25%的进口关税措施落地（第一批）
2018 年 8 月 22 日	中美第四轮高级磋商
2018 年 8 月 23 日	美国对中国 160 亿美元商品加征关税（第二批）
2018 年 9 月 18 日	美国自 9 月 24 日起对中国约 2000 亿美元进口商品加征 10%的关税，并自 2019 年 1 月 1 日起将关税税率提高至 25%
2018 年 10 月 1 日	美加墨协议谈判成功，设置毒丸条款①
2018 年 12 月 1 日	中美在二十国集团领导人峰会达成暂时休战的框架协议
2019 年 1 月 29 日	美国司法部宣布对华为提出 23 项刑事诉讼，并要求引渡孟晚舟
2019 年 1 月 30 日	中美第五轮高级磋商
2019 年 2 月 5 日	美国发表年度国情咨文演讲，将中国视为经济和价值观的对手
2019 年 2 月—3 月	中美第六、第七轮高级别磋商在知识产权保护、技术转让、非关税壁垒、服务业、农业、汇率和金融服务等方面取得实质性进展
2019 年 3 月—4 月	中美第八、第九、第十轮高级磋商讨论协议文本，持续取得进展
2019 年 5 月 6 日	特朗普不顾磋商进展，确定自 5 月 10 日起对中国原征收 10%关税的 2000 亿美元商品加征至 25%，且短期内对另外 3250 亿美元商品征收 25%的关税
2019 年 5 月 9 日	中美第十一轮高级磋商
2019 年 5 月 15 日	特朗普签署行政命令，宣布美国进入“国家紧急状态”并将华为列入出口管制实体名单

① 毒丸条款是指《美墨加三国协议》中规定的美墨加三国都不得擅自与非市场经济国家签署协定，这意味着在没有美国许可的情况下，中国和加拿大、墨西哥签订自由贸易协定变得不可能，因此毒丸条款具有明显的排斥中国的特点，是美国政府找到的对中国贸易战的新工具。

（续表 6-1）

时间	事件
2019 年 6 月 29 日	中美在二十国集团领导人峰会达成推进合作、协调的关系，重启谈判
2019 年 7 月 30 日	中美第十二轮高级磋商
2019 年 10 月 10 日	中美第十三轮高级磋商
2019 年 10 月 25 日	中美代表通话确认部分文本中的技术性磋商基本完成
2019 年 11 月 16 日	中美代表通话讨论了达成第一阶段贸易协议各方关切的核心问题
2019 年 12 月 13 日	中美达成中美第一阶段贸易协议
2020 年 1 月 15 日	中美第一阶段贸易协议在美国签署

美国对中国的巨额贸易逆差不能简单地进行数据分析，数据显示的仅仅是停留在商品流通层次的国际贸易情况，这是典型的重商主义的计算方式，而在经济全球化背景下，中美的贸易结构不仅包括商品的流通层次还包括资本流通层次，所以在考察贸易情况时要深入国际贸易经济结构中。美国对中国的贸易逆差源自多方面的原因，一是由全球产业链配置及跨国公司生产布局造成。发达资本主义国家随着本国人口增长率的下降，劳动力成本不断上升，加大了劳动密集型产业的生产成本，同时一些制造业和劳动密集型产业污染严重且附加值极低，因此发达资本主义国家通过跨国公司对外投资，或者国际贸易的方式将此类产业转移到劳动力和要素具有比较优势的其他国家和地区，形成了全球价值产业链。在相当长的时间里，美国主要处于全球价值链的中上游位置，主要掌握产品、技术等附加值高的生产环节；而中国则处于全球价值链中下游位置，从事加工贸易，相当于“世界工厂”的角色，也因此承接了日本、新加坡、韩国等东亚经济体的贸易顺差。根据海关数据显示，美国对中国的贸易逆差中有 59%来

自外商企业。[①] 除此之外，美国对中国的贸易逆差主要来源于制造业，如图 6-2 所示。从 2001 年到 2017 年，美国进口中国产品中 90%以上都是制造业，而美国对华贸易逆差主要集中在电机、电气、音像设备及其零附件、核反应堆、锅炉、机械器具及其零件、玩具、家具、纺织品及其原料、贱金属及其相应的加工制造品、雨伞等轻工业类产品和塑料制品等几个产业，这正好和美国产业转移过程相耦合。二是由产业结构原因造成。美国能在二战后成为世界霸主，很大原因在于当时美国的制造业及其出口能力，但是随着经济发展，美国的产业结构发生了质的变化。2018 年，美国三大产业占 GDP 的比重分别为 0.8%、18.6%、80.6%，服务业增加值比重远远大于制造业，同期中国三大产业占 GDP 的比重分别为 7.19%、40.65%、52.16%，产业结构决定了中美货物贸易的逆差和服务贸易的顺差状态，如果将货物贸易、服务贸易及其加工转口贸易等均核算在内，中美贸易的进出口获益基本平衡，且美方获益大于中方获益[②]，因此不应该仅以货物贸易逆差来看中美经贸关系的得失情况。三是由扭曲的国际贸易政策造成。中美两国因经济发展水平不同，导致了不同的产业优势互补大于竞争的格局，如果两国贸易能按照比较优势的原则互通有无，则可以促进两国的经济和社会福利，但是从目前的双边贸易结构来看，中国对美国的贸易顺差主要源自劳动密集型产品和制成品，而在汽车、飞机等资本密集型产业则处于贸易逆差。这主要由于冷战思维的影响，美国对华高科技产品出口管制，使得美国的优势产业无法出口到中国，造成中国对美国的贸易顺差。[③] 因此，中美贸易逆差并不代表中国的经济实力已经超越美国。

---

① 数据来源：海关总署 2018 年全年进出口有关情况新闻发布会：http://fangtan.customs.gov.cn/tabid/612/Default.aspx。

② Yi Xiong, Zhiwei Zhang, "U.S. Economic Balances with Partners", *Deutsche Bank Research Report*, June 11, 2018.

③ 中华人民共和国国务院新闻办公室：《关于中美经贸摩擦的事实与中方立场》，载《人民日报》，2018 年 9 月 25 日。

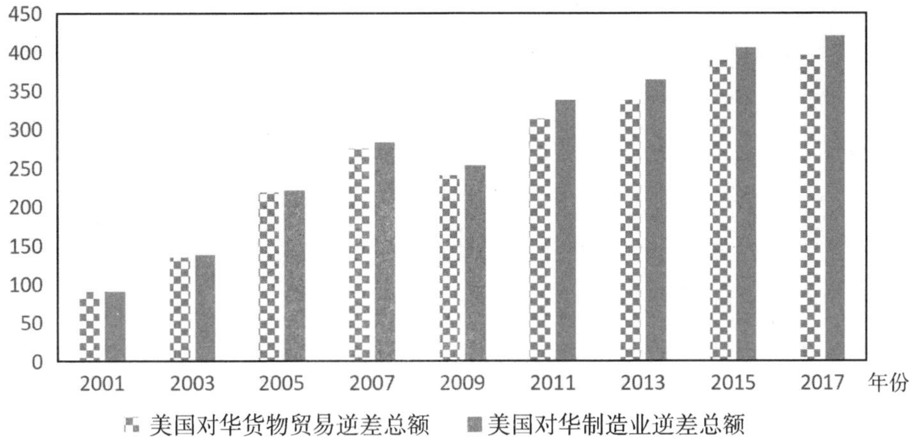

图 6-2 2001—2017 年美国进口中国制造品情况

数据来源：美国国际贸易委员会网站，https：//www. usitc. gov。

另外，从中美实力的分层对比来看，中国的总量经济指标与美国相比差距正在逐步缩小，主要表现在 2018 年 GDP 总量位居世界第二、中国对世界经济增长贡献率第一、科研投入世界第二、中国的农业和工业增加值迅速增长、人民币国际化水平不断提高、中国积极参与国际规则的制定等。总之，中国与美国在局部领域已经呈现渐进式缩小态势。但是，不能从局部看整体，以偏概全，应该说美国领先于中国的根本地位并未改变，主要表现在美国仍然是世界经济第一强国，美国出口总额占比高于中国且中国的服务出口处于弱势地位，美国农业规模化和效率远远高于中国，美国的产能利用率远远超越中国，美国的军费开支是中国的三倍，软实力还是由美国主导，等等。因此，中美两国在结构上还存在很大的差距。① 总之，美国的衰落只是相对衰落，这种衰落仅仅是相对于美国过去的增长速度，相对于曾经的日本、德国等西方资本主义国家和中国现在的增长速度，但是美国在高科技研发、国民素质、世界顶尖基础学科方面仍然在世界范围遥遥领先，因此中国并不是美国真正的敌人。

---

① 王文、刘典：《中美博弈与中国复兴——基于两国实力消长的视角》，载《东北亚论坛》，2019 年第 2 期，第 47—64 页。

最后，需要从贸易收益看待国际贸易问题①，从中国海关总署数据来看，自 1979 年 1 月 1 日两国建交，1979 年中国向美国出口 5.95 亿美元；经过 40 年的发展，2018 年中国向美国出口 4784.2 亿美元，从美国进口 1551.0 亿美元，中国和美国互为最重要的贸易伙伴关系。从消费收益来看，中国提供给美国无法生产，但是人民需求的价格低廉的最终消费品。据估计，2015 年美国从中国进口消费品使得美国家庭支出减少了 1.5%②。从生产收益来讲，中国从美国进口中间品和资本品，符合贸易互补、共赢发展的国际贸易基本理念。除此之外，中国各省份与美国各州建立了友好城市关系，以典型“铁锈地带”地区来看，中国 2016 年向其投资 168 亿美元，创造了 4.7 万个就业岗位。③ 与此同时，典型“铁锈地带”对中国出口日益增多，如表 6-2 所示。中国成为“美国铁锈”地带振兴的重要外部力量，有利于美国经济的恢复和发展。总之，中国和美国的经济发展是“你中有我、我中有你”的互惠互利关系，中国并不是美国的敌人。

表 6-2　美国“铁锈地带”典型地区对中国出口情况表

单位：亿美元

州名	宾夕法尼亚州	俄亥俄州	密歇根州	纽约州	印第安纳州	艾奥瓦州	伊利诺伊州
2006 年货物贸易	13	15	11	21	8	7	18
2016 年货物贸易	23	35	35	27	29	23	54
增长率/%	77	133	218	29	263	229	200

① 程大为：《在中美贸易中美国收益有多大》，载《人民论坛》，2018 年第 4 期，第 21—23 页。

② The US - China Busines Council, *Understanding the US - China Trade Relationship*, January 2017, https: // www.uschina.org/。

③ 张文宗：《美国“铁锈带”及其政治影响》，载《美国研究》，2018 年第 6 期，第 109—126 页。

（续表 6-2）

州名	宾夕法尼亚州	俄亥俄州	密歇根州	纽约州	印第安纳州	艾奥瓦州	伊利诺伊州
2006 年服务贸易	3	2.2	2	8	1.26	0.47	4
2016 年服务贸易	17	10.63	11	47	7.49	2.78	19
增长率/%	467	383	450	488	494	491	375

资料来源：US-China Business Council, *State Export Report*, June 2017.

二、经济全球化：发达资本主义国家和中国等新兴国家

经济全球化是生产力和生产关系共同发展的必然结果，从此历史向世界历史转变。① 从客观物质力量角度看，生产力的发展是经济全球化产生、发展的物质因素和根本动力。地理大发现打破了各民族之间原本闭关自守的状态，扩展了人类活动的空间，孕育了经济全球化的萌芽。以蒸汽机和纺织机的发明为标志的第一次工业革命使资本主义生产进入机器大工业，开启了经济全球化的进程。正如《共产党宣言》中所指出"大工业建立了由美洲的发现所准备好的世界市场。世界市场使商业、航海业和陆路交通得到了巨大的发展。这种发展又反过来促进了工业的扩张"②。第二次工业革命时电力的发明和广泛使用推动了经济全球化的发展。资本主义发展的巨大生产力不仅推动了生产的发展，产生了电器、钢铁、机械、石化、汽车等重化工产业，还产生了电车、铁路等新的交通运输工具和诸如电话、电报、无线电等新的通信手段，为国际贸易的发展提供了坚实的物质、技术基础。同时，国际贸易的出现又促进了国际分工的进一步发展。以微电子、生物工程为标志的信息革命使得经济全球化的发展进入全面深化的阶段，生产力的高度发展实现了物流、资

① 《马克思恩格斯文集》第 1 卷，北京：人民出版社 2009 年版，第 539 页。
② 《马克思恩格斯选集》第 1 卷，北京：人民出版社 1995 年版，第 401 页。

金流、知识流、信息流以及高科技人才的全球畅通，标志着经济全球化时代的深层次发展。

从经济关系角度看，资本主义生产方式是经济全球化的推动者，是以生产资料私有制和劳动雇佣制度为基础，以追求剩余价值为最大目的的资本主义生产关系在全世界范围内的扩张。主要表现在三个方面：第一，资本主义为了获得更多的剩余价值，不得不建立世界市场，正如马克思恩格斯经典作家所指出："不断扩大产品销路的需要，驱使资产阶级奔走于全球各地。它必须到处落户，到处开发，到处建立联系。"① 过去地方的和民族的自给自足和闭关自守状态，被各民族在各方面的互相往来和互相依赖所代替，物质的生产如此，精神的生产也是如此。第二，资本主义的全球扩张出现了国际分工。国际分工在生产关系领域引起民族之间、国家之间对世界资源的占用、利用、成果分享出现不平等，从而造成经济和政治上不平等的国际关系。第三，资本主义生存和统治的条件是不断地进行扩大再生产。生产更多的剩余价值是资本主义生产的绝对规律，外在的竞争压力也推动着资本冲出国内走向全球，跨国公司作为资本主义扩大再生产的载体，在世界各国安家落户。

综上所述，人类发展遵循从狭窄的民族历史向广阔的世界历史轨迹前行，即经济全球化是世界历史发展的必然趋势，虽然有反全球化和逆全球化的浪潮，但是经济全球化的整体态势是螺旋式上升，波浪式前进。② 在经济全球化过程中，各民族的生产力和生产关系受到世界范围内生产力和生产关系的影响和制约；在不同民族之间的交往中，自由贸易是永久不变的主题。纵观历史，经济全球化经历了三个不同的发展阶段，如表 6-3 所示。

经济全球化 1.0 时期以英国为主导。英国因率先完成工业革命而占据经济优势，以同时代最强大的皇家海军力量胁迫占领殖民地，拓展地理空

① 《马克思恩格斯全集》第 3 卷，北京：人民出版社 1960 年版，第 467 页。

② 郑一明、张超颖：《从马克思主义视角看全球化、反全球化和逆全球化》，载《马克思主义与现实》，2018 年第 4 期，第 8—15 页。

间和产业空间。历史上臭名昭著的“黑三角贸易”即最好的证明。[①] 在这点上，英国的繁荣与西班牙、葡萄牙的繁荣很接近。在历史上，葡萄牙人、西班牙人和英国人先后借助火枪、利剑等武器，贪婪地获取拉丁美洲地区的黄金和白银，从殖民地掠夺的贵金属刺激了欧洲经济地区的发展；拉美地区的国家独立之后，英国人又使用保护贸易和自由贸易的“双面魔镜”，在国际分工中通过剥削拉美地区人民使本国获利。从这种意义上讲，拉美不发达的历史构成了世界资本主义发展的历史。[②] 除此之外，英国金本位制度强有力地维持了国际经济和金融秩序，使得英国能以霸主地位支撑第一轮的经济全球化，此时期的主要矛盾表现为殖民地和帝国主义国家的矛盾以及帝国主义之间为争夺世界市场而产生的矛盾。总之，在经济全球化 1.0 时期，资本逻辑以殖民地掠夺和奴隶贸易等强制方式扩大世界贸易范围及其机会，使发达资本主义国家通过国际贸易获得巨大的资本积累和商业利益，与此同时却伴随着被殖民地区的落后和贫穷。

经济全球化 2.0 时期以美国为主导。此时期的经济全球化从经济全球化 1.0 时期的“政治兼并”，转向了“经济兼并”及形式上的平等。如发达资本主义国家主要以利益诱惑为典型特征，其方式为构建国际产业链，以跨国公司为载体，通过控制资本、技术、管理等稳稳占据国际产业链的高端，使得穷国处于富国资本权力的剥削之下，进行微利化的价值链低端生产制造，实现以发达国家为主导的“单价值全球产业链”发展模式，[③] 即发达资本主义国家处于国际价值链的核心和中心地位，而发展中国家处于从属和外围地位。其结果是发达资本主义国家通过进出口价格的剪刀差在国际贸易中形成不平等交换，使发展中国家的剩余价值大量流向发达国家。此外，发达资本主义国家主要是以世界贸易组织、世界银行、国际货

---

① 鲁品越、姚黎明：《当代资本主义经济体系发展新趋势》，载《上海财经大学学报》，2019 年第 12 期，第 4—17 页。

② 〔乌拉圭〕爱德华多·加莱亚诺：《拉丁美洲被切开的血管》，王玫等译，北京：中国人民大学出版社 2001 年版，第 2 页。

③ 韩晶、孙雅雯：《借助“一带一路”倡议构建中国主导的“双环流全球价值链”战略研究》，载《理论学刊》，2018 年第 7 期，第 33—39 页。

币基金组织等经贸机构和以美元为首的布雷顿森林体系和牙买加体系支撑全球的繁荣，用国际规则（包括有利于自身发展的国际规章、条约、协定、公约及契约等）和美元霸权代替大炮，通过商业贸易的形式拓展美国的海外利益。① 此时的国际矛盾已经发生了新变化，形成了霸权主义国家通过贸易占取其他国家剩余价值的新格局。可以看出，前两次的经济全球化都是西方发达资本主义国家主导的，走的是比较优势理论基础上的“去工业化”和“完全市场化”的道路②，但是在经济全球化促进发达资本主义国家经济崛起的同时，过度的去工业化和金融化不仅导致了本国产业结构的空心化，而且由于经济结构的变化致使大量资本集中在金融领域，金融资本的过度逐利和投机导致了经济的脆弱性。

表 6-3　经济全球化的阶段及其发展动力：发达资本主义国家和以中国为主的新兴国家

项目	经济全球化 1.0 时期	经济全球化 2.0 时期	经济全球化 3.0 时期
时间	资本主义制度建立—二战之前	二战之后—2008 年	2008 年之后
源起动力	大西洋贸易的崛起	东亚与大西洋之间的贸易	世界各国高度融合
主导国家	以英国为首的西方发达国家	以美国为首的西方发达国家	以中国为首的新兴国家
支撑动力	武力征服殖民地，同时以最强大的皇家海军力量支撑国际政治秩序，严格缜密的英镑金本位制度支撑国际金融秩序	世界贸易组织、世界银行、国际货币基金组织等经贸机构和以美元为首的布雷顿森林体系和牙买加体系、跨国公司的发展	“一带一路”倡议 以“善治”示全球 以“领新”引潮流 全球各国共商、共建、共享

① 李新：《世界经济格局下的“中心—外围”体系的历史演进》，载《安徽史学》，2014 年第 3 期，第 164—168 页。

② 周文、包炜杰：《经济全球化辨析与中国道路的世界意义》，载《复旦学报（社会科学版）》，2019 年第 3 期，第 133—140 页。

（续表 6-3）

项目	经济全球化 1.0 时期	经济全球化 2.0 时期	经济全球化 3.0 时期
表现形式	国际贸易的蓬勃发展	全球价值链形成、中国等发展中国家以重要角色加入到国际贸易中	形成人类命运共同体，各个国家均势发展
形成的世界体系格局	采用殖民地与被殖民的历史完成资本原始积累，形成了工业化与被工业化国家之间的联系	发达国家通过贸易和投资强行将不发达国家拖入资本主义发展阶段，形成了“中心—外围”的“二元一体”世界发展格局	新型经济全球化：合作共赢的利益观、多种安全的新安全观、互容互鉴的文明观、共商共建共享的全球治理观
中国地位	国运衰落	寻求复兴	占据重要国际地位

资料来源：作者根据佟家栋、刘程《“逆全球化”浪潮的源起及其走向：基于历史比较的视角》①、金碚《论经济全球化 3.0 时代——兼论“一带一路”的互通观念》②以及张雷声《唯物史观视野下的人类命运共同体》③ 整理而得。

在经济全球化 2.0 时期，发达资本主义国家普遍采取自由贸易政策，某些发展中国家则以保护贸易政策和与之相联系的进口替代经济战略实现

---

① 佟家栋、刘程：《“逆全球化”浪潮的源起及其走向：基于历史比较的视角》，载《中国工业经济》，2017 年第 6 期，第 5—12 页。“全球化 3.0 时代”这个概念最早是由托马斯·弗里德曼在《世界是平的》一书中提出，其界定的范围为“全球化 1.0 时代”指 1492 年哥伦布发现“新大陆”—1800 年，主要是国家间从封闭转向开放阶段；“全球化 2.0 时代”指 1800—2000 年，主要是不同国家间公司的融合；“全球化 3.0 时代”指 2000 年之后，主要是基于各民族从封闭到交往的过程进行划分，但是本书所指的全球化 3.0 时代的划分主要根据资本主义制度的发展阶段进行划分，反映资本主义经济主导全球经济发展的特点，所以划分标准以表 6-3为准。

② 金碚：《论经济全球化 3.0 时代——兼论“一带一路”的互通观念》，载《中国工业经济》，2016 年第 1 期，第 5—20 页。

③ 张雷声：《唯物史观视野下的人类命运共同体》，载《马克思主义研究》，2018 年第 12 期，第 29—37 页。

了经济发展。这种非对称的政策安排在国际贸易中得以存在的原因是当时发展中国家的贸易处于边缘地位，其国际贸易政策的制定对国际贸易的影响是微不足道的。经济全球化2.0时期的国际贸易方式以比较优势理论在全球配置资源，裹挟着发达资本主义国家对发展中国家的控制，不仅导致了发达资本主义国家与发展中国家的鸿沟加大，也造成了世界范围内贫富差距的扩大。然而，中国作为巨国①和包括印度、巴西在内的新兴经济体大国，抓住了经济全球化2.0时期的机遇。中国从1978年开始实行改革开放，设立经济特区以推动中国经济与世界经济接轨；1992—2013年，从邓小平南方谈话到加入世界贸易组织，中国通过“走出去”与“引进来”实现适应性开放，不断融入世界生产网络，成为世界加工工厂；2013年随着“一带一路”倡议的提出，中国的经济实力和影响力在全球凸显，东西方的经济实力发生了根本的变化，预期在这样的背景下由中国等发展中大国参与全球规则，开启经济全球化3.0时期，全世界每个角落、每个肤色、每个人都可以参与其中。② 新型经济全球化的特点在于：

第一，中国继续坚持改革开放，实行自由贸易政策。世界经济发展历史表明，市场经济要求在全球实行自由贸易，中国认识到随着生产力的发展，经济全球化是一种不以人的意志为转移的客观经济规律，面对由资本主义生产方式扩张到全球而产生的世界经济结构不平衡的发展现状，中国作为新兴经济体，遵循经济全球化的发展规律，坚持以自由贸易引领世界经济的发展，而非“自由主义”，通过全球产业链合作解决全球经济深层次结构性问题③；坚持在不损害他国利益的前提下适度保护本国的根本利

---

① 顾海兵、张敏：《中国经济的定位：由大国经济到巨国经济》，载《南京社会科学》，2015年第10期，第1—8页。

② 〔美〕托马斯·弗里德曼：《世界是平的》，何帆、肖莹莹、郝正非译，长沙：湖南科学技术出版社2006年版，第11页。

③ 胡乐明：《加强产业链合作推动经济全球化健康发展》，载《经济日报》，2019年10月31日，第15版。

益，拒绝“贸易保护主义”。[①] 党的十九大报告强调：“促进贸易和投资自由化便利化，推动经济全球化朝着更加开放、包容、普惠、平衡、共赢的方向发展。”习近平主席也明确指出：“中国开放的大门不会关闭，只会越开越大。”[②] 中国以“人类命运共同体”理念引领新型经济全球化。人类命运共同体是马克思社会共同体的新范畴，与资本主义制度下的“虚假共同体”不同，是应对当今世界经济体系中存在的不平等的现实形态[③]，主张在国际贸易政策中采取自由贸易政策，在准确判断国际形式新变化和国内改革需求的基础上，通过推进更高水平的对外开放政策，加快实施自由贸易区战略，以自由贸易政策为主构建开放型经济新体制促进全世界各国国际贸易互惠共赢、多元平衡和高效安全发展。

第二，中国主导国际贸易从“中心—外围”模式转变为“全球价值双环流”体系。[④] 随着国家间力量的消长变化，中国要积极参与国际贸易方面的全球治理，改变传统国际贸易中不平等的“中心—外围”模式，在“一带一路”倡议下，一个环流是中国与发达资本主义国家之间的价值循环体系。在此环流中，发达资本主义国家仍旧处于主导地位，中国处于较低的位势，中国将通过供给侧结构性改革实现供给和需求的转变，不断向全球价值链上游攀升，由“中国制造”“世界工厂”转变为以研发为核心的经济结构。另一个环流是中国与亚非拉等发展中国家之间的价值循环体系。在此环流中，中国将通过境外产业园区的建立、国际产能合作、雄厚的外汇储备、资源整合能力等实现和亚非拉国家的经贸合作。在“双环

---

① 李娟、熊晓琳：《马克思论自由贸易与贸易保护及其当代启示》，载《上海经济研究》，2019 年第 2 期，第 14—20 页。

② 习近平：《开放共创繁荣　创新引领未来——在博鳌亚洲论坛 2018 年年会开幕式上的主旨演讲》，http：//cpc.people.com.cn/nl/2018/0411/c64094-29918032.html（访问时间：2018 年 4 月 10 日）。

③ 张雷声：《唯物史观视野下的人类命运共同体》，载《马克思主义研究》，2018 年第 12 期，第 29—37 页。

④ 张辉、易天、唐毓璇：《“一带一路”背景下的新型全球化格局》，载《政治经济学评论》，2018 年第 5 期，第 201—217 页。

流”体系中，中国越来越成为连接发达国家和亚非拉国家的节点，从而形成更加包容、公平合理、互利共赢的世界分工格局，改变了原有的“中心—外围”模式。

第三，以“善治”示全球，以“领新”引潮流。中国一贯主张“和羹之美，在于合异”。在客观分析各国及本国经济发展情况的基础上，中国提倡的“一带一路”并不是转移中国的过剩产能，更不是用转移劣质产能来缓解中国经济下行的压力，而是在新的国际经济关系的历史时期，满足中国和“一带一路”沿线国家的战略需求和战略供给相互匹配的基础上，尊重各国的经济、文化、社会的多样性和差异性，以最大限度的包容性接受全世界各国的共同发展，以样板吸引他国完成共建共享，促进各国从产业间贸易向产业内贸易调整，共建人类“利益共同体”和“命运共同体”的新型世界格局。

附录：美国国际贸易政策法律列表

年份	关税法案	签署人	主要内容	结果
1789	统一关税法	华盛顿总统	实行统一关税增加联邦政府财政收入	结束了美国各州征收关税的时代
1807	禁运法案	杰斐逊总统	禁运是农业国对付工业国的主要武器	美国工业化的真正启动
1812	增加进口关税	杰斐逊总统	进口关税翻番，对外国船只征收附加税、贸易禁运	战争需要，战后被废除
1816	1816关税法案	麦迪逊总统	提高关税、扶持国内制造业关系到国家安全问题	美国首批保护主义关税
1824	1824关税法案	门罗总统	提高应税进口产品的平均关税率	对不同产业的权衡取舍
1828	厌恶关税	杰克逊总统	关税进一步上升	贸易政策引发宪政危机
1833	妥协关税	杰克逊总统	在对州权论否决的前提下，下调关税率	双方均能宣告获胜，但是没有任何一方完全满意

年份	关税法案	签署人	主要内容	结果
1842	1842 关税法	泰勒总统	根据产品实行差别税率，并使保护性关税税率翻番	引起美国南方政客的不满
1846	沃克关税法案	波尔克总统	实行差别税率，并使进口关税得到削减	该法案执行了 11 年
1857	1857 关税法	皮尔斯总统	削减原材料关税	制造商的成本得以下降
1861	莫里尔关税法案	布坎南总统	提高应税税率	重启保护性关税政策
1862	国内税收法案	林肯总统	为满足战时的资金需求需要提高关税以获得财政支持	并未缓解美国政府支出和财政赤字扩大的态势
1883	杂交关税法案	阿瑟总统	短时间拼凑审议通过，整体关税水平没有受到影响	使得美国在内战后错失了一次修正关税税则的机会
1888	米尔斯法案	克利夫兰总统	下调关税率	此关税法案仅具有象征性意义，最终无疾而终
1890	麦金利关税法案	哈里森总统	进口产品平均关税提高了 4 个百分点	限制了加拿大的农产品进口和英国的毛织品进口
1894	威尔逊-戈尔曼关税法案	无总统签署	合理下调了应税进口产品平均关税（约 39%）	使政府税收不足，难以维持美国的黄金储备

年份	关税法案	签署人	主要内容	结果
1897	丁利关税法案	麦金利总统	19 世纪保护范围最广泛的关税法案	在美国实行了 13 年，并且将美国的工作重点第一次转移到促进出口方面
1909	佩恩-奥尔德里奇法案	塔夫脱总统	首次引进了最低关税和最高关税双栏关税税则，调低了 650 种产品的税率，调高了 220 种产品的税率	关税问题导致党内分裂
1913	安德伍德关税法案	威尔逊总统	大幅度下调关税税率、开征累进式所得税	降低了关税在财政收入中的作用，所得税成为联邦政府支出的基础，但是因第一次世界大战的爆发无法得知此法案的实际经济效果
1922	福德尼法	哈定总统	提高平均关税率	关税法姗姗来迟，并没有促进美国从第一次世界大战导致的经济衰退中复苏
1930	霍利-斯穆特关税法案	胡佛总统	将应税进口产品的平均关税推高到了接近历史最高点	此关税法案引起了 40 多个国家进行贸易报复，从而加剧了大萧条
1934	互惠贸易协定法	罗斯福总统	大幅度降低关税并促进出口，从而扩大美国产品的国外市场	赋予总统可以调整关税的权力，使得美国结束了长期贸易保护主义政策

年份	关税法案	签署人	主要内容	结果
1962	贸易扩展法	肯尼迪总统	相互降低友好国家之间的贸易壁垒，为工人提供更多的就业机会	该法案结束了 20 世纪 50 年代贸易政策的摇摆不定，为肯尼迪回合谈判铺平了道路
1974	1974 年贸易法	福特总统	总统获准可以将进口关税最高减少 60%并取消 5%以下的关税+快速通道授权	授予总统关于关税和非关税壁垒的谈判权，建立了快速通道，设置了贸易代表的职位
1984	1984 年贸易与关税法	里根总统	法案没有任何重大创新之处，但放宽了提供进口救济的法定标准	贸易保护主义抬头
1988	1988 年贸易和竞争综合法案	里根总统	应对美国竞争力的持续下降和贸易逆差的上涨，给予总统重新谈判的权力+“超级 301 条款”	公平贸易政策得以确定，成为美国国际贸易政策制定的基石

资料来源：作者根据《贸易的冲突：美国贸易政策 200 年》进行整理而得。①

① 〔美〕道格拉斯·欧文：《贸易的冲突：美国贸易政策 200 年》，余江、刁琳琳、陆殷莉译，北京：中信出版社 2019 年版。需要整理说明的是，进入 21 世纪，美国国际贸易政策多倾向于多边或者双边贸易协定，国会批准立法的贸易法案逐渐退出历史舞台。

参考文献

中文参考文献

[1]《马克思恩格斯全集》第 1 卷，北京：人民出版社 1956 年版。

[2]《马克思恩格斯全集》第 2 卷，北京：人民出版社 1957 年版。

[3]《马克思恩格斯全集》第 3 卷，北京：人民出版社 1960 年版。

[4]《马克思恩格斯全集》第 4 卷，北京：人民出版社 1958 年版。

[5]《马克思恩格斯全集》第 7 卷，北京：人民出版社 1959 年版。

[6]《马克思恩格斯全集》第 12 卷，北京：人民出版社 1962 年版。

[7]《马克思恩格斯全集》第 15 卷，北京：人民出版社 1963 年版。

[8]《马克思恩格斯全集》第 16 卷，北京：人民出版社 1964 年版。

[9]《马克思恩格斯全集》第 17 卷，北京：人民出版社 1957 年版。

[10]《马克思恩格斯全集》第 19 卷，北京：人民出版社 1975 年版。

[11]《马克思恩格斯全集》第 21 卷，北京：人民出版社 1975 年版。

[12]《马克思恩格斯全集》第 22 卷，北京：人民出版社 1975 年版。

[13]《马克思恩格斯全集》第 23 卷，北京：人民出版社 1972 年版。

[14]《马克思恩格斯全集》第 25 卷，北京：人民出版社 1974 年版。

[15]《马克思恩格斯全集》第 26 卷 Ⅰ，北京：人民出版社 1974 年版。

[16]《马克思恩格斯全集》第 42 卷，北京：人民出版社 1979 年版。

[17]《马克思恩格斯全集》第 46 卷上，北京：人民出版社 1979 年版。

[18]《马克思恩格斯选集》第 1 卷，北京：人民出版社 1995 年版。

[19]《马克思恩格斯选集》第 2 卷，北京：人民出版社 1995 年版。

[20]《马克思恩格斯选集》第 3 卷，北京：人民出版社 1995 年版。

[21]《马克思恩格斯文集》第 1 卷，北京：人民出版社 2009 年版。

[22]《马克思恩格斯文集》第 2 卷，北京：人民出版社 2009 年版。

[23]《马克思恩格斯文集》第 4 卷，北京：人民出版社 2009 年版。

[24]《马克思恩格斯文集》第 5 卷，北京：人民出版社 2009 年版。

[25]《马克思恩格斯文集》第 6 卷，北京：人民出版社 2009 年版。

[26]《马克思恩格斯文集》第 7 卷，北京：人民出版社 2009 年版。

[27]《马克思恩格斯文集》第 8 卷，北京：人民出版社 2009 年版。

[28]《毛泽东文集》第 8 卷，北京：人民出版社 1996 年版。

[29]〔英〕托马斯·孟：《英国得自对外贸易的财富》，李琼译，北京：华夏出版社 2013 年版。

[30]〔法〕弗朗索瓦·魁奈：《魁奈〈经济表〉及著作选》，晏智杰译，北京：华夏出版社 2013 年版。

[31]〔英〕亚当·斯密：《国富论（下）》，郭大力、王亚南译，南京：译林出版社 2011 年版。

[32]〔英〕大卫·李嘉图：《政治经济学及赋税原理》，郭大力、王亚南译，南京：译林出版社 2011 年版。

[33]〔瑞典〕贝蒂尔·奥林：《地区间贸易与国际贸易》，王继祖等译，北京：首都经济贸易大学出版社 2001 年版。

[34]〔英〕约翰·梅纳德·凯恩斯：《就业、利息和货币通论》，高鸿业译，北京：商务印书馆 2009 年版。

[35]〔美〕保罗·克鲁格曼：《战略性贸易政策和新国际经济学》，海闻等译，北京：中国人民大学出版社，北京大学出版社 2000 年版。

[36]〔希腊〕A. 伊曼纽尔：《不平等交换》，汪尧田等译，北京：中国对外经济贸易出版社 1988 年版。

［37］〔挪威〕埃里克·赖纳特等：《穷国的国富论——演化发展经济学论文选》，杨虎涛、陈国涛等译，北京：高等教育出版社 2007 年版。

［38］〔美〕安东尼德·唐斯：《民主的经济理论》，姚洋等译，上海：上海人民出版社 2017 年版。

［39］〔乌拉圭〕爱德华多·加莱亚诺：《拉丁美洲被切开的血管》，王玫译，北京：中国人民大学出版社 2001 年版。

［40］〔美〕彼得·古勒维奇：《艰难时世下的政治：五国应对世界经济危机的政策比较》，袁明旭、朱天飚译，长春：吉林出版集团有限责任公司 2009 年版。

［41］〔美〕保罗·斯威齐：《资本主义发展论》，北京：商务印书馆 2016 年版。

［42］〔美〕保罗·萨缪尔森、威廉·诺德豪斯：《经济学》，萧深等译，北京：华夏出版社 1999 年版。

［43］〔美〕贝弗里·J. 西尔弗：《劳工的力量：1870 年以来的工人运动与全球化》，张璐译，北京：社会科学文献出版社 2012 年版。

［44］〔日〕池田信夫：《失去的二十年：日本经济长期停滞的真正原因》，胡文静译，北京：机械工业出版社 2012 年版。

［45］〔美〕大卫·哈维：《资本的限度》，张寅译，北京：中信出版社 2017 年版。

［46］〔美〕大卫·哈维：《新自由主义简史》，王钦译，上海：上海译文出版社 2010 年版。

［47］〔美〕大卫·哈维：《资本社会的 17 个矛盾》，许瑞宋译，北京：中信出版社 2016 年版。

［48］〔美〕戴斯勒：《美国贸易政治》，王恩冕、于少蔚译，北京：中国市场出版社 2006 年版。

［49］〔美〕丹尼·罗德瑞克：《全球化走得太远了吗？》，熊贤良、何蓉译，北京：北京出版社 2000 年版。

［50］〔美〕道格拉斯·欧文：《国富策：自由贸易还是保护主义？》，梅俊杰译，上海：华东师范大学出版社 2013 年版。

[51]〔美〕道格拉斯·欧文：《贸易的冲突：美国贸易政策 200 年》，余江、刁琳琳、陆殷莉译，北京：中信出版社 2019 年版。

[52]〔美〕戴维·杜鲁门：《政治过程：政治利益与公共舆论》，陈尧译，天津：天津人民出版社 2003 年版。

[53]〔美〕厄尔·怀松、罗伯特·佩卢奇、大卫·赖特：《新阶级社会：美国梦的终结?》，张海东等译，北京：社会科学文献出版社 2019 年版。

[54]〔美〕福克纳：《美国经济史，上卷》，王锟译，北京：商务印书馆 1989 年版。

[55]〔美〕福克纳：《美国经济史，下卷》，王锟译，北京：商务印书馆 1989 年版。

[56]〔巴西〕费尔南多·恩里克·卡多佐、恩佐·法勒拖：《拉美的依附性及发展》，单楚译，北京：世界知识出版社 2002 年版。

[57]〔美〕G.M.格罗斯曼、E.赫尔普曼：《利益集团与贸易政策》，北京：中国人民大学出版社 2005 年版。

[58]高成兴、黄卫平、朱立南：《国际贸易教程》，北京：中国人民大学出版社 2011 年版。

[59]何永江：《美国贸易政策》，天津：南开大学出版社 2008 年版。

[60]〔美〕贾格迪什·巴格沃蒂：《贸易保护主义》，王世华、常蕊、郑葵方译，北京：中国人民大学出版社 2010 年版。

[61]〔美〕加里·贝克尔、吉蒂·贝克尔：《生活中的经济学》，章爱民、徐佩文译，北京：机械工业出版社 2013 年版。

[62]李真、马艳：《国际不平等交换多变量影响模型及衍生效应》，上海：上海财经大学出版社 2011 年版。

[63]林珏：《战后美国对外贸易政策研究》，昆明：云南大学出版社 1995 年版。

[64]〔美〕林斯、凯恩：《美国经济史》，邢露译，北京：北京大学出版社 2011 年版。

[65]〔德〕罗莎·卢森堡：《资本积累论》，彭尘舜、吴纪先译，北

京：生活·读书·新知三联书店 1959 年版。

［66］〔德〕罗莎·卢森堡、尼·布哈林：《帝国主义与资本积累》，哈尔滨：黑龙江人民出版社 1982 年版。

［67］林毅夫：《新结构经济学：反思经济发展与政策的理论框架》，北京：北京大学出版社 2012 年版。

［68］刘绪贻、杨生茂：《美国通史（第三卷）》，北京：人民出版社 2002 年版。

［69］刘振环：《美国贸易政策研究》，北京：法律出版社 2010 年版。

［70］〔美〕罗伯特·布伦纳：《繁荣与泡沫：全球视角中的美国经济》，王生升译，北京：经济科学出版社 2003 年版。

［71］〔美〕罗伯特·吉尔平：《国际关系的政治经济学》，北京：经济科学出版社 1989 年版。

［72］〔美〕罗伯特·吉尔平：《全球政治经济学：解读国际经济秩序》，杨宇光、杨炯译，上海：上海人民出版社 2006 年版。

［73］〔美〕罗伯特·吉尔平：《全球资本主义的挑战：21 世纪的世界经济》，杨宇光、杨炯译，上海：上海人民出版社 2001 年版。

［74］〔美〕罗伯特·帕特南：《我们的孩子》，田雷译，北京：中国政法大学出版社 2017 年版。

［75］〔美〕罗伯特·特里芬：《黄金与美元危机——自由兑换的未来》，陈尚霖、雷达译，北京：商务印书馆 1997 年版。

［76］〔美〕罗塞·罗伯茨：《抉择——关于自由贸易和贸易保护主义的寓言》，刘琳娜、栾晔译，北京：中国人民大学出版社 2001 年版。

［77］梅俊杰：《自由贸易的神话：英美富强之道考辨》，上海：上海三联书店 2008 年版。

［78］潘申彪：《世界经济失衡下的贸易利益分配研究》，北京：经济科学出版社 2017 年版。

［79］邱海平：《21 世纪再读〈资本论〉》，北京：中信工业出版社、人民邮电出版社 2016 年版。

［80］任泽平、罗志恒：《全球贸易摩擦与大国兴衰》，北京：人民出

版社2019年版。

[81]〔埃及〕萨米尔·阿明:《全球化时代的资本主义:对当代社会的管理》,丁开杰等译,北京:中国人民大学出版社2013年版。

[82]〔英〕苏珊·斯特兰奇:《国家与市场》,上海:上海人民出版社2012年版。

[83]谭融:《美国利益集团政治研究》,北京:中国社会科学出版社2002年版。

[84]唐陶华:《美国历史上的黑人奴隶制》,上海:上海人民出版社1980年版。

[85]唐全民:《人民币汇率补贴论:美国贸易堡垒的新借口——以美国〈汇率改革促进公平贸易法案〉为视角》,载《湖南人文科技学院学报》,2012年第8期。

[86]〔美〕托马斯·弗里德曼:《世界是平的》,何帆、肖莹莹、郝正非译,长沙:湖南科学技术出版社2006年版。

[87]〔法〕托马斯·皮凯蒂:《21世纪资本论》,巴曙松等译,北京:中信出版社2014年版。

[88]〔美〕威廉·罗宾森:《全球资本主义:跨国世界中的生产、阶级与国家》,高明秀译,北京:社会科学文献出版社2009年版。

[89]薛荣久:《国际贸易》,北京:清华大学出版社2015年版。

[90]薛荣久:《马克思主义国际经贸理论探究》,北京:中国商务出版社2013年版。

[91]杨国华:《美国贸易法"301条款"研究》,北京:法律出版社1998年版。

[92]杨圣明、冯雷、王迎:《马克思恩格斯列宁斯大林论国际贸易》,北京:中国社会科学出版社2013年版。

[93]杨圣明、冯雷、夏先良:《马克思国际贸易理论研究》,北京:当代中国出版社2017年版。

[94]〔美〕伊曼纽尔·沃勒斯坦:《现代世界体系》,北京:社会科学文献出版社2013年版。

[95]〔美〕约翰・H. 杰克逊:《世界贸易体制——国际经济关系的法律与政策》,张乃根译,上海:复旦大学出版社 2001 年版。

[96] 张少华:《美国早期现代化的两条道路之争》,北京:北京大学出版社 1996 年版。

[97]〔英〕张夏准:《富国陷阱:发达国家为何踢开梯子》,李慎明译,北京:社会科学文献出版社 2007 年版。

[98]〔美〕迈克尔・赫德森:《保护主义:美国经济崛起的秘诀(1815—1914)》,家根良、马学亮、邓郎、黄阳华等译,北京:中国人民大学出版社 2010 年版。

[99]〔美〕威廉・富特・怀特:《街角社会》,黄育馥译,北京:商务印书馆 1994 年版。

[100]〔美〕J.B.福斯特、R.W.麦克切斯尼、R.J.约恩纳:《全球劳动后备军与新帝国主义》,张慧鹏译,载《国外理论动态》,2012 年第 6 期。

[101]〔美〕Robert A. Rogowsky、张丽娟:《就业保护与美国贸易保护新阶段》,载《国际贸易问题》,2018 年第 3 期。

[102]〔美〕阿什利・史密斯、禚明亮、刘蕾:《资本主义将何去何从?——五位马克思主义学者论世界经济》,载《国外理论动态》,2019 年第 5 期。

[103] 白暴力、傅辉煌:《美国政府发动世界贸易战的实质与根源》,载《红旗文稿》,2019 年第 6 期。

[104] 白暴力、梁泳梅:《世界价值与国际价格的形成与效应——劳动价值理论基础上的分析》,载《福建论坛・人文社会科学版》,2008 年第 2 期。

[105] 曾绍龙、曾凯霖:《特朗普经济政策评述及其效应》,载《亚太经济》,2018 年第 1 期。

[106] 陈鼎庄:《从中美贸易摩擦看国际贸易法发展及中国的对策》,载《中国流通经济》,2019 年第 10 期。

[107] 陈平:《中华文明的复兴和经济理论的创新》,载《东方学刊》,2018 年第 12 期。

［108］陈伟光：《逆全球化现象的政治经济学分析——基于“双向运动”理论的视角》，载《国际观察》，2017 年第 3 期。

［109］陈志恒、马学礼：《美国“反国家资本主义”思潮：缘起、政策实践和战略意图》，载《国外社会科学》，2015 年第 9 期。

［110］蔡万焕：《经济金融化视角下的美国经济结构与中美经贸摩擦》，载《教学与研究》，2019 年第 11 期。

［111］程恩富：《反思和超越新自由主义主导的经济全球化》，载《河北学刊》，2008 年第 1 期。

［112］程大为：《在中美贸易中美国收益有多大》，载《人民论坛》，2018 年第 4 期。

［113］储玉坤：《从〈综合贸易法案〉看美国的全球经济战略》，载《世界经济》，1989 年第 1 期。

［114］〔美〕大卫·莱恩、苏珊珊：《全球化的困境与中国方案》，载《当代世界与社会主义》，2019 年第 10 期。

［115］邓峰、王军：《美国对外贸易政策的历史考察》，载《东北师大学报（哲学社会科学版）》，2005 年第 5 期。

［116］邓立平：《美国〈综合贸易法案〉评析》，载《世界经济》，1988 年第 11 期。

［117］杜朝晖：《发达国家传统产业转型升级的经验和启示》，载《宏观经济管理》，2017 年第 6 期。

［118］〔日〕渡边雅男、高晨曦：《当代世界帝国主义的七个问题》，载《政治经济学评论》，2017 年第 1 期。

［119］冯思然：《论 WTO 出口限制措施——以“中—美欧墨原材料出口限制措施案”为例》，载《北京：首都经济贸易大学学位论文》，2012 年版。

［120］符磊、强永昌：《世界非关税壁垒形式与我国的策略选择》，载《理论探索》，2018 年第 4 期。

［121］付荣：《美国实质性阻碍损害标准的立法演进与背景》，载《财经问题研究》，2006 年第 3 期。

［122］〔美〕格莱塔·R. 克里普纳：《美国经济的金融化（上）》，丁为民、常盛、李春红译，载《国外理论动态》，2008 年第 6 期。

［123］〔美〕格莱塔·R. 克里普纳：《美国经济的金融化（下）》，丁为民、常盛、李春红译，载《国外理论动态》，2008 年第 7 期。

［124］龚晓莺：《中国“一带一路”背景下的包容性全球化理论与引领路径分析》，载《教学与研究》，2018 年第 1 期。

［125］顾海兵、张敏：《中国经济的定位：由大国经济到巨国经济》，载《南京社会科学》，2015 年第 10 期。

［126］顾海良：《新政治经济学的理论创新和学科建设——基于马克思主义生产力理论中国话语的思考》，载《中国高校社会科学》，2015 年第 5 期。

［127］赵耀军：《北美独立战争和黑人奴隶制度》，载《河北学刊》，1994 年第 3 期。

［128］管传靖：《全球价值链与美国贸易政策的调适逻辑》，载《世界经济与政治》，2018 年第 11 期。

［129］郭百红、顾学华：《美国国际贸易政策演化与启示——基于政治经济学的分析视角》，载《改革与战略》，2019 年第 9 期。

［130］韩保江、项松林：《“一带一路”倡议的政治经济学分析》，载《经济研究参考》，2017 年第 10 期。

［131］韩保江：《世界经济格局新变化与中国经济发展方式的转变》，载《世界海运》，2014 年第 5 期。

［132］韩晶、孙雅雯：《借助“一带一路”倡议构建中国主导的“双环流全球价值链”战略研究》，载《理论学刊》，2018 年第 7 期。

［133］何自力：《产业变迁与资本主义的衰落》，载《政治经济学评论》，2012 年第 10 期。

［134］何自力：《美国发动贸易战凸显其霸权主义的本质》，载《红旗文稿》，2018 年第 9 期。

［135］侯富强、徐泉：《美国“201 条款”与新贸易保护主义政策分析》，载《政法论坛》，2003 年第 6 期。

[136] 胡乐明、王杰：《经济全球化与我国经济结构优化关系研究》，载《经济纵横》，2012年第3期。

[137] 胡建雄：《本轮逆全球化和贸易保护主义兴起的经济逻辑研究》，载《经济体制改革》，2017年第6期。

[138] 黄瑾：《新自由主义的三大悖论》，载《当代经济研究》，2013年第7期。

[139] 黄静波：《国际贸易政策的新自由主义发展趋势》，载《中山大学学报（社会科学版）》，2003年第1期。

[140] 黄静波：《新自由主义贸易政策论及其演进》，载《经济学动态》，2003年第11期。

[141] 黄茂兴、叶琪：《近代以来世界经济危机爆发的主要特点及成因分析》，载《当代经济研究》，2010年第3期。

[142] 黄梅波、范修礼：《奥巴马政府的贸易政策探析》，载《现代经济探讨》，2010年第8期。

[143] 贾根良：《新李斯特主义：替代新自由主义全球化的新学说》，载《学习与探索》，2012年第3期。

[144] 贾根良：《美国学派：推进美国经济崛起的国民经济学说》，载《中国社会科学》，2011年第4期。

[145] 姜达洋：《重商主义就等同于贸易保护吗？——对于重商主义理论的重新解读》，载《现代财经（天津财经大学学报）》，2019年第8期。

[146] 蒋雪梅、刘轶芳：《全球价值链视角下的中、美高新技术产业出口效益及环境效应分析》，载《管理评论》，2018年第5期。

[147] 金碚：《论经济全球化3.0时代——兼论“一带一路”的互通观念》，载《中国工业经济》，2016年第1期。

[148] 金灿荣：《国会与美国贸易政策的制定——历史和现实的考察》，载《美国研究》，2000年第6期。

[149] 金英姬、张中元：《中美贸易逆差真的导致美国就业下降吗？——兼论特朗普“贸易在平衡促进就业”的困境》，载《上海经济研

究》，2018 年第 6 期。

［150］金泽虎：《异质性企业出口模式选择：基于政策不确定性波动的推论》，载《北京社会科学》，2019 年第 11 期。

［151］孔庆江、刘禹：《特朗普政府的“公平贸易”政策及其应对》，载《太平洋学报》，2018 年第 10 期。

［152］李翀：《在新的历史条件下对资本有机构成趋向提高规律的再认识》，载《当代经济研究》，2020 年第 1 期。

［153］李刚：《发达国家“铁锈地带”的转型治理实践与我国复兴路径》，载《上海城市管理》，2017 年第 1 期。

［154］李娟、熊晓琳：《马克思论自由贸易与贸易保护及其当代启示》，载《上海经济研究》，2019 年第 2 期。

［155］李坤望、赵兴军：《自由贸易损害了美国吗？——对萨缪尔森的质疑》，载《经济社会体制比较》，2006 年第 1 期。

［156］李慎明：《当前资本主义经济危机的成因、前景及应对建议》，载《国外社会科学》，2009 年第 7 期。

［157］李淑俊、倪世雄：《美国贸易保护主义的必然性与偶然性——对未来美国贸易政策的政治经济分析》，载《世界经济与政治论坛》，2007 年第 3 期。

［158］李新：《世界经济格局下的“中心—外围”体系的历史演进》，载《安徽史学》，2014 年第 3 期。

［159］李雪平：《WTO 程序机制改革的国际法思考》，载《国际展望》，2019 年第 11 期。

［160］李燕云、林发勤、纪珽：《合作与争端：中国与“一带一路”国家间贸易政策协调》，载《国际贸易》，2019 年第 4 期。

［161］李扬、孙俊成：《特朗普政府的贸易保护主义政策——基于政党政治的研究视角》，载《美国研究》，2019 年第 3 期。

［162］梁雪村：《全球化张力下的激进政治：资本、国家与人的内在冲突》，载《外交评论》，2019 年第 6 期。

［163］廖小明：《美国“逆全球化”行为的资本逻辑及其影响》，载

《当代世界》，2019 年第 6 期。

［164］刘爱兰：《中国对非援助是“新殖民主义”吗——来自中国和欧盟对非援助贸易效应对比的经验证据》，载《国际贸易问题》，2018 年第 3 期。

［165］刘力：《重新认识公平贸易政策的性质与意义》，载《国际贸易问题》，1999 年第 3 期。

［166］刘明权：《世界生产体系的剧变与发展中国家的机遇》，载《探索与争鸣》，2018 年第 7 期。

［167］刘明远：《马克思经济学著作“六册计划”的总体结构与内容探索》，载《政治经济学评论》，2016 年第 4 期。

［168］刘明远：《现代信用资本主义与周期性金融危机》，载《教学与研究》，2009 年第 6 期。

［169］刘鹏飞：《马克思主义不平衡发展理论与全球治理观重塑——兼论人类命运共同体理念的公平治理逻辑》，载《福建师范大学学报（哲学社会科学版）》，2019 年第 7 期。

［170］刘顺、周泽红：《马克思对资本主义自由贸易的本质批判及当代价值》，载《马克思主义研究》，2019 年第 6 期。

［171］刘伟、蔡志洲、苏剑：《贸易保护主义抬头的原因、后果及我国的应对措施》，载《金融研究》，2009 年第 6 期。

［172］刘祚昌：《美国奴隶制度的起源（上）》，载《史学月刊》，1981 年第 3 期。

［173］刘祚昌：《美国奴隶制度的起源（下）》，载《史学月刊》，1981 年第 4 期。

［174］刘震、许弘智：《全球“社会断裂带”：联合的全球资本与分裂的地方劳工》，载《马克思主义与现实》，2019 年第 5 期。

［175］刘晓洲：《从政府—主权者关系看代议民主性的正当性危机——以美国为例》，载《江汉论坛》，2018 年第 6 期。

［176］鲁品越、姚黎明：《当代资本主义经济体系发展新趋势》，载《上海财经大学学报》，2019 年第 12 期。

［177］吕耀东：《美日贸易摩擦与日本的衰退》，载《人民论坛》，2018 年第 4 期。

［178］栾文莲：《对当前西方国家反全球化与逆全球化的分析评判》，载《马克思主义研究》，2018 年第 4 期。

［179］罗振兴：《特朗普政府对中美经贸关系的重构——基于经济民粹主义和经济民族主义视角的考察》，载《美国研究》，2019 年第 10 期。

［180］马述忠、李淑玲：《对美国贸易政策嬗变的政治经济学分析——一个“利益集团”视角》，载《国际贸易问题》，2007 年第 4 期。

［181］马一德：《多边贸易、市场规则与技术标准定价》，载《中国社会科学》，2019 年第 6 期。

［182］马拥军：《跨国资本统治下的世界竞争新格局》，载《天津社会科学》，2016 年第 3 期。

［183］毛韵：《经济危机条件下国际贸易政策转变的实质分析及我国的应对策略》，载《生产力研究》，2010 年第 10 期。

［184］毛韵：《贸易保护还是贸易自由——当前经济危机条件下贸易政策的政治经济学分析》，载《兰州学刊》，2010 年第 4 期。

［185］孟捷：《新自由主义积累体制的矛盾与 2008 年经济—金融危机》，载《学术月刊》，2012 年第 9 期。

［186］孟捷：《战后“黄金年代”的终结和 1973—1975 年结构性危机：对西方马克思主义经济学各派解释的比较分析》，载《世界经济文汇》，2019 年第 10 期。

［187］明翼：《理解国家起源与消亡的经典著作——〈家庭、私有制和国家的起源〉导读》，载《红旗文稿》，2020 年第 4 期。

［188］倪春纳：《政治献金与美国的选举政治》，载《当代世界与社会主义》，2018 年第 5 期。

［189］倪峰：《2019 年中美关系回顾》，载《现代国际关系》，2020 年第 1 期。

［190］潘悦：《马克思恩格斯的国际贸易政策观简析》，载《当代经济研究》，2001 年第 6 期。

［191］彭岳：《中美贸易战中的安全例外问题》，载《武汉大学学报（哲学社会科学版）》，2018 年第 12 期。

［192］〔印〕皮·阿加瓦拉：《发展中国家的对外贸易》，朱章国译，载《国际经济评论》，1982 年第 6 期。

［193］齐昊：《马克思主义的不平等交换理论与中国对外贸易的现实》，载《政治经济学评论》，2008 年第 1 期。

［194］邱海平：《全球化时代的中小企业：重新审视马克思的生产社会化理论》，载《社会科学研究》，2008 年第 3 期。

［195］〔法〕热拉尔·迪蒙、多米尼克·莱维：《新自由主义与当代资本主义阶级结构的变迁——以美国和法国为例（上）》，丁为民、王熙译，载《国外理论动态》，2007 年第 10 期。

［196］〔法〕热拉尔·迪蒙、多米尼克·莱维：《新自由主义与当代资本主义阶级结构的变迁（下）》，丁为民、王熙译，载《国外理论动态》，2007 年第 11 期。

［197］任泽平、华炎雪、贺晨、王少君：《客观评估中美贸易摩擦对双方的影响》，载《发展研究》，2019 年第 8 期。

［198］桑德拉·博拉斯基：《贸易与劳工标准——发展中国家的战略》，卡内基国际和平基金会贸易、公平和发展项目部，2003 年。

［199］盛斌：《世界经济转变中的美国对外贸易政策》，载《美国研究》，1998 年第 3 期。

［200］宋泓：《特朗普上台后美国贸易及相关政策的变化和影响》，载《国际经济评论》，2017 年第 1 期。

［201］宋树理：《马克思国际不平等交换思想的动态博弈新解》，载《当代经济研究》，2013 年第 5 期。

［202］宋树理、刘晓音：《新时代我国推进贸易强国战略的模式比较与范式选择》，载《管理学刊》，2019 年第 9 期。

［203］宋学义：《贸易政策与产业政策的协调》，载《国际经济合作》，2013 年第 4 期。

［204］孙立冰：《论利润率趋向下降的规律及与资本主义经济危机的

内在联系》，载《当代经济研究》，2009 年第 12 期。

［205］舒建中：《美国与“跨太平洋伙伴关系协定”：贸易权力的重构》，载《世界经济与政治论坛》，2014 年第 6 期。

［206］田素华、尹翔硕：《论不同经济发展阶段的对外贸易政策选择——美国对外贸易政策的演进机理及对我国的启示》，载《上海经济研究》，2006 年第 4 期。

［207］佟家栋、刘程：《“逆全球化”浪潮的源起及其走向：基于历史比较的视角》，载《中国工业经济》，2017 年第 6 期。

［208］屠新泉：《党派政治与美国贸易政策的变迁》，载《美国研究》，2007 年第 12 期。

［209］汪仕凯：《在国际团结与民族国家之间——现代世界体系中的劳工阶级》，载《世界经济与政治》，2017 年第 11 期。

［210］王金秋：《互联网时代资本主义生产方式新变化研究》，北京：中国人民大学学位论文，2018 年。

［211］王生升：《在历史坐标中解析中美经贸摩擦的真相》，载《光明日报》，2019 年 6 月 20 日。

［212］王文、刘典：《中美博弈与中国复兴——基于两国实力消长的视角》，载《东北亚论坛》，2019 年第 2 期。

［213］王晓德：《美国开国先辈们的自由贸易思想探析》，载《世界历史》，2003 年第 2 期。

［214］王玉主、蒋芳菲：《特朗普政府的经济单边主义及其影响》，载《国际问题研究》，2019 年第 7 期。

［215］〔美〕威廉·罗宾森、高静宇：《关于新全球资本主义的争论：跨国资本家阶级、跨国政府机构与全球危机》，载《国外理论动态》，2018 年第 8 期。

［216］〔美〕威廉·罗宾逊：《全球资本主义理论与跨国精英的出现》，罗理章译，载《理论与评论》，2018 年第 3 期。

［217］〔奥地利〕乌尔里希·布兰德、克里斯蒂娜·迪茨、米里亚姆·兰、刘琦：《拉丁美洲的新榨取主义：全球资本主义动力机制的新表

现》，载《国外理论动态》，2018 年第 1 期。

［218］谢地、张巩：《中美贸易摩擦的政治经济学分析》，载《政治经济学评论》，2018 年第 9 期。

［219］徐睿、高翔：《国际贸易对美国州级政治选举环境影响的分析》，载《国际经贸探索》，2019 年第 7 期。

［220］谢富胜、高岭、谢佩瑜：《全球生产网络视角的供给侧结构性改革——基于政治经济学的理论逻辑和经验证据》，载《管理世界》，2019 年第 11 期。

［221］谢富胜、匡晓璐：《金融部门的利润来源探究》，载《马克思主义研究》，2019 年第 6 期。

［222］谢富胜、李安、朱安东：《马克思主义危机理论和 1975—2008 美国经济的利润率》，载《中国社会科学》，2010 年第 5 期。

［223］刑军峰、范从来：《国际货币循环、资源流动和全球失衡》，载《南京社会科学》，2017 年第 4 期。

［224］熊玠：《美国全球布局的由来与演变》，载《人民论坛·学术前沿》，2016 年第 6 期。

［225］徐斌：《论美国贸易政策与全球经济格局的演变》，载《国际贸易》，1991 年第 8 期。

［226］薛荣久：《经济全球化下贸易保护主义的特点、危害与遏制》，载《国际贸易》，2009 年第 3 期。

［227］〔美〕约翰·贝拉米·福斯特：《资本主义的金融化》，王年永、陈嘉丽译，载《国外理论动态》，2007 年第 7 期。

［228］杨慧玲、甘路有：《国际垄断资本积累逻辑中的美国对华“贸易争端”》，载《政治经济学评论》，2019 年第 3 期。

［229］杨建民：《“新自由主义对拉美的影响”研讨会综述》，载《拉丁美洲研究》，2007 年第 12 期。

［230］杨圣明：《马克思世界市场理论及其现实意义——兼论“逆全球化”思潮的谬误》，载《经济研究》，2018 年第 6 期。

［231］尹霞：《美国总统选举结局实质是社会阶层对立和博弈的结

果》，载《红旗文稿》，2016 年第 12 期。

［232］于春海：《贸易赤字、债务可持续性与美国的贸易政策行为》，载《政治经济学评论》，2019 年第 7 期。

［233］于春海、刘成豪：《对美国贸易政策调整性质的思考》，载《国际贸易》，2018 年第 1 期。

［234］于潇、宋凯军：《80 年代以来美国贸易政策的演变及其启示》，载《东北亚论坛》，2004 年第 2 期。

［235］余心玎、杨军、王苒、王直：《全球价值链背景下中间品贸易政策的选择》，载《世界经济研究》，2016 年第 12 期。

［236］袁博、张海东：《中产陷落：美国新阶级社会的兴起与启示——评〈新阶级社会：美国梦的终结〉》，载《社会发展研究》，2019 年第 4 期。

［237］〔美〕约瑟夫·H.普赖斯、刘歌：《美国 1984 年贸易及关税法简介》，载《国外法学》，1986 年第 1 期。

［238］姚昱：《二战后美国经济冷战政策的演变》，载《冷战国际史研究》，2019 年第 12 期。

［239］占华、于津平：《贸易政策、扩大进口与失业》，载《世界经济文汇》，2016 年第 2 期。

［240］张辉、易天、唐毓璇：《“一带一路”背景下的新型全球化格局》，载《政治经济学评论》，2018 年第 5 期。

［241］张建：《资本积累理论：罗莎·卢森堡对历史唯物主义的新发展》，载《湖北社会科学》，2017 年第 9 期。

［242］张雷声：《等价交换中的不平等交换》，载《高校理论战线》，1995 年第 11 期。

［243］张雷声：《唯物史观视野下的人类命运共同体》，载《马克思主义研究》，2018 年第 12 期。

［244］张雷声：《三大国际经济组织与经济全球化》，载《思想理论教育导刊》，2005 年第 7 期。

［245］张雷声：《弗兰克及其“依附理论”》，载《世界经济》，1989

年第 8 期。

［246］张丽娟：《美国贸易政策的逻辑》，载《美国研究》，2016 年第 2 期。

［247］张林：《西方新政治经济学的含义和性质》，载《政治经济学评论》，2017 年第 1 期。

［248］张衔、李少武：《国际贸易体系演进的政治经济学分析》，载《当代经济研究》，2016 年第 11 期。

［249］张小青：《论美国的贸易保护主义——从历史角度进行的分析》，载《美国研究》，1988 年第 1 期。

［250］张旭：《政府和市场的关系：一个经济学说史的考察》，载《理论学刊》，2014 年第 11 期。

［251］张业亮：《“解构行政国”：特朗普保守主义国内政策的目标》，载《美国研究》，2018 年第 6 期。

［252］张宇：《金融危机、新自由主义与中国的道路》，载《经济学动态》，2009 年第 4 期。

［253］张宇：《马克思与全球化》，载《教学与研究》，2002 年第 1 期。

［254］张宇：《马克思主义的全球化理论及其从经典到现代的发展》，载《政治经济学评论》，2004 年第 3 期。

［255］张文宗：《美国涉华经济利益集团与中美贸易摩擦》，载《美国研究》，2019 年第 6 期。

［256］张文宗：《美国“铁锈带”及其政治影响》，载《美国研究》，2018 年第 6 期。

［257］赵峰：《新自由主义与当前的经济危机：一个政治经济学分析》，载《教学与研究》，2009 年 12 期。

［258］赵谨：《国际贸易争端解决的中国方案：开放、协商、平等、合作、共赢》，载《国家贸易》，2019 年第 7 期。

［259］赵敏：《资本全球化趋势下国家的作用会越来越小吗》，载《经济学家》，2019 年第 1 期。

［260］赵奇峰：《美国贸易政策分析》，载《思想战线》，2009 年第 S1 期。

［261］郑一明、张超颖：《从马克思主义视角看全球化、反全球化和逆全球化》，载《马克思主义与现实》，2018 年第 4 期。

［262］郑宇：《开放还是保护——国家如何应对经济危机》，载《世界经济与政治》，2018 年第 12 期。

［263］中华人民共和国国务院新闻办公室，《关于中美经贸摩擦的事实与中方立场》，载《人民日报》，2018 年 9 月 25 日。

［264］刘晓秋：《美国的"敌人"情节》，载《中国青年报》，2019 年 8 月 7 日。

［265］胡乐明：《加强产业链合作推动经济全球化健康发展》，载《经济日报》，2019 年 10 月 31 日。

［266］周建军：《美国产业政策的政治经济学：从产业技术政策到产业组织政策》，载《经济社会体制比较》，2017 年第 1 期。

［267］周文：《中国"一带一路"倡议下的中非合作是"新殖民主义"吗?》，载《马克思主义研究》，2017 年第 1 期。

［268］周文、包炜杰：《经济全球化辨析与中国道路的世界意义》，载《复旦学报（社会科学版）》，2019 年第 3 期。

［269］周亚红：《强势美元成为美国宏观经济政策的核心》，载《国际金融研究》，2000 年第 6 期。

［270］周石峰、冉凌宇：《资本主义代议制民主政治制度的元批判——马克思〈路易·波拿巴的雾月十八日〉新释》，载《理论与改革》，2020 年第 1 期。

［271］朱颖：《从历史视角看美国贸易政策的本质》，载《国际商务（对外经济贸易大学学报）》，2007 年第 1 期。

英文参考文献

［1］Alan Reynolds, "The Unfairness of Fair Trade", *The Washington Times*, November 16, 2003.

[2] Andre Barbe and David Riker, "The Efects of Tarifs on Employment in Global Value Chains", *USITC Of-fice of Economics Working Paper*, 2017.

[3] Anne Krueger, "The Political Economy of the Rent-Seeking Society", *American Economic Review*, 1974, 64(3).

[4] Arthur F Bentley, *The Process of Government: A Study of Social Pressures*, The University of Chicago Press, 1908.

[5] Benjamin J. Cohen, *American Foreign Economic Policy: Essays and Comments*, N.Y.: Harper and Row, 1968.

[6] Black Duncan, "On the Rationale of Group Decision-making", *Journal of Political Economy*, 1948, 56(2).

[7] Bonvillian, W. B., " Advanced Manufacturing: A New Policy Challenge", *Annals of Science and Technology Policy*, 2017, 1(1).

[8] Brander, James A, Barbara J.Spencer, "Tariffs and the Extraction of Foreign Monopoly Rents under Potential Entry", *Canadian Journal of Economics*, 1981, 14(8).

[9] Brander, James A., Barbara J. Spencer, "Export Subsidies and International Market Share Rivalry", *Journal of Economics*, 1985, 18(2).

[10] Costas Lapavitsas, *Profiting Without Producing: How Finance Exploits Us All*, London: Verso, 2013.

[11] Dani Rodrik, "Has Globalization Gone Too Far?", *Institute for International Economics*, 1997.

[12] Michael Hardt, Antonio Negri, *Empire*, Cambridge, Massachusetts: Harvard University Press, 2002.

[13] Lapavitsas, *Profiting without Producing: How Finance Exploits Us All*, London and New York City: Verso Books, 2013.

[14] Lipsey, *Robert E. US Foreign Trade and the Balance of Payments*, New York: Cambridge University Press, 2000.

[15] Richard Baldwin, *The Great Convergence: Information Technology and the New Globalization*, Cambridge: Harvard University Press, 2016.

[16] Ronald Brownstein, *The Second Civil War: How Extreme Partisanship has Paralyzed Washington and Polarized America*, New York: Penguin Books, 2007.

[17] Tony Norfield, *The City: London and the Global Power of Finance*, London: Verso, 2016.

[18] Wing Thye Woo, *A US Perspective on China's External Economic Disputes in the Past* 40 *Years and in the Coming* 40 *Years*, ANU Pres, 2018.

[19] Daniel Griswold, "Worried about a Recession? Don't Blame Free Trade", *CATO Free Trade Bulletin*, No.34, March 31, 2008.

[20] David Autor, David Dorn and Gordon Hanson, "The China Syndrome: Local Labor Market Effects of Iport Competition in the United States", *American Economic Review*, 2012, 103(6).

[21] Dedrick J., Kraemer K. L., Linden G, "Who Profits from Innovation in Global Value Chains: A Study of the Ipod and Notebook Pcs", *Industrial and Corporate Change*, 2010, 19(1).

[22] Devereux, M.and S.Shi."Vehicle Currency", *International Economic Review*, 2013, 54(1).

[23] David H. Autor, David Dorn, Gordon H. Hanson, "The China Shock: Learning From Labor Market Adjustment ToLarge Changes In Trade", *Annual Review of Economics*, 2016, 8(1).

[24] Douglas Irwin, *Clashing over Commerce: A History of US Trade Policy*, The University of Chicago Press, 2017.

[25] Duncan Foley, "Rethinking Financial Capitalism and the 'Information' Economy", *Review of Radical Political Economics*, 2013, 45(3).

[26] E. Dana Durand and Frank Whitson Fetter, "Measurement of Effects of Reciprocal Trade Agreements", *Journal of the American Statistical Association*, 1937(32).

[27] Edwards S., "Openness, Outward Orientation, Trade Liberalization and Economic Performance in Developing Countries", Social Science Electronic

Publishing, 1989.

[28] Fredric Jameson, *Representing Capital: A Reading of Volume one*, London: Verso, 2011.

[29] Gene Grossman and Elhanan Helpman, "Protection for sale", *American Economic Review*, 1995, 84(4).

[30] Gerald K.Helleiner, "Transnational Enterprises and the New Political Economy of US Trade Policy", *Oxford Economic Papers*, 1977, 29(1).

[31] Jagdish N.Bhagwati, "Directly Unproductive, Profit-Seeking(DUP) Activities", *Journal of Political Economy*, 1982, 90(5).

[32] James Bovard, "The Myth of Fair Trade", *Policy Analysis*, No.164, 1991, CATO Institute.

[33] Jeffrey Frankel and David Romer, "Does Trade Cause Growth", *American Economic Review* 1999, 89(3).

[34] Jeffrey Sachs, *The End of Poverty*, New York: The Penguin Press, 2005.

[35] Kotz, David., "The Financial and Economic Crisis of 2008: A Systemic Crisis of Neoliberal Capitalism", *Review of Radical Political Economics*, 2009, 41(305).

[36] Krunger, Anne O., "Trade Policy and Economic Development: How We Learn", *American Review*, 1997, 87(1).

[37] Krunger, Anne O., "Why Trade Liberalization is Good for Growth", *The Economic Journal*, 1998, 108(9).

[38] Lawrence F. Katz and Kevin M. Murphy, "Changes in Relative Wages, 1963-1987: Supply and Demand Factors", *Quarterly Journal of Economics*. 1992, 107(1).

[39] Lebergott, Stanley, *Output, Employment, and Productivity in the United States after 1800*, New York: National Bureau of Economic Research, 1966.

[40] Linden G., Dedrick J., Kraemer K. L, "Innovation and Job Creation

in A Global Economy: The Case of Apple's Ipod", Personal Computing Industry Center, UC Irvine, 2009.

[41] Marco G. Giugn, "Was It Worth the Effort? The Outcomes and Consequences of Social Movements", *Annual Review of Sociology*, 1998, 24(1).

[42] Mario Cimoli and Gabriel Porcile, "Global Growth and International Cooperation: A Structuralist Perspective", *Cambridge Journal of Economics*, 2010, 35(2).

[43] Martin Gilens and Benjamin I. Page, "Testing Theories of American Politics: Elites, Interest Groups and Average Citizens", *Perspectives on Politics*, 2014, 12(3).

[44] Mary Anne Madeira, "New Trade, New Politics: Intra-industry Trade and Domestic Political Coalitions", *Review of International Political Economy*, 2016, 23(4).

[45] Megumi Naoi and Ikuo Kume, "Workers or Consumers? A Survey Experiment on the Duality of Citizens' Interests in the Politics of Trade", *Comparative Political Studies*, 2015, 48(10).

[46] Michael J. Gilligan, "Lobbying as a Private Good with Intra-Industry Trade", *International Studies Quarterly*, 1997, 41(3).

[47] Office of Science and Technology Policy, A Strategy for American Innovation: Driving Towards Sustainable Growth and Quality Jobs. 2009.

[48] Organization for Economic Cooperation and Development (OECD), "Open Markets Matter: The Benefits of Trade and Investment Liberalization", 1998.

[49] Peter Swenson, "Arranged Alliance: Business Interests in the New Deal", *Politics & Society*, 1997, 25(1)

[50] President's Council of Advisors on Science and Technology (PCAST). Ensuring American Leadership in Advanced Manufacturing, 2011.

[51] Revenga A., "Exporting Jobs: The Impact of Import Competition on Employment and Wages in U.S.Manufacturing", *Quarterly Journal of Economics*,

1992, 107(3).

[52] Robert A. Pastor, *Congress and the Politics of US Foreign Economic Policy, 1929-1976*, Berkeley, C.A.: University of California Pree, 1980.

[53] Robert E. Lighthizer, "Evaluating China's Role in the World Trade Organization Over the Past Decade," Testimony Before the U. S. - China Economic and Security Review Commission, June 9

[54] Robert M. Stern and Katherine Terrell, "Labor Standards and The World Trade Organization", University of Michigan, Working Papers, January 2003.

[55] Robert Went, "Globalization in the Perspective of Imperialism", *Science & Society*, 2002, 66(4).

[56] Ronald Rogowsk, "Political Cleavages and Changing Exposure to Trade", *American Political Science Review*, 1987, 81(4).

[57] Raymond J. Ahearn, "U.S. Trade Policy and Changing Domestic and Foreign Priorities: A Historical Overview", CRS Report, 2003.

[58] Santos T.D., "The Structure of Dependence", *American Economic Review*, 1970, 60(2).

[59] Stanley D. Nollen and Dennis P. Quinn, "Free Trade, Fair Trade, Strategic Trade, and Protectionism in the US Congress, 1987-1988", *International Organization*, 1994, 48(3).

[60] Stephen Krasner, "Compromising Westphalia", *International Security*, 1995, 20(3).

[61] Stephen Magee, William Brock and Leslie Young, *Black Hole Tariffs and Endogenous PolicyTheory: Political Economy in General Equilibrium*, Cambridge University Press, 1989.

[62] Thorp Lanier Wolford, "Democratic-Republican Reaction in Massachusetts to the Embargo of 1807", *The New England Quarterly*, 1942, 15(3).

[63] UNCTAD, Development and Globalization: Facts and Figures, 2004.

[64] Wolfgang Mayer, "Endogenous Tariff Formation", *American Economic*

Review, 1984, 74(5).

[65] Waren E.Miler and Donald E.Stokes, "Constituency Influence in Congres", *American Political Science Review*, 1963, 57(3).

[66] Yi Xiong, Zhiwei Zhang, "US Economic Balances with Partners", Deutsche Bank Research Report, June 11, 2018.